BIBLIOTHÈQUE
CHRÉTIENNE ET MORALE,
APPROUVÉE PAR
MONSEIGNEUR L'ÉVÊQUE DE LIMOGES.

Tout exemplaire qui ne sera pas revêtu de notre griffe sera réputé contrefait et poursuivi conformément aux lois.

Barbou frères

L'ALBUM MERVEILLEUX.

Voici le monde me dit Mikaël....

L'ALBUM MERVEILLEUX,

ÉPREUVES

D'UN DAGUERRÉOTYPE AÉRIEN,

ou

SCÈNES HISTORIQUES,

MONUMENTS, MŒURS, COUTUMES ET COSTUMES

DE TOUS LES MONDES ET DE TOUS LES AGES.

PAR

M. ALFRED DRIOU,

AUTEUR DES AVENTURES D'UN AERONAUTE.

LIMOGES.
BARBOU FRÈRES, IMPRIMEURS-LIBRAIRES.

A LA MÉMOIRE

DE MON PÈRE

FRANÇOIS DRIOU,

DE CHAUMONT,

ET DE MA MÈRE

AGATHE MULLOT,

DE CHATEAU-VILLAIN,

HAUTE-MARNE.

―――

Des cieux où vous prenez le repos des labeurs de la terre, âmes bien-aimées, jetez le regard sur le cœur de votre fils.

Les chagrins de la vie l'ont flétri ; mais, pour vous aimer et vous bénir, il a toute la chaleur et la force des anciens jours.

A vous ce faible souvenir !

A. DRIOU.

Paris, 20 janvier 1856.

I.

ÉBAUCHES ET PROFILS.

Frontispice. — Le monde en raccourci. — Apparition de la mort. — Le premier fratricide. — Vie des patriarches. — Partage de la terre. — Le mont Moria. — Cité de Melchisédech. — Jeune fille et colombes. — La grande Babylone. — La superbe Ninive. — Rachel et Lia. — Les pâtres du désert. — Joseph et ses frères. — Thèbes aux Cent-Portes. — Splendeurs de l'Egypte.

Vous l'avez vu, tout au moins vous l'avez entendu dire, chers lecteurs, cette année-ci, l'année dernière, il y a trois ans, c'était fureur à Paris d'aller trouver M. Godard ou l'esquire Green, deux aéronautes qui faisaient bruit, et d'acheter d'eux, moyennant une somme assez forte, dit-on, le droit de les accompagner dans les airs. Aussi chaque dimanche leur ballon s'enlevait-il portant trois, quatre et cinq amateurs, un peu pâles, mais désireux d'émotions violentes. Je ne vous dirai rien de ce qui pouvait leur advenir; mais je vous avouerai que, moi aussi, je désirais depuis long-temps m'élancer dans l'espace et courir à l'inconnu. Il me fut permis de donner suite à ma fantaisie.

Seulement, au lieu de passer quelques heures dans les régions du firmament, j'y passai quelques jours. Oui, quelques jours ! Comment et pourquoi, n'est-ce pas? Si vous êtes curieux à ce point, donnez-vous la peine d'acheter le livre que j'ai publié sous le titre d'*Aventures d'un Aéronaute Parisien;* vous serez au courant de mes secrets, et je n'aurai plus rien de caché pour vous.

Ainsi, par exemple, vous verrez que ma navigation aérienne fut si heureuse que je pus changer d'atmosphère, quitter celle de la terre et pénétrer dans celle de la lune. Vous verrez que, dans ces espaces nouveaux pour un homme de la terre, je fis la rencontre fortunée d'un homme de la lune. Vous apprendrez avec plaisir que moi, Terrien, et lui, Lunien, nous nous éprîmes de tant de sympathie, lui d'abord à cause de la pitié profonde que je lui inspirais comme habitant d'une planète maudite et maudit moi-même; moi, tout au contraire, par admiration de son état de justice et de perfection, et comme habitant notre satellite heureusement en dehors de la malédiction terrestre. Si bien que, de causerie en causerie, mon nouvel ami Mikaël, le bon Lunien, me proposa de me servir de guide, ce que j'acceptai de grand cœur. Mieux que cela, sa fille Stella, qui l'accompagnait, intéressée par nos récits et pleine de compassion pour nos misères terrestres, proposa non-seulement de me montrer leur séjour, leur terre, à eux, la lune enfin, mais il fut question d'opérer une circumnavigation tout autour de leur globe et du nôtre.

Vous jugez que je fis tout au monde pour décider l'entreprise. Elle eut lieu. Les *Aventures d'un Aéronaute Parisien* vous en feront le récit tout au long.

Mais voilà qu'au beau milieu de notre expédition dans la lune, Mikaël et Stella, plusieurs fois déjà ayant parlé de nos inventions terrestres, me laissèrent entrevoir que, toutes choses étant souverainement parfaites dans la lune, ils avaient un moyen de reproduction qui tenait quelque peu de notre daguerréotype, mais infiniment supérieur.

Ainsi le daguerréotype reproduit les sites, les perspectives, à plat, en nature morte, c'est-à-dire en teinte grise, sans couleur, sans feu, sans entourage, d'une façon très-rétrécie et fort triste. Leur moyen de reproduction, à eux, imaginé uniquement par plaisir, afin de retrouver toujours présent ce que l'on avait vu autrefois, ne s'appliquait qu'aux évènements de la terre; car les Luniens, justes et parfaits, ne meurent pas : parmi eux beaucoup sont contemporains des âges et ont vu Adam et Eve. Ceux qui naissent ont dès le début non pas exactement la science, mais la sagesse en partage; alors ils n'ont qu'à jeter les yeux dans leur musée merveilleux, tous les faits accomplis sur notre terre, depuis le commencement du monde, s'y trouvant reproduits, ils savent aussitôt. Or, ces faits ainsi reproduits ne sont pas à l'état de gravure ou de tableau, ils sont à l'état de bosse, de relief, de force et de grandeur naturelles, non-seulement quant aux personnages, mais aussi quant aux sites et aux aspects, quant aux lieux qui les entourent et sur lesquels ils se trouvent. Soleil, ciel, étoiles, firmament, forêts, montagnes, fleuves, rivières, vallées, villes, campagnes, animaux, moissons, oiseaux, nuages, routes, palais, chaumières, tout s'y trouve, tout s'y retrouve, avec les armées, leurs batailles, leurs campements; les incendies avec leurs mille péripéties; les inondations et les drames qui les accompagnent. Enfin c'est une seconde édition des choses de la terre ; seulement rien n'est fugitif, là; tout, au contraire, est durable; à toute heure on peut le voir; à toute heure on peut l'étudier.

Je conjurai si bien Mikaël, je priai si bien Stella, déjà fort disposée à me faire plaisir, que j'obtins que l'on me conduisît vers le bienheureux musée et qu'on m'en fît les honneurs.

J'ai fait un album de ce que j'ai vu : je vous le livre, amis lecteurs.

Voici ce que je voyais, mes amis. Pardonnez-moi si l'admiration, qui tenait si fort éveillées toutes mes facultés, me fait parler avec autant de détails des mille choses qui frappaient mes regards.

Sous mes yeux s'ouvrait un amphithéâtre mille fois plus vaste que les arènes de Nîmes, l'œuvre la plus grandiose de ce peuple de géants que l'on appela Romains. Cet amphithéâtre avait ses gradins de granit rose, qui, partant du sol, montaient, montaient à une hauteur prodigieuse. Pour en former l'enceinte au dehors, une merveilleuse muraille de malachite, avec des soubassements de basalte et une attique de porphyre, s'étendait dans un pourtour considérable, interrompue fréquemment par de splendides portiques à colonnes de jaspe, dont l'escalier, large et spacieux, venait aboutir à l'extérieur. Des statues de marbre blanc, représentant les plus illustres héros et plus aimés bienfaiteurs de l'humanité, couronnaient cette construction sublime.

Au centre de cet immense espace, au lieu d'arènes, s'offrait une profondeur nébuleuse, crépusculaire, de laquelle surgissait une sphéroïde qui en remplissait presque toutes les parties apparentes.

Or, cette sphéroïde tournait lentement sur un axe caché, et de manière à ne montrer que sa partie supérieure.

C'était cette sphéroïde qui, m'offrant l'apparence d'un monde véritable, avec de riants horizons, me plongeait dans une extase qui avait fait explosion au dehors.

— Voici le monde, me dit Mikaël, tel qu'il s'est reproduit successivement depuis Adam jusqu'aux temps modernes. Cette partie de notre planète reflète la terre. A un moment donné, après les temps anciens, vous la verrez nous dérouler les évènements de l'histoire moderne, depuis le Christ, qui vous sauva, jusqu'à... la catastrophe de Sinope, par exemple, cette infamie des Russes à l'endroit des Turcs, et alors vous reconnaîtrez, à la suite, les parties planes, toutes préparées pour y recevoir l'impression des évènements futurs et les y reproduire instantanément, en relief, avec les couleurs et les mille accessoires qui s'y rattachent.

— C'est la nature prise sur le fait! acheva Stella.

— Diavolo! c'est une boule qui peut être bien indiscrète! fis-je. Du reste, rien n'est splendide, rien n'est vrai, réel comme ce que je vois.

C'est à s'y tromper. Cependant, mon cher guide, ce ne sont, en résumé, que des arbres magnifiques, des fleuves aux ondes argentées, des montagnes dont les sites sont ravissants, des vallées plus belles que les versants, une nature aussi luxuriante que pourrait la rêver l'âme d'un poète ou d'un peintre... dis-je à Mikaël... mais d'hommes... point...

— Soyez donc patient, monsieur le Parisien, répondit Stella, et d'abord observez que, par un prodige étrange d'optique, dont nous ne vous donnerons pas le secret, ces détails singuliers, réduits en réalité, sont, en apparence, aussi grands que nature.

— Et si vous n'y voyez pas encore le roi de la création, l'homme, continua Mikaël, c'est qu'après sa sortie des mains du Créateur, la terre ne fut pas immédiatement peuplée.

— Alors, demandai-je, voici le monde avant la création de l'homme?

— Non, mon cher Terrien, répondit Mikaël avec un profond soupir, c'est la terre frappée déjà de la malédiction de son auteur! Nous ne pouvions reproduire le paradis terrestre. Créés en même temps que les mondes, en même temps qu'Adam et Eve, nul de nos premiers parents ne songea à commencer l'œuvre que vous voyez. Et puis les mystérieuses félicités de l'Eden ne devaient pas être exposées aux regards... Ce qui nous reste de ce souvenir grand et terrible, c'est qu'il y eut un deuil étrange dans les sphères, quand, au jour de la révolte orgueilleuse d'Eve et d'Adam, la *Mort* fit son apparition sur la terre!

» La douleur de nos pères fut sans limites, lorsqu'ils virent le Dieu du ciel perdre ainsi la plus belle de ses œuvres, et rappeler près de lui le bonheur, que le péché exilait d'un lieu qui le possédait depuis si peu de temps!...

Ainsi parla Mikaël, qui laissa tomber sa tête sous le poids de l'affliction.

Stella pleurait sur l'infortune de la terre...

Pour moi, j'étouffais un sanglot que ma poitrine contenait à grand'peine.

Puis, entraîné par la curiosité, je contemplai les richesses du monde nouvellement sorti du néant à la voix du Seigneur; mais portant déjà les traces de la foudre et les stygmates de la mort!

Car je voyais s'entre-dévorer l'ours et le lion, le tigre et le léopard, la panthère et la hyène. L'éléphant poursuivait le cheval, et le buffle des montagnes, la génisse de la plaine. L'aigle et le vautour des rochers fondaient sur les oiseaux des bois ; les léviathans des mers faisaient leur proie des poissons des fleuves...

Je voyais... oh! c'était horrible! deux beaux jeunes hommes, l'un d'un visage doux et pur, l'autre d'un aspect farouche, se promener ensemble dans une solitude que décoraient les nopals et les thérébinthes. Les eaux, la verdure, des chèvres et des béliers l'animaient de leur murmure, de leur feuillage, de leurs bêlements.

Soudain, l'un de ces hommes, celui qui avait le visage dur, se précipita sur son compagnon, et, d'un énorme coup de massue lui brisant le crâne, le tua...

Le premier meurtre était consommé. Un frère avait immolé son frère; Caïn avait tué Abel !

Alors je voyais un vieillard se jeter dans les bras d'une femme et... pleurer sur son sein...

Puis c'était une jeune veuve qui s'évanouissait de douleur, pendant que ses enfants s'agenouillaient autour d'elle.

Et la sphéroïde, tournant sur elle-même, me montrait une vaste mer à l'ouest, au nord d'autres mers plus petites, à l'est des plaines immenses et de longues chaînes de montagnes, et, au sud, d'autres mers encore et d'autres plaines.

Et des fleuves, dont l'un se nommait l'Euphrate, et l'autre s'appelait le Tigre, coulaient au centre de ce riche pays, le fécondant de leurs eaux généreuses.

Alors le vieillard, dont le nom était Adam, ayant vu mourir sa femme, qui répondait au nom d'Eve, et trouvant que la mort rendait hideux les corps qu'avait décorés la vie, après l'avoir confiée à la terre pour que les bêtes fauves ne l'enlevassent pas, le vieillard, dis-je, prenait le bâton blanc du voyageur, et s'éloignait de cette terre souillée du sang de son fils, en quittant pour toujours ses autres enfants...

Et je le voyais s'enfoncer sous les hauts bois de palmiers, de cèdres, de bambous et d'oliviers qui s'étendaient jusqu'à la mer, vers les régions du soleil couchant. Alors il gravissait la montagne chauve que depuis on appela Moria. Là, purifié par le repentir et la pénitence, il rendait son âme à Dieu, à l'endroit même où plus tard la mort devait menacer Isaac, à l'endroit même où, plus tard encore, la mort devait torturer une victime sacrée, le Géhovah, rédempteur des hommes.

Cependant Caïn, le fratricide, après le meurtre de son frère, s'était étendu sur sa couche : une sueur froide ruisselait de ses joues livides ; sa poitrine se soulevait avec un gémissement d'effroi ; ses lèvres murmurantes commençaient un nom et ne l'achevaient pas ! Un sourire qui n'est pas de l'homme les contractait. Et il dit :

— Je m'éloignerai des miens ! je partirai pour la solitude !

Et, à quelque temps de là, je voyais un homme, à tête blanchie par les soucis, portant un signe mystérieux au front, montant un cheval d'une race petite, sans poils aux paupières, et dont la crinière balayait le sable, aller vers les contrées désertes.

Ce pérégrinateur était Caïn.

Puis je le voyais bâtir une ville, maudite dès son origine ; car à mesure que ses murs s'élevaient, les pierres prenaient la teinte de la rouille, le feu du ciel les calcinait et leur donnait l'apparence de donjons de l'enfer.

Là Jubal, un des fils de l'homicide, inventait des instruments de musique ; Tubal-Caïn forgeait le fer et l'airain ; et Noéma, la fille de cette race maudite, s'appliquait à imaginer des étoffes qu'elle ouvrait avec la laine des brebis.

Or, cette race devint de plus en plus méchante et perverse.

Aussi, après que j'eus contemplé la vie sainte et pure des patriarches, sous la tente, et qu'après Seth, le troisième fils d'Adam et d'Eve, j'eus compté Enos, Caïnam, Malaléel, Jared, le pieux Enoc, que sa vertu fit enlever au ciel sans mourir; Mathusalem, qui vécut près de mille ans, et Lamech, je reconnus que Noé, le dernier de ces justes, employait les cèdres des montagnes et les serviteurs de sa contrée à construire un navire immense, arche merveilleuse qui lui demanda cent ans de travail.

— Voici la colère de Dieu qui va éclater contre les hommes impies, me dit Mikaël. Voyez : le monde est à peine créé depuis mille six cent cinquante-six ans, et voilà que les crimes de la terre appellent le déluge.

» Regardez comme les hommes, les femmes, les vieillards, les jeunes hommes et les jeunes filles s'effraient de voir le ciel gris verser ses pluies; le vent gonfler les mers et leur faire franchir les rivages ; la mort, la mort venir...

» Les voici qui courent aux montagnes, car les vallées sont submergées déjà; mais les eaux montent avec eux.

» Comme le ciel est noir, à juger la couleur noire des vagues qui grondent et déferlent.

» Les troupeaux de bêtes féroces, eux aussi, gravissent les collines, et des collines passent aux montagnes. Tout ce qui a vie se réunit à l'heure de la mort...

» Car il faut mourir !

» Ils le comprennent, et voyez sur leurs lèvres... c'est le blasphème qui s'en échappe...

» Ne vous semble-t-il pas qu'avec le vent qui passe on a crié :

— Père! mère! enfants chéris! filles bien-aimées! adieu!

» Et tout est englouti, dévoré, porté dans les profondeurs de l'abime. Je crois entendre la pluie gémir, le vent siffler, les vagues se mouvoir pesamment, et l'affreux silence de la mort et des ruines s'étendre sur la nature désolée.

— Heureusement voici l'arche de Noé qui flotte et s'arrête sur l'Ararat, répondis-je. La colère de Dieu ne durera pas toujours. Déjà le soleil dore les flots; les palmiers et les cèdres montrent leur cime, et les montagnes, leurs crêtes dentelées. Une brise embaumée rafraîchit l'air, et les fleurs cherchent à relever leurs calices chargés de limon.

— Oui, mais quelle affreuse métamorphose la terre n'a-t-elle pas subie! reprend Mikaël.

» Cependant, comme vous le dites, la terre semble tressaillir de bonheur à cette renaissance. Il s'en échappe comme une voix mélodieuse qui chante l'espérance. Elle ressemble à la voix d'une jeune fille mourante, mais qu'un grand amour de la vie ressaisit et dont l'espoir fait battre le cœur.

Et la sphéroïde, en tournant, nous montrait les animaux sortant de l'arche et allant repeupler la terre, chaque couple dans des régions différentes.

Puis Noé, sa femme, ses fils et leurs compagnes offraient un sacrifice à Dieu...

Puis ils se séparaient à leur tour.

Japhet allait peupler l'Europe.

Sem occupait l'Asie.

Cham se rendait en Afrique.

Mais, hélas! que veut dire cette tour immense qui s'élève jusqu'au ciel et domine toute la contrée, là, sur les rives d'un grand fleuve, l'Euphrate? Avec quelle ardeur tous ces hommes travaillent à en élever les assises! Comment! elle n'est pas achevée, et déjà les ouvriers se dispersent, comme frappés de la malédiction du ciel!

— Vous reconnaissez la tour de Babel? me demanda Mikaël. Stupides toujours dans leur orgueil et leurs révoltes, les descendants de Noé, déjà rendus mauvais par leurs passions, veulent échapper à un second déluge... comme si on pouvait échapper à Dieu! Or, pendant qu'ils bâtissent leur cité de refuge contre les eaux, la confusion se met dans

L'Album merveilleux.

leur langage, ils ne peuvent plus s'entendre, et sont contraints de renoncer à leurs projets criminels.

— Aussi j'imagine que ces ruines que voici ne sont autres que les ruines de leur tour sacrilége? demandai-je.

— Oui, et cette ville que vous voyez s'élever à l'entour, c'est la grande Babylone.

» Regardez bien, mon cher Terrien, comme de grands empires vont se former.

» Voici d'abord que Nemrod, fils de Chus, petit-fils de Cham, violent chasseur, qui a pris goût aux régions giboyeuses de Sennaar, fonde, sur les ruines de la tour de Babel, assise aux deux rives de l'Euphrate, Babylone, capitale de la Babylonie, long-temps reine des nations. Il y a deux mille six cent quarante ans que le monde existe, et pas encore mille ans que le déluge est passé.

» Voici qu'ensuite, à la même époque, Assur, petit-fils de Sem, élève, sur les rives du Tigre, cette autre grande ville que vous voyez et que l'on nommera Ninive, du nom de Ninus, successeur de Bélus, pendant qu'Assur donne son nom à l'Assyrie, vaste royaume dont elle devient la capitale.

» Puis, au confluent des deux fleuves, regardez là-bas Ur, tête de la Chaldée, qui donnera bientôt naissance à Abraham, le père du peuple de Dieu;

» Sur les bords de ce lac, aux ondes calmes, Sodome et Gomorrhe, qui périront, à cause de leurs crimes, sous le feu du ciel;

» Au sommet du Moria, près du tombeau d'Adam, Jérusalem, ou *Vision de paix*, la cité de Melchisédech, pontife et roi, la ville destinée au grand sacrifice de l'Homme-Dieu, cité que nul fleuve n'arrose, à laquelle nulle vallée ne conduit, qu'aucune mer ne favorise de son commerce; qui n'a que d'étroits sentiers creusés sur les flancs de roches inaccessibles, dont le sol est rare et ingrat, l'été dévorant, les hivers rigoureux;

» Puis encore Thèbes, qu'en deux mille six cent vingt-six, Misraïm, fils de Cham, bâtit sur les rivages du Nil, pour être, avec Memphis, la riche et somptueuse capitale de l'Egypte.

» Alors, continuait Mikaël, pendant que Bélus, voyant la belle Babylone ravie à Chinzir par les Arabes, attaque ces larrons et s'en empare; après que Ninus son fils a soumis l'Asie tout entière jusqu'à Bactres, au pays du soleil, une femme, une héroïne fameuse vient, comme un météore, briller sur le monde.

» On raconte d'elle qu'exposée dans un lieu solitaire par des parents qui veulent s'en défaire, des colombes, qui avaient leur nid dans le voisinage, la couvrent de leurs ailes, la réchauffent, la nourrissent, et que, pour la merveille de sa beauté, mandée à la cour, elle devient l'épouse de Ninus et la mère de Ninias.

» Cette femme a nom Sémiramis. Alors, par la puissance de ses armes, elle recule encore les limites de son empire. Par elle, les marais sont desséchés, des canaux creusés, des ponts jetés sur les fleuves, des aqueducs construits, des routes tracées à travers les solitudes. Elle s'occupe ensuite de Babylone et de Ninive.

» Regardez d'ailleurs.

» C'est par son ordre et sous sa direction que Babylone forme un vaste carré dont chaque côté à cinq lieues de longueur. Tout autour elle fait creuser un large fossé, revêtu de briques, toujours rempli d'eau. De plus, elle élève cette triple muraille intérieure que vous voyez, et lui donne une épaisseur de cinquante coudées et une élévation de deux cents. L'enceinte extérieure est défendue par deux cent cinquante tours, et, de chaque côté du carré de la ville, on compte vingt-cinq portes. Ces portes sont d'airain et de fer. Ses rues sont immenses, tirées au cordeau, et séparées par des places que décorent de somptueux palais. Un pont en pierre, long de cent-vingt mètres, large de trente pas, réunit les deux rives de l'Euphrate.

— Mais quels sont ces deux admirables monuments qui s'étalent si majestueusement aux extrémités de ce pont? demandai-je à Mikaël.

— D'abord le palais du roi, répondit mon guide, et il est entouré lui-même d'une triple enceinte. Ensuite le temple de Bélus, dont la circonférence était de près d'une lieue.

» Au centre de cet édifice, voyez-vous cette tour qu'accompagne un escalier extérieur ayant autant de paliers que la tour a d'étages? Elle n'a pas moins de huit cent cinquante-cinq pieds d'élévation. Sur sa terrasse la plus élevée se trouve le sanctuaire de Bélus, avec une table et un siège d'or. La grande statue d'or de ce Dieu, qui n'a pas coûté moins d'un million, se trouve à l'étage inférieur : ce n'est pas autre chose que Bélus assis dans un fauteuil.

» C'est dans ce temple que vous verrez bientôt Nabuchodonosor, l'un des successeurs de Sémiramis, apporter, pour Bélus, les vases d'or et d'argent, ainsi que les objets les plus précieux enlevés au temple de Jérusalem.

» Considérez maintenant ces fameux jardins suspendus, qui ont valu à cette ville le titre d'une des sept merveilles du monde.

» Comme le pays de Sennaar est plat, uniforme et triste, afin de donner à sa belle ville un aspect féerique et pittoresque, Sémiramis fait élever un nombre infini de colonnes sur lesquelles reposent ces voûtes épaisses et grandioses qui forment d'immenses plate-formes. Alors, une fois chargées d'une excellente terre et arrosées par des jets d'eau pris au fleuve, on y planta des palmiers, des nopals, des bambous et des térébinthes; de vastes parterres, occupés par les fleurs les plus riches et les plus belles, les ornèrent de leurs feuillages et de leurs guirlandes, pendant que le dessous de ces jardins formait de magnifiques promenades pour l'hiver.

— Vraiment rien n'est majestueux et grand comme cette forêt d'aiguilles, de pyramides, de môles, de dômes, de coupoles, de palais, de temples, de remparts, de tours et de forteresses! m'écriai-je dans un élan d'enthousiasme.

— Alors que direz-vous donc des autres merveilles que je veux vous montrer? fit Mikaël en souriant à Stella.

» Voyez d'abord Ninive. Elle aussi forme un carré long de vingt lieues de circuit. Ses murs ont cent pieds de haut et sont tellement larges que trois chars peuvent y courir de front. Elle a quinze cents tours pour sa défense. Vous comparez Babylone à une forêt; mais Ninive est plus belle peut-être que sa rivale. Quant à ses richesses, elles furent plus grandes. Voyez partout briller l'or, l'argent, les pierres précieuses, les tables de porphyre et d'agathe.

— Mais que sont ces peuples que je vois couchés sur des roseaux, aux rives du Tigre et de l'Euphrate, pendant que leurs cinnors demeurent muets, suspendus aux saules et aux palmiers?

— Hélas! c'est encore l'histoire de la révolte de l'homme contre Dieu, la suite terrible du péché!... reprit Mikaël.

» Vous le savez déjà, Abraham eut un fils d'Agar l'Égyptienne. Ismaël devint le père des Ismaélites.

» Il eut un fils aussi de Sarah : ce fut Isaac. Isaac fut le père des Israélites, par Jacob, qu'il eut de Rébecca.

» Or, Jacob ayant eu douze fils, de Rachel, qu'il aimait, et de Lia, filles de Laban, près duquel il était venu chercher un asile contre la colère d'Esaü, son frère, ces douze jeunes hommes devinrent les chefs de douze tribus qui portent leur nom : Ruben, Siméon, Lévi, Dan, Juda, Nephtali, Gad, Azer, Issachar, Zabulon, Joseph et Benjamin.

» Regardez d'ailleurs; leur histoire se reproduit ici.

» Ce groupe de jeunes pasteurs dont les troupeaux sont épars là, dans cette prairie qu'encadrent de hautes collines, ce sont les fils de Jacob. Les dix aînés sont nés de Lia; les deux autres viennent de Rachel : aussi Joseph et Benjamin sont-ils les bien-aimés, comme Rachel est elle-même la préférée. Ils portent tous des sandales; tous ont les épaules cachées par des tuniques qui les serrent à la taille, en laissant nus les bras et les jambes. Leurs longs cheveux sont partagés sur le front; une tresse de laine leur serre les tempes en assujettissant les boucles de leur chevelure.

» Ils condamnent Joseph, qu'ils n'aiment pas; car il a eu le tort de leur raconter un songe dans lequel il était roi !

» Pauvre enfant ! Là-bas, sur le chemin qui serpente à travers les montagnes bleues de l'horizon, voici venir, dans les rousses vapeurs du soir, la longue caravane des Madianites, dont les chameaux portent en Egypte les parfums de l'Orient.

» Ces nouveaux fratricides vendent Joseph à ces trafiquants.

» Au moins il ne sera pas roi ! Leur vieux père ne les fatiguera plus de ses préférences pour son Joseph !

» Et ils égorgent un chevreau. Dans le sang de cette victime la robe de l'innocent enfant est teinte... Voyez; ils l'adressent à Jacob...

» Quelle douleur pour le vieillard !

» Mais Dieu veille. La sagesse de Joseph le fait monter sur les degrés du trône des Pharaons.

» Là, dans la ville de Thèbes, dans celle de Memphis, contemplez de quelle splendeur on l'entoure.

» Vous allez vous écrier encore en les voyant ces villes fameuses.

» Thèbes, d'abord assise sur la rive orientale du Nil, Thèbes s'agrandit bientôt et s'étend sur les deux rives. Homère, le grand Homère, comme vous dites sur terre, l'appelle la ville aux cent portes, et Diodore de Sicile assure que le soleil n'éclaira jamais rien de plus opulent. Elle a douze lieues de tour et trois de large. Ses demeures ont de quatre à cinq étages. Ce nombre de palais, de temples, de statues colossales, d'obélisques, de colonnes, effraie l'imagination, n'est-ce pas ?

» A l'angle de cette partie de la ville, voici le plus grand de ses temples, celui de Karnak : il a une demi-lieue de tour. Un mur de circonvallation, richement sculpté, l'environne. Son sanctuaire est tout éclatant d'or, d'ivoire, de pierreries. Il se compose de cours, de colonnades, de portiques, d'énormes statues, d'obélisques admirables, et de merveilleuses galeries. On y arrive par de larges avenues qui correspondent aux principales façades, et ces avenues sont ornées de sphinx de granit, de cippes fastueux, de colossales pyramides.

» Vers cet autre point, regardez ce palais de Louqsor, qui ne cède rien à Karnak, car il est tout aussi riche et tout aussi magnifique. Remarquez ces obélisques qui ornent son entrée principale; ils sont en granit rose de Syène et tout couverts d'hiéroglyphes.

— Mais c'est bien l'un d'eux, le plus haut, que l'on a transporté sur notre place de la Concorde, à Paris? m'écriai-je.

— Silence, me fit Stella, nous sommes en face des temps antiques, nous parlons de leur histoire, et nous ne devons rien en transvaser dans l'histoire moderne.

— Sur l'autre rive du Nil, voyez-vous le Memnonium, tombeau, temple et palais bâti par Osymandias. Il est composé, comme les temples de Karnak et de Louqsor, de palais, de galeries, de colonnes, et renferme la première bibliothèque qui ait été formée, sur le fronton de laquelle le Pharaon a fait écrire :

TRÉSOR DES REMÈDES DE L'AME.

» On voit dans l'enceinte du Memnonium le tombeau de son fondateur; cette aiguille sépulcrale qui domine vous l'indique. Enfin on y trouve aussi la statue colossale de ce prince. C'est elle qui montre sa tête au-dessus de la muraille de droite; elle a soixante-quinze pieds de haut.

» Deux autres colosses s'élèvent un peu plus loin, là, à gauche. L'un, celui du sud, le plus élevé, Tâma, est d'une seule pièce, et pèse un million cinq cent mille livres; l'autre, celui du nord, Chima, est le plus fameux. Connu sous le nom de statue de Memnon, il rendait un son harmonieux, disaient ses prêtres, quand les rayons du soleil le frappaient. Je vous laisse à penser si ces hommes ne trompaient pas leurs semblables !

» Voici encore, sur la rive orientale du Nil, tout un monde de statues, de colosses, de temples, de dômes, d'édifices et de monuments de toutes sortes...

— Mais n'est-ce pas un hippodrome que j'aperçois au-dessous de nous? demandai-je.

— Oui, répondit Mikaël; car les Egyptiens aimaient à s'exercer aux courses de chevaux et de chars. Il est environné de merveilleuses constructions, et sa grandeur...

— Est d'au moins sept fois plus grande que notre Champ-de-Mars de Paris, dis-je en interrompant Mikaël. En vérité, Babylone que j'admirais tout-à-l'heure...

— Perd beaucoup dans votre estime? demanda Stella.

— Non, certes, car sa magnificence est des plus surprenantes; mais Thèbes! Thèbes est la reine des cités...

— Eh bien! c'était dans cette cité que Joseph, le ministre du Pharaon, régnait à la place de son maître. Mais le voici qui se montre à vous dans toute sa gloire. Regardez-le; nous sommes à Memphis...

II.

ESQUISSES ET SILHOUETTES.

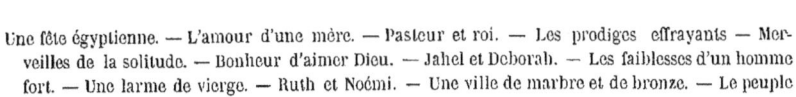

Une fête égyptienne. — L'amour d'une mère. — Pasteur et roi. — Les prodiges effrayants — Merveilles de la solitude. — Bonheur d'aimer Dieu. — Jahel et Deborah. — Les faiblesses d'un homme fort. — Une larme de vierge. — Ruth et Noémi. — Une ville de marbre et de bronze. — Le peuple de Jéhovah. — Scènes judaïques. — Quand le ciel s'offense ! — Sur les bords du Nil. — Fantaisies d'un Pharaon.

Mikaël disait vrai, mes amis. La sphéroïde nous offrait Memphis, la belle Memphis, et dans Memphis le spectacle que je vais dire.

Rien n'était beau comme cette Égypte que j'avais sous les yeux. L'été pendant lequel les eaux couvrent les vallées et les plaines était passé. L'hiver était venu, et l'hiver en Égypte est une saison magique. Tout y est verdure, fleurs, chants d'oiseaux, murmures de grands fleuves, mouvement dans les campagnes et délices dans les villes.

Or, tout le long du Nil, à une grande distance, sur ses deux rives, s'étalait une cité dont l'aspect fabuleux ne sera jamais aussi splendide dans l'imagination des hommes.

C'était Memphis, la capitale des Pharaons.

Des monuments d'une grandeur et d'une richesse inouïes s'élevaient dans son enceinte; ses quais étaient bordés des palais les plus somptueux. Pour en jeter les fondements, Ménès avait détourné les eaux du Nil. Uchoréus l'avait agrandie; et ses temples, ses maisons et ses admirables constructions étaient si vastes et si grandioses, qu'elles ne comptaient pas moins de dix lieues de tour et de huit cent mille habitants dans son enceinte. Sa magnificence effaçait à mes yeux celle de Thèbes; et cependant que Thèbes m'avait paru belle! Mais c'est que Memphis possédait un temple, celui de Sérapis, une rotonde consacrée à Vulcain, le dieu du feu, et un palais prodigieux de beauté où l'on nourrissait le bœuf Apis. Heureux bœuf! était-il à l'aise dans ses galeries, sur ses pelouses, et à sa bonne et riche table.

Or, ma plume de voyageur ébloui ne pourra jamais redire les somptuosités de ce temple de Sérapis, de cette rotonde de Vulcain, et de ce merveilleux palais d'un bœuf.

Ne vous figurez pas, du reste, que le dieu Apis fût doué d'une bonne nature de bœuf : moi qui ai vu, en image il est vrai; mais en image prise sur le vif, ce qui en était, je vous affirme qu'il n'en était rien, et que le sage Apis, tout dieu qu'il était, se livrait à des excentricités quelque peu saugrenues.

Sa demeure était plus vaste que notre château des Tuileries, et bien autrement ornée. C'étaient de délicieuses galeries de communication, des cours avec des promenoirs, des salles décorées de deux cents colonnes toutes peintes des plus vives couleurs. Et dans ce palais magique ce bonhomme de bœuf allait, venait, mangeant ici à un ratelier d'or, buvant là dans une auge d'argent. Partout rutilaient les vases les plus précieux, ornés de saphirs, de perles, de rubis. Il y en avait pour tous les usages... de bœuf. Et puis, ce noble sire ne portait que housses de pourpre brodées d'or, chargées de diamants, couvertes de pierres précieuses. Ses colliers étaient garnis des crépines les plus lourdes dont les extrémités portaient des clochettes d'or. Il avait sur le front un diadème dont celui de Cléopâtre n'égala jamais la beauté.

C'est une bête bien heureuse? oh! pardon... c'est un dieu bien partagé, croyez-m'en.

Avec cela, notez que sa dent royale ne connaît que le froment le plus pur; sa langue n'apprécie que les herbes les plus odoriférantes : il faut des aromates et des plantes balsamiques à Sa Majesté.

Donc voici ce que je vis :

Memphis était en fête : l'Égypte venait de passer sept années dans une fécondité sans égale, au rapport des Annales de l'agriculture. C'était bien le moins que l'on offrit dès-lors un triomphe à celui qui avait annoncé cette fécondité, et dont les soins vigilants s'étaient empressés de remplir les greniers publics pour de nombreuses années, dussent-elles être stériles.

Or, c'était Joseph qui, ayant été prophète et sauveur, par ordre du Pharaon, allait être livré aux regards de la foule venue de toutes parts, couvert des plus riches costumes de son souverain, coiffé de sa tiare, et portant au doigt l'anneau, symbole de l'autorité suprême.

Figurez-vous donc le plus étrange cortège de cavaliers vêtus des couleurs les plus vives; de soldats de pied laissant flotter au vent les banderoles de leurs piques et leurs manteaux écarlates; de prêtres en robes blanches, à longue barbe, aux cheveux couronnés de branches de verdure. Figurez-vous le plus gracieux défilé de jeunes égyptiennes, toutes vêtues de tuniques dont les plis ruissèlent de figurines peintes, de dessins fantastiques, d'hiéroglyphes mystérieux, à teintes délicates, à nuances charmantes, serrées à leur taille par des ceintures d'or enchassant d'éblouissantes pierreries. Voyez-les toutes belles à faire redire le proverbe : belle comme une égyptienne! portant des branches de palmier, laissant tomber les énormes nattes de leurs longs cheveux noirs, coiffées d'une calotte de pourpre et d'or qui, avec un bavolet par derrière, se relève sur leur front par un bec d'or, comme si l'oiseau le plus riche les couvrait de son plumage. Enfin parmi des flots de sagittaires aux armes étincelantes; de piquiers casqués et cuirassés de fer peint de lignes transversales; de gardes aux carquois brunis au feu et aux flèches d'acier; de seigneurs des provinces appelés en ce jour à la capitale; des gens de cour empressés de briller aux côtés du favori; de hérauts du Pharaon, et à la droite comme à la gauche du char de la reine, montés sur des chevaux blancs, et vêtus de la plus merveilleuse robe d'Orient, voyez, si vous pouvez, le souverain de l'Égypte, le grand Pharaon et Joseph, le sage Joseph, son premier ministre...

Qui eût reconnu là le pauvre esclave grelottant de froid, lorsque ses frères le retirent de la citerne pour le vendre aux marchands madianites qui se rendent en Égypte avec leur caravane?

Et tout ce cortége, cette longue procession perce difficilement la foule compacte du peuple, de ce peuple pittoresque, beau dans sa parure oriental, et groupé sur les sphinx des avenues, sur les bases des obélisques, échelonné sur les degrés du vaste temple d'Isis, et semblant des grappes de mirmidons, quand il se trouve adossé aux prodigieux colosses des places publiques...

Oui, qui eût reconnu là le modeste Joseph?

Aussi ses frères ne le reconnaissent-ils pas dans son palais, lorsque, à quelque temps de là, pressés par la famine prévue, les voici qui viennent du pays de Chanaan, demander au grand ministre d'Égypte des vivres pour leur famille.

Je vois, en effet, la famine et ses misères reproduites à en frémir par la fidèle sphéroïde.

Ici c'est la coupe de Joseph trouvée dans le sac de Benjamin que l'on veut retenir captif par une tromperie d'amour fraternel.

Là, la reconnaissance de Joseph par ses frères tremblants.

Puis la longue caravane d'onagres, de dromadaires, de génisses, de buffles et de chars amenant le vieux Jacob dans la terre de Gessen, avec les femmes de ses fils, jeunes chananéennes au visage bronzé par le soleil

O prodige ! la corbeille et l'enfant qu'elle contient deviennent le trésor de la belle Égyptienne.

de la plaine, aux costumes pittoresques de Ur et de Haran, avec les jeunes hommes et leur lignée nombreuse.

Puis encore Ephraïm et Manassé qui reçoivent la bénédiction du saint vieillard, faisant promettre à son cher Joseph, en tenant les mains sur ses enfants, qu'il portera son corps où sont déjà les restes d'Abraham et d'Isaac.

Là, dans les plaines et les collines de l'Idumée, c'est le riche descendant d'Esaü, Job, qui perd en un jour ses enfants et ses trésors. Une lèpre dévorante le force à demeurer sur la paille de ses étables. Mais il espère en Dieu, et, malgré les conseils pervers de faux amis, le saint patriarche s'humilie, et le voilà qui reçoit du ciel plus de biens qu'il n'en a perdus.

Et comme les fils de Jacob ont rapidement augmenté leur race en Égypte, le Pharaon qui n'a pas connu Joseph, craignant leur accroissement, veut les faire périr par d'affreuses privations et de cruels travaux, ou bien en jetant dans le Nil le fruit de leurs unions.

C'est alors qu'une femme de l'une de leurs tribus met au monde un enfant qu'elle veut sauver par amour pour l'innocente créature. Elle lui tresse un berceau de joncs, l'enduit de bitume, y dépose son fils, et le confie aux roseaux du fleuve.

Le doigt de Dieu se montre aussitôt.

Il envoie la fille du Pharaon Aménophis, avec ses suivantes, se baigner sur les rives du fleuve. A peine la jeune princesse a-t-elle eu le temps de descendre dans les eaux tièdes où l'appelle le plaisir, que des cris de douleur se font entendre. Les vierges qui nagent à l'envi autour d'elle pour tresser sa chevelure et lui donner leurs soins, accourent avec empressement.

O prodige! la corbeille et l'enfant qu'elle contient deviennent le trésor de Méroë, la belle égyptienne. Elle fait élever le petit Moïse par l'Israélite même, sa mère, et, devenu grand, Moïse sera le libérateur de ses frères.

Le voici déjà devenu le commensal de Meroë, qui l'a sauvé des eaux ; le voici que l'on instruit de la sagesse des Égyptiens. Mais un jour ayant vu l'un des Hébreux outragé par un homme du pays, il vole à sa défense, et tue l'Égyptien.

Dès-lors il doit fuir. Je le vois dans le pays de Madian, attaché au service de Jéthro, prêtre et pasteur.

Mais Jéthro a une fille. Séphora est la plus pure des filles de Madian ; elle est aussi la plus belle. Moïse et Séphora sont bientôt unis par Jéthro lui-même.

Mais bientôt la tristesse succède à la paix dont il jouit chez son beau-père. Il a laissé ses frères d'Egypte esclaves et malheureux! Dieu lui inspire le courage de voler à leur délivrance; et, se montrant à lui dans des flammes sacrées, il lui donne une verge qui sera plus puissante que le sceptre d'un roi.

Regardez-le, comme moi, courir à Memphis, à Thèbes, à la nouvelle ville d'Héliopolis.

Héliopolis m'apparaît, à son tour, dans toute sa splendeur. C'est là que les prêtres enseignent les hautes sciences de la philosophie et de l'astronomie. C'est dans cette ville que le soleil a un temple qui donne son nom à la ville, et c'est de ce temple que Putiphar était prêtre lorsqu'il donna jadis à Joseph sa fille Aseneth en mariage. J'y vois les deux plus grands obélisques qui jamais aient existé. J'y vois... Eh mon Dieu ! que vois-je?

— Vous voyez un puits, un jardin, un sycomore, tout rayonnants de reflets d'or, parce que plus tard, bien plus tard, dit Mikaël en insistant, ce sera là que la sainte vierge Marie, saint Joseph et l'enfant Jésus, pendant leur fuite en Egypte, s'arrêteront, se désaltèreront et vivront.

» C'est là d'abord que Moïse rencontre le Pharaon ; puis je l'aperçois qui le rejoint à Thèbes, puis encore à Memphis; et là, comme partout, il lui demande, au nom de Dieu, la liberté pour les Israélites de quitter son royaume.

» Le Pharaon refuse. Alors la verge de Moïse change les eaux en sang : elle devient un terrible serpent qui effraie le Pharaon. Puis voici venir des nuages de grenouilles, des torrents d'insectes, des pluies de mouches; puis la peste sur les animaux, puis pour les hommes les pustules et les ulcères, puis une grêle furieuse, puis un vent brûlant chargé de sables enflammés, puis des avalanches de sauterelles qui dévorent tout; puis d'épaisses, d'effrayantes ténèbres, et enfin pendant que, par ordre de Dieu, les Hébreux prennent le bâton du voyage et mangent le festin du départ, voici venir aussi l'ange exterminateur qui, dans une nuit, de son épée flamboyante, immole le fils du roi, et les premiers-nés de toutes les maisons dont le seuil n'a pas été marqué du sang de l'agneau tué pour le dernier banquet.

» Alors le Pharaon sent s'émouvoir son cœur de père.

— Qu'ils partent, dit-il, ceux dont le Dieu est si terrible !

» Aussitôt les Hébreux, leurs femmes, leurs enfants, leurs troupeaux s'éloignent, sous la conduite de Moïse.

» Au loin la mer Rouge brille de tous les feux du soleil. A l'approche de la foule bruyante des fils de Jacob, cette mer s'anime, s'agite, s'ouvre, se sépare, présente un chemin sûr dans ses profondeurs, et les Hébreux, confiants en Dieu, la traversent à pied sec, la verge de Moïse tenant ses flots écartés.

» Mais le Pharaon se repent déjà d'avoir rendu ses esclaves à la liberté. Ce bruit, ce bruit épouvantable, cette poussière, cette épaisse poussière, c'est le bruit, c'est la poussière de ses chars de guerre, de sa lourde cavalerie, de sa pesante infanterie, qui courent à la poursuite des Hébreux. Les voilà, comme une trombe, qui, se précipitant à leur tour dans le chemin creux tracé par la mer suspendue de chaque côté, vont atteindre les fuyards.

» Ne craignez rien : Dieu est là. A peine le dernier Israélite a-t-il franchi le gouffre ouvert, que la mer se referme, et que le Pharaon,

Aménophis II, ses chars de guerre, sa lourde cavalerie et sa pesante infanterie, sont à jamais engloutis, submergés, perdus.

» Peuple de Dieu, que tu es bien protégé par ton Seigneur, si tu le sers avec amour.

— Mais quelle est cette colonne lumineuse dans les ténèbres, et semblable, de jour, à un nuage que le vent pousse? demandai-je à Stella.

— C'est la nuée céleste qui guide la marche des Hébreux dans le désert.... me répond la fille du Lunien.

— Et cette blancheur qui couvre le sol chaque matin?

— La manne sacrée qui les nourrit, avec la pluie de cailles, dans les solitudes de Sin.

— Moïse s'arme encore de sa redoutable verge... Va-t-il donc frapper la terre de quelque plaie? ajoutai-je.

— Non, reprend Stella; mais le désert de Raphidim, où se trouve Israël, est bien aride, et le peuple a soif. Voyez, de sa verge, il fait jaillir une source abondante d'un rocher.

— Vraiment tout est prodige! achevai-je en retombant dans la contemplation des étranges choses que me présente la sphéroïde.

Je suis des yeux les fils de Jacob dans le désert d'Arabie. Aussi je revois le sublime aspect du Sinaï, fumant, tonnant, enveloppé de ténèbres, comme un volcan qui prépare une éruption. Moïse en descend avec les tables de la loi, mais il trouve le peuple dansant autour d'un veau d'or qu'il parfume de son encens et auquel il adresse ses vœux. Moïse s'irrite et punit.

Et afin de frapper les regards et le cœur de ces grossiers enfants de la terre, il élève le somptueux tabernacle qu'habitera le Dieu d'Israël. C'est une vaste tente d'une étoffe précieuse, enrichie de magnifiques broderies, enveloppée d'une seconde étoffe de poils de chevreaux, afin de la préserver de l'humidité. Un voile des plus riches partage en deux ce sanctuaire portatif. Dans la partie la plus reculée sera le Saint des saints, que le pontife seul visitera.

Il y place l'arche d'alliance, œuvre merveilleuse, faite d'un bois incorruptible.

Devant cette arche brûlent sept lampes d'or.

Douze pains de proposition, un par tribu, comme partage aux bénédictions du Seigneur, reposent là, devant le Dieu qui habitera cette tente, et y parlera aux chefs de son peuple.

On y voit aussi, dans la première partie, l'autel des sacrifices, la cuve d'airain, le chandelier d'or à sept branches, toutes choses merveilleuses de richesse et d'art.

Voici même l'armée des prêtres et des lévites, avec leurs tuniques, la grande robe blanche, les sonnettes d'or, les encensoirs sacrés, les tiares, le rational, qui se rangent autour du tabernacle.

Toutes les tribus sont placées devant leurs tentes, formant un immense carré, autour du sanctuaire de la divinité.

Des victimes sont égorgées, et le feu du ciel vient les dévorer.

Mais, hélas! malgré l'immense étendue de la généreuse bonté de Dieu, voilà qu'il est obligé de punir. Nadab et Abiu sont engloutis dans un tourbillon de flammes, pour n'avoir pas obéi aux volontés du Seigneur. Un infâme blasphémateur, qui s'est oublié au point de maudire le ciel, est lapidé, sans miséricorde, à la porte du camp. Un ingrat, qui a préféré son intérêt à l'observance du sabbat, est mis à mort. Marie, la sœur de Moïse, elle aussi s'est permise un murmure, et une lèpre honteuse la dévore. Coré, Datan et Abiron, pour leur criminelle ambition, sont engloutis tout vivants dans la terre, avec leurs femmes et leurs enfants.

Et cependant les prodiges ne manquent pas pour rendre ce peuple fidèle et sage.

Le serpent d'airain qui guérit les maladies; l'ânesse de Balaam qui parle; Moïse que Dieu exclut de la terre promise; le passage du

Jourdain, la chute des remparts de Jéricho quand sonnent les trompettes; la conquête de la Judée; l'établissement des Israélites à Jérusalem, à Samarie; dans Sichem, dans Ramoth, près de la mer, au pied du Liban, aux rives du Hacasphaltite, de la terre de Madian, aux portes de Gaza et à celles de Damas et de Sidon : n'est-ce pas une suite de miracles que le ciel opère en faveur de ceux qu'il aime?

Pourquoi redirai-je tout ce que je vis?

Débora, la jeune prophétesse, et la terrible Jahel, dont la main de femme ne craint pas de clouer au sol de sa tente la tête endormie du lâche Sisara;

Gédéon, qui met entre les mains de ses plus vaillants soldats un vase de terre renfermant une lampe allumée et une trompe de guerre, et dont la trompette sacrée fait soudain, au milieu du camp des Madianites, surpris pendant la nuit, sonner toutes les trompes, et briser les vases de terre dont les lampes flamboient et frappent de terreur les ennemis;

Jephté, dont le vœu fatal lui donne une brillante victoire sur les Ammonites, mais en même temps lui fait immoler.... sa blanche et timide Eloa, la vierge pure qui pleure sa mort au versant des collines, avant d'offrir son sein à l'épée de son père;

Samson, qui tue les lions, qui entre dans Ascalon pour y égorger en plein jour trente jeunes hommes, afin de leur prendre trente vêtements qu'il a promis à trente jeunes amateurs d'énigmes; qui s'empare de trois cents renards, leur attache à la queue des flambeaux allumés et les lâche dans les blés des Philistins; qui, avec une mâchoire d'âne, donne la mort à plus de mille ennemis; qui monte à Gaza pendant la nuit, enlève les portes de la ville et va les déposer sur une haute montagne; qui, vaincu par une femme, se trouve abandonné de Dieu, mais qui se venge en entraînant dans sa mort la ruine d'un temple d'idoles et le trépas de trois mille Philistins; toutes ces preuves de la protection du ciel frappent mes regards tour à tour et me révèlent la grandeur et la puissance du Dieu d'Israël.

Tu m'apparais aussi, douce et résignée Noémi, et avec toi les deux cadavres de tes fils, et le pâle visage de tes brus, Ruth et Orpha, fort affligées de leur veuvage à cause de l'affection que tu leur inspires. Hélas! Orpha te quitte; mais Ruth te reste.

— Ton Dieu sera mon Dieu et ton peuple mon peuple! lui dit-elle.

Aussi, pour la bénir dans sa douce tendresse pour toi, Dieu lui fait épouser le pieux et riche Booz.

Mais quel est ce charmant lévite, qui, vêtu de l'éphod sacré, s'empresse d'accourir à la voix de Dieu, qu'il croit être celle d'Héli, le grand-prêtre?

C'est le timide et sage Samuel, celui qui bientôt jugera les différents du peuple. Le voici déjà qui sacre le premier roi d'Israël, Saül, le fils de Cis, l'homme de labour qui cherche les ânesses de son père, le terrible général qui égorge les bœufs et les coupe en douze parts, pour convier les douze tribus à courir sus aux ennemis de Dieu.

Car les ennemis des Juifs sont d'autant plus nombreux, que je vois les fils de Jacob bien infidèles, infidèles à ce point, que l'arche sainte leur est enlevée, et devient l'esclave de Dagon, l'idole des Philistins!

Comment pourrais-je raconter les victoires de Saül, sa folie; les chants du berger David, qui de sa harpe calme les fureurs de son roi; le combat contre Goliath le géant; l'amitié de Jonathas; la fuite de David dans le désert de Ziph, l'apparition dans la caverne d'Engaddi; la bataille de Gelboë; le chêne qui surprend la chevelure royale d'un rebelle; le meurtre d'Isboseth, et toutes les choses qui se montrent à moi, comme si le Seigneur les accomplissait à l'instant même, lorsque je n'ai plus assez d'yeux pour contempler la vision nouvelle que m'apporte la sphéroïde?

— Grand Dieu! que vois-je, Michaël? demandai-je à mon guide avec l'accent de l'enthousiasme. Mais Babylone et Ninive, Thèbes et Memphis, l'Egypte et l'Assyrie n'ont pas de merveilles en comparaison de cette étonnante cité que je vois, toute de cèdre, de marbre, d'airain, d'argent, d'or et d'azur, et cependant assise sur des rochers chauves et calcinés, au sommet d'une montagne aride, entourée de vallées sans verdure et desséchées !

— C'est la nouvelle capitale de la Judée, la vision de paix, Salem, bâtie, depuis deux mille ans déjà, par Melchisédech, sur le Moria et l'Acra ; prise ensuite par les Jébuséens, appelée dès-lors Jébus-Salem, à cause de la citadelle qu'on lui donne sur le mont Sion, et enfin nommée Jérusalem, depuis que David s'en est emparé sur les ennemis de Dieu, et y a régné avec gloire,... me répond Mikaël.

» David a fait venir la paix dans son royaume quand il a succédé à Saül, et Salomon, son fils, le plus sage des hommes, y a appelé l'or, l'argent, les richesses de toute la terre.

» Voyez quelle opulence et quelle grandeur !...

» Ses murs sont flanqués de tours carrées de vingt coudées sur chaque face. Elles sont massives jusqu'à pareille hauteur. Sur ce cube solide, s'élèvent encore, à vingt coudées, de magnifiques logements, et ces logements sont, à leur tour, surmontés d'un autre étage formant citernes, destinées à recevoir les eaux des pluies. Des montées très-larges y conduisent. La muraille qui forme la seconde enceinte compte quatre-vingt-dix bastions ; la troisième enceinte en possède quatorze.

» Or, de ces quatorze tours, cinq méritent de fixer votre attention.

» C'est d'abord l'Antonia, bâtie sur un rocher de quatre-vingt pieds de haut, escarpé de tous côtés et revêtu de haut en bas de dalles de pierres polies, afin de faire glisser rapidement tout homme assez hardi pour tenter l'escalade. Sur la cime du rocher s'élève alors une palissade de trois coudées de haut en fortes pierres, et du milieu se dresse un fort de quarante coudées. La grandeur et la variété des appartements, les vastes salles où logent les troupes, les larges portiques, les bains spacieux, donnent à l'intérieur de la tour l'apparence d'un palais.

» Du sommet de cette autre tour, la Psephina, haute de soixante-dix coudées, les sentinelles peuvent découvrir toute l'Arabie et la Judée, jusqu'à la mer.

» Voici la tour Hippicos : elle est carrée, et compte sur chaque face vingt-cinq coudées de largeur. Elle est massive jusqu'à la hauteur de trente. Sa citerne, profonde de vingt coudées, est surmontée d'un bâtiment à double étage, divisé en plusieurs parties, couronné de banquettes de deux coudées et de parapets de trois. Sa hauteur totale est de quatre-vingt coudées, ou, si vous voulez, de cent vingt pieds.

» Là-bas, en face, voyez la Phasaël, de quarante coudées sur chaque face; massive jusqu'à pareille hauteur. Elle a une galerie de dix coudées, défendue par des palissades et des parapets. Du milieu de cette galerie s'élève une seconde tour garnie de banquettes et plus fortifiée que son enceinte inférieure. Elle renferme une piscine et de splendides appartements.

» En cet autre fort, le fort Marianne, on voit se dresser, sur un massif cubique de vingt coudées, un logement plus riche et plus varié que ceux des autres tours.

» Ces trois dernières forteresses sont bâties sur la cime d'une colline et paraissent bien plus hautes que toutes les autres. Elles sont construites avec des pierres de marbre blanc, de vingt coudées de longueur, dix de largeur et cinq d'épaisseur, si bien jointes ensemble que chaque tour paraît être d'une seule pierre.

» Plusieurs de ces tours remontent à l'époque antérieure à David; d'autres sont de lui, de Salomon son fils, et de temps postérieurs.

» Mais considérez la ville. Elle vous apparait au moment de sa plus éclatante splendeur.

» Salomon, dans toute sa beauté, dans toute la fleur de sa jeunesse, est placé sur sa mule richement caparaçonnée, et, aux acclamations du peuple, est amené en grande pompe jusqu'à la source du Gihon, où Sadoc, le grand-prêtre, l'oint de l'huile qui fait les monarques, pendant qu'Israël crie :

— Vive, vive le roi !

» Maintenant regardez-le, il se rend à Gabaon pour offrir un sacrifice au Seigneur. Dieu fait mieux qu'agréer son holocauste, il lui apparait en songe et lui fait don de la sagesse, selon ses vœux.

— Mais je le vois même qui fait tout aussitôt l'emploi de cette sagesse divine, en rendant le verdict célèbre appelé le jugement de Salomon.... dis-je à Mikaël.

— Précisément, mon cher Terrien, continua Mikaël. Aussi voyez quelle puissance ! Il tient sous sa domination tous les pays et royaumes qui sont entre l'Euphrate et le Nil. Ses flottes nombreuses côtoient l'Océan. Celle qu'il a fait équiper à Asiongaber, sur la mer Rouge, met à la voile pour Ophir et n'en revient qu'au bout de trois années, rapportant de la poudre d'or, des aromates, des paons, des singes, des perroquets, de l'ivoire, des bois de grand prix.

» Ses revenus sont immenses : ils montent jusqu'à six cent soixante-six talents d'or. Il rend l'or et l'argent aussi communs à Jérusalem que les pierres des chemins.

» Considérez sa maison du bois du Liban, c'est le nom qu'il lui donne : avez-vous vu jamais, avez-vous rêvé quelque part demeure plus somptueuse ? Tout y étincelle d'or, tout y respire le baume, l'encens de Saba, les aromates d'Idumée. Sa table est servie avec une magnificence inouïe. Sa vaisselle, dont on compte les vases par dix mille, est toute d'or. Ce métal resplendit sur les vêtements de ses serviteurs et sur les cuirasses de ses gardes.

— C'est à en être ébloui, dis-je dans un sentiment d'extase, en admirant combien est bon le Dieu du ciel pour ceux qui le servent. Mais quel est cet autre palais, là, sur la gauche?

— Bouquet du Liban! tel est le nom de ce palais, continua Mikaël. C'est la demeure de la belle Égyptienne, de la fille du Pharaon, aux yeux noirs, aux cheveux noirs, au visage bruni comme les pêches du Nopel, aux dents blanches ainsi que les perles d'Asichon, aux lèvres de corail, qu'il a faite reine de son peuple. Ce superbe édifice est bâti sur la place Mello, dans la cité de David. On mit treize années à construire ces deux palais d'un luxe inimaginable.

» Autrefois, au temps de David, une vallée faisait tomber ses versants rapides et desséchés où vous voyez maintenant cette place de Mello, entre Jébus-Salem et Sion. Salomon a fait combler cette vallée; mais son peuple en murmura: car, hélas! la reine est une étrangère, et pourquoi cette prodigalité pour offrir un palais à la fille des Gentils?

— Cher Lunien, parlez-moi du temple, dis-je tout empressé, de ce temple dont il est bruit toujours sur notre terre...

— Ouvrez les yeux, mon ami, me répondit Mikaël, et regardez Hiram, roi de Tyr, qui envoie au fils de Bethsabée son plus habile architecte. Un fondeur habile, également tyrien, célèbre ouvrier en or, en argent, en airain, lui arrive en même temps. Ophir et Tarsis lui expédient l'ivoire et les pierres précieuses.

» En même temps, vingt mille charpentiers syriens abattent des cèdres vieux comme le monde, sur les montagnes de Sidon. Trente mille Israélites, sous la conduite d'Adoniram, tirent la pierre des entrailles des montagnes et la préparent. Puis, cent mille ouvriers de toutes sortes se mettent à l'œuvre.

» Sept années s'écoulent, et quand vient l'an du monde 3001, le grand Salomon, entouré des quarante mille guerriers de sa garde, des quatorze mille chariots, resplendissants d'or et de fines peintures, qui portent les courtisans qui lui font cortège, vêtu d'une robe d'une blancheur et d'une beauté telle, que notre Seigneur Jésus disait, mille ans plus tard : « Voyez les lis des champs, ils ne travaillent ni ne filent, mais, en vérité, Salomon, dans toute sa grandeur, n'était pas vêtu avec plus de pompe que l'un d'eux! » Salomon, dis-je, monta au temple achevé, pour en faire la dédicace.

» Étudiez-le, mon cher Terrien, c'est toute une ville : portiques, galeries intérieures et extérieures, salles d'attente immenses, colonnades sublimes, nefs grandioses, voûtes incommensurables, coupoles, dômes, pyramides, absides, transepts, promenoirs, piscines, palais, appartements somptueux, rien n'y manque.

» Mais c'est le Saint des saints, le sanctuaire destiné à remplacer la tente du désert et à renfermer l'arche, où éclate surtout la plus inimaginable richesse.

» Les chapiteaux de bronze, les attiques d'airain, les tables d'or, les encensoirs d'or, les urnes d'or, l'étincelant candélabre d'or, les vases, les calices, les patères d'or, les lames de platine, les lampes, les tablettes, tout est d'or, d'argent, d'ivoire, d'ébène, enrichi de pierres précieuses; les lambris de cèdre, les sculptures, les ciselures, tout y apparaît du plus fin travail, de l'art le plus exquis.

» Alors, pendant sept jours, le même temps que Dieu mit à la création, Salomon fait durer la cérémonie sainte. L'arche d'alliance arrive, portée avec une pompe indicible; les prêtres l'entourent et la déposent derrière le grand voile de pourpre qui cache le Saint des saints, et avec elle on dépose la table de proposition, la baguette de Moïse, et les mille objets du culte.

» L'autel des parfums brûle les plus suaves aromates; vingt-deux mille bœufs, cent vingt mille brebis, sont égorgés; dix mille lévites chantent mille fois :

— Alleluia!

» Aussi voyez cette nuée miraculeuse qui remplit le sanctuaire...

— Je vois tout : Dieu manifeste sa présence! Le peuple s'incline et tremble... Permettez-moi d'adorer aussi le Dieu qui règne sur nous, dis-je à Mikaël en m'agenouillant. O mon Dieu! voilà le feu du ciel qui descend sur l'autel des holocaustes et dévore les victimes. Les lévites, eux aussi, se prosternent et demeurent frappés d'une sainte frayeur. Tout le temple est en feu!... Ce beau ciel de Sion s'obscurcit sous l'éclat des rayons venus de l'Empirée. Vraiment la main de Dieu est puissante et terrible!

— Hélas! pourquoi donc le péché s'est-il emparé de la terre, mon ami, reprit le Lunien. Bientôt ce spectacle changera, et sur cette même montagne vous verrez la mort d'un Dieu...

— O mon cher Mikaël, m'écriai-je, dites-moi, de grâce, quel est ce cortége d'éléphants, de dromadaires et de chameaux, qui vient du fond de l'Arabie, conduisant une jeune femme, belle comme l'Egyptienne de Salomon, montée sur une blanche cavale du désert, et entourée d'esclaves noires et d'eunuques chevauchant à l'entour.

— C'est la reine de Saba, mon cher Terrien, qui vient proposer ses énigmes au grand roi, et, sur sa renommée de richesse, de puissance et de gloire, tout en lui offrant les parfums des régions brûlées par le soleil et l'encens de son royaume, deviser avec lui sur la sagesse et les nations.

Hélas! pourquoi faut-il que je vous avoue, mes amis, que je vis aussi le triste et lamentable tableau des erreurs de Salomon. Le noble génie qui avait écrit les pages sublimes des Proverbes et de l'Ecclésiaste s'éteignit dans le désordre des passions, pour avoir abandonné le Dieu de ses pères!...

— Triste série de rois que celle qui suit, me dit Mikaël, pendant que la sphéroïde me montrait la révolte du peuple sous Roboam, le successeur de Salomon, et sa division en deux royaumes. Voyez, d'une part, continua-t-il, ceux d'Israël, à commencer par Jéroboam. Il érige des veaux d'or. Achab tue Naboth, et, de concert avec Jézabel, ajoute aux premières de nouvelles idoles;

» Ochosias persécute le prophète Elisée.

» Jéhu usurpe le trône, et Joas est mauvais roi.

» Après Jéroboam II, qui règne avec piété, Manahem et Osée reprennent la voie de perdition.

» Ceux de Juda sont infidèles aussi, et alors la main de Dieu s'appesantit sur eux.

» Sésac, roi d'Egypte, prend à Roboam sa ville de Jérusalem et la pille.

» Après Abia, puis après Asa, vient Josaphat, dont la sainte vertu rachète les fautes de ses prédécesseurs.

» Mais ensuite, Joram, impie comme le roi d'Israël, Achab, dont il épouse la fille, Athalie, égorge ses frères.

» Ochosias, échappé au massacre, succède à son père; mais Athalie, pour conserver la couronne, met à mort tous les enfants de son fils.

— C'est horrible, m'écriai-je ! Il me semble entendre les cris de ces victimes infortunées. Heureusement on sauve l'un de ces enfants. C'est un prêtre qui l'emporte et le cache dans le temple.

— Vous devez reconnaître le beau petit Joas, reprend Mikaël. Mais, voyez-le, déjà...

— O mon Dieu ! lui, sauvé par le ciel, devient idolâtre à son tour, à peine grand !

— Oui... aussi meurt-il assassiné...

» Et Amasias, son fils, idolâtre !

— Le successeur de ce dernier est bien agréable à Dieu, enfin ! dis-je avec bonheur.

— D'abord, mais idolâtre ensuite ! continua Mikaël.

» Achaz, qui vient après, idolâtre !

— Oh ! quelle piété, quelle vertu, dans le saint roi qui se présente ! Quel est-il ? demandai-je à Mikaël.

— Le juste Ezéchias. Aussi, regardez :

» C'est l'armée de Sennachérib qui vient de l'Assyrie, la menace à la bouche, et des chaines dans ses chariots pour emmener captifs les Juifs des villes et des campagnes.

» Mais Dieu veille sur son fidèle Ezéchias. Pendant que toute la grande cité de Jérusalem est entourée par l'armée de l'infidèle, pendant que l'on prie dans les temples du Seigneur, à l'heure des ténèbres...

— Qu'arrive-t-il? dis-je. Ah! voici l'ange exterminateur, dont l'épée flamboie, qui s'abat sur le camp, et... égorge tous les guerriers... jusqu'au dernier! m'écriai-je.

— Et cependant nous retombons encore dans l'idolâtrie, poursuit le Lunien avec de la tristesse dans la voix. Manassès, le fils du pieux Ezéchias, lui succède à peine, qu'il devient idolâtre!

— La vengeance de Dieu ne se fait pas attendre aussi, dis-je avec le feu de l'irritation. N'est-ce pas l'Assyrien qui arrive de nouveau, avec une armée plus nombreuse que la première?

— C'est l'Assyrien, et, cette fois, l'ange exterminateur ne sauvera pas Jérusalem. Contemplez ce tableau d'un peuple vaincu, chargé de chaines, conduit en esclavage... Manassès, lui aussi, est emmené à Babylone...

— Bonheur! Il se repent, il pleure, il chante ses regrets dans un cantique si doux à l'oreille de Dieu, que... le voilà libre... Il retourne à Jérusalem avec son peuple...

— N'est-ce pas, Terrien, que Dieu est bon!... dit Mikaël.

» Néanmoins, le peuple juif a besoin d'être puni. Aussi les armées de Nabuchodonosor, sous la conduite d'Holopherne, font le siége de différentes villes...

— Et la piété d'une femme sauve celle de ... Béthulie...

» C'est Judith, sans doute. Quelle beauté dans son visage, quelle noblesse dans ses traits, quelle expression dans toute sa personne! Est-il rien qui efface l'élégance de cette magnifique toilette orientale? Et cependant Judith a jeûné, elle a prié... Aussi la force du Seigneur est avec elle...

— Certes! car jugez quelle est sa force, à la manière rapide dont elle coupe la tête du général, dont la mort va débander son armée et sauver le pays... répond Mikaël.

» Maintenant c'est Amon qui règne, et, après Amon, Josias. Il restaure le temple, rétablit le culte, et règne avec justice.

» Puis Joakim, qui reçoit la couronne du roi d'Egypte, Néchos, subit le joug de Nabuchodonosor II, qui prend Jérusalem et fait encore une fois captive la pauvre nation juive.

— Et voici le jeune Daniel qui partage les peines de ses frères. On le met dans la fosse des lions; je le reconnais à cette circonstance. Mais son regard les fascine et les soumet.

— Joakim recouvre la liberté et la couronne; mais le voilà qui veut encore secouer le joug de l'Assyrie...

— Quelle armée tumultueuse accourt! C'est encore le roi d'Assyrie : il est furieux; il ôte le sceptre à Jéchonias, fils de Joakim, et le donne à Sédécias, son oncle.

» Mais celui-ci se croit puissant et terrible. Il se révolte...

— Dieu! que tout est sombre sur Jérusalem! Ses remparts, son temple, ses monuments, sont entourés d'une obscurité profonde, on dirait qu'une marée de ruines monte autour d'eux. Quel est donc cet homme, vêtu pauvrement, qui pleure et chante, assis sur un fût de colonne renversée?

— Jérémie!

— Ce nom dit tout.

— Il prophétise les malheurs à venir de sa cité bien-aimée; mais Sédécias ne veut pas prêter l'oreille à sa voix. Aussi, voici venir une troisième fois Nabuchodonosor : il assiége Jérusalem, et la prend; il brûle le temple, il crève les yeux à Sédécias, et traîne le peuple à Babylone.

» C'en est fait des deux royaumes d'Israël et de Juda! Les statues, les vases, les encensoirs, les patères, les calices, le rational, les tiares, les piscines, l'or, l'argent, le bronze, les pierres précieuses, les richesses du temple, des palais, des monuments publics, suivent le roi vaincu, aveugle, et le peuple dépouillé que meurtrissent les fers...

— Et tous ces trésors vont... au temple de Baal? Une idole! Mais c'est infâme! A une idole les richesses du vrai Dieu! Le ciel devrait punir une telle audace!

— Le roi de Babylone fit plus encore, mon cher Terrien, reprit Mikaël : il exigea que les Israélites, ses esclaves, adorassent Baal, son immonde divinité...

— Mais ils résistèrent? dis-je avec feu.

— Regardez!.. fit tristement Mikaël.

Et je vis des flots de peuple en haillons, les bras meurtris par les fers; et, le front dans la poussière, ils se prosternaient tous devant une idole qui avait la tête d'or, la poitrine d'argent, les jambes de fer, les pieds d'argile...

Mais trois jeunes hommes resistaient : c'étaient Ananias, Azarias et Misaël. J'entendis leurs noms répétés par cent bouches.

Et on les saisissait pour les livrer aux satellites du tyran.

Et aussitôt on les précipitait dans une fournaise en flammes.

Mais la rosée du ciel tombait sur eux, et, les couvrant de son manteau, les mettait à l'abri des morsures du feu.

Si bien qu'ils sortaient de la fournaise, sains et saufs, chantant et faisant chanter le nom du vrai Dieu!...

— Comprenez-vous, maintenant, mon cher Terrien, pourquoi l'on pleure sur les rivages de l'Euphrate... et pourquoi les Hébreux, découragés, suspendent leurs lyres et leurs tympanons aux branches des saules, et, couchés dans le désespoir, sous les palmiers, gémissent, comme Tobie, en pensant à leur patrie? me dit Mikaël.

— Oui, certes, je le comprends, mon cher Lunien, répondis-je. Les Juifs étaient trop souvent ingrats et infidèles. Il fallait que Dieu, qui avait fait de si grandes choses pour eux, les rappelât, par le malheur, au sentier de la justice.

— D'ailleurs, Dieu se vengera aussi des ennemis de son peuple, continua Mikaël.

» Etudiez ce qui se passe, là, sous vos yeux...

Alors je portai les yeux sur les points que me désignait Mikaël.

Et je vis Uchoréus, le successeur d'Olymandias, en Egypte, qui ajoutait de nouveaux embellissements à Memphis. Il élevait sur ses flancs une immense chaussée, qui servait en même temps de digue contre le Nil et de rempart contre l'ennemi.

On était alors en 2040 du monde.

Puis, dans une plaine, au pied de la chaîne des montagnes de Lybie, je voyais creuser un lac de cinquante lieues de tour, au moins, et profond de trois cents pieds. Au centre, on élevait deux pyramides, hautes de cinq cents pieds, que couronnaient la statue du roi Mœris, alors régnant, et de sa femme.

— Dans quel but ce lac qui ressemble à une mer? demandai-je.

— Il ne pleut jamais en Egypte, me répondit mon guide : or, quelquefois les eaux du Nil ne sont pas assez abondantes pour arroser et fertiliser le pays. D'autres fois elles le sont trop et séjournent outre mesure sur les terres. Dans ces deux cas, l'Egypte est menacée de la disette. Alors, Mœris prépare un réservoir qui recevra le trop-plein des eaux dans les grandes inondations, ou déversera ce qu'il aura d'eaux dans les années de sécheresse.

— L'idée est parfaite... dis-je. Mais quel est ce roi, si richement vêtu d'une robe barriolée d'or et de peintures, dont la tiare lui donne un air narquois... qui doit divertir ses sujets?

— Non, personne ne rit, au contraire, fit Mikaël. C'est le terrible Sésostris, ou Ramsès le Grand, le plus célèbre des rois de l'Egypte. On a élevé avec lui tous les enfants nés à l'heure de sa propre naissance. Ils ont grandi avec lui dans les études de la science et les exercices du corps, et ils sont devenus un bataillon de héros.

— En effet, le voici qui triomphe des Arabes, soumet l'Occident, et, à la tête d'une armée de six cent mille hommes, de vingt-quatre mille cavaliers et de vingt-sept mille chars de guerre, va conquérir l'Ethiopie, qu'il contraint à un tribut d'ébène, d'or et de dents d'éléphants, puis traverse la mer Rouge sur quatre cents vaisseaux, soumet toutes les îles et les côtes jusqu'aux Indes, bat les Scythes, étend sa domination au-delà du Gange, fonde une colonie à Colchos, et s'élève à lui-même un arc triomphal :

A SÉSOSTRIS, ROI DES ROIS, SEIGNEUR DES SEIGNEURS.

» Et, avec les trésors des ennemis vaincus, ne voyez-vous pas qu'il bâtit des temples, élève des montagnes artificielles pour cultiver la vigne, creuse des canaux pour assainir la basse Egypte, favorise le commerce, et dresse un rempart, qui s'étend de Péluse à Héliopolis, afin de repousser les attaques des Arabes ?

— Vous ne parlez pas de ces deux obélisques qui portent les noms des nations soumises, ni de sa statue et de celle de sa femme, qui, d'un seul bloc de pierre, ont chacune trente-huit pieds de haut. Mais que fait-il là-bas... mon Dieu ?...

— Ah! ah! c'est une fantaisie qu'il se passe, dit Mikaël. Ne voyez-vous pas que ce sont des rois qu'il a vaincus, dont il se sert comme de coursiers... Il les a tous attachés à son char, et, à l'aide du fouet... les pauvres sires... galoppent...

— C'est vil pour un tel prince...

— Et dire que pour terminer sa carrière, ce pauvre homme, qui s'ennuyait... s'est pendu !... clama Mikaël.

Je vois passer ensuite Phéron, ou Ramsès II, celui même qui rendait les Israélites si malheureux; puis Aménophis, qui périt avec son armée dans la mer Rouge, en les poursuivant, vers 1492; puis Céthren, qui régnait en 1218, et donna l'hospitalité à Ménélas... puis Rhampsinite, puis Chéops... dont la domination remonte à 1178.

— Mais, quelle effrayante masse de pierres élève donc celui-ci, demandai-je à Mikaël... et que fait-il à ses Egyptiens ? Ils me semblent étrangement malheureux...

— Je vais vous le dire, quand l'ouvrage entrepris vous apparaîtra tout entier... me dit Mikaël.

III.

CROQUIS ET TABLEAUX.

Obélisques et pyramides. — Grandeurs architecturales. — La Perse et l'Assyrie. — *Super flumina Babylonis.* — Comment finit Sardanapale. — L'orgueil d'un monarque. — Festin de Balthasar. — Un guerrier prédit par les prophètes. — Nature indienne. — Ce que c'est qu'Ecbatane. — Suse et Persépolis. — La guerre de Troie. — Tyr, Sidon, Palmyre. — Les Iles des Nations. — Un peuple de géants. — Les sept merveilles du monde.

Je voyais donc l'Egypte dans toute sa splendeur : campagnes, fleuves, lacs, montagnes, villes et monuments.

Après Eléphantine, où je remarquais le fameux nilomètre, qui servait à mesurer sa hauteur, et par-là même les richesses ou la misère qu'apporteraient ses eaux; après Syène, où je distinguais le puits tant vanté au fond duquel, pendant le solstice d'été, l'image du soleil se produisait tout entière; après Saïs, rendue si fameuse par son temple de Minerve, dont le portique montrait une chapelle faite d'une seule pierre de vingt-une coudées de long sur quatorze de large, prise dans les granits roses d'Eléphantine, à plus de cent quatre-vingts lieues de là; après Canope, célèbre par ses ignobles fêtes de Sérapis, sous les rayons de l'implacable soleil d'Egypte, brillant d'un rouge sanglant comme l'œil d'une fournaise, dans un azur sans limites comme sans taches, parmi des forêts d'obélisques, des longues avenues de pylônes et leurs cortéges de sphynx, c'étaient les masses effrayantes de pierres dont je parle qui m'occupaient.

— Reconnaissez donc les pyramides... me dit Mikaël.

» L'Egypte est mère des Anubis, des Typhon et des Osiris, divinités aux têtes de chien, de chat, d'épervier; mais, précisément parce qu'elle divinise toutes choses, elle veut aussi éterniser ce qui est le plus périssable, la matière!

» Vous allez la voir se mettre à l'œuvre.

» Elle va se frapper le front, courir les campagnes, gravir les rochers, étudier les simples, et, avec les plantes cueillies partout, elle inventera des baumes magiques qui disputeront les corps au néant. Chaque génération qui va vivre s'endormira, son tour venu, dans la mort; mais en se couchant, spectre desséché, sans tomber en poussière. Le ver sera xclu du sépulcre, et dans des milliers d'années on les retrouvera superposées, couchées, dessus, dessous, en leurs étuis intacts, et gardant les formes qu'elles auront eues pendant la vie.

» Pour faire du sol de l'Egypte une vaste nécropole, voilà l'œuvre qu'ont entreprise les Pharaons, à commencer par Chéops.

» Ces pyramides, dont le nom πυρ feu, rappelle la forme pyramidale qu'affecte une flamme, large à sa base, pointue à son sommet, ont pour but de garder les corps et de sauver les hommes de l'oubli. Vous en voyez à Méroë, là-bas, à l'extrémité sud de l'Egypte; en voici d'autres à Canope, au nord. Mais les plus étonnantes sont celles-ci, au centre.

— Je trouve cette idée fort belle, moi, mon cher Lunien, dis-je à Mikaël. La pyramide, prenant la forme d'une flamme, me semble parfaitement trouvée pour dire à l'homme qui passe : Je suis une émanation grossière, une flamme matérielle qui représente la flamme de l'intelligence qui a brûlé dans le corps qui repose sous mes assises de pierres...

— Oui, à ce point de vue, l'image est assez bien choisie... dit Mikaël.

Puis il ajouta :

— Voilà bien cent mille hommes qui travaillent à ces monuments; eh bien! ils ont été relevés par bien d'autres, depuis vingt ans qu'on les change tous les trois mois. Et combien n'en est-il pas mort! Aussi l'ouvrage touche à sa fin. Ce tombeau qui, dans son intérieur, n'a que des galeries et une vaste pièce funéraire voûtée en dos-d'âne, a sept cent vingt-huit pieds de largeur à sa base, et quatre cent cinquante pieds de hauteur. Elle est entièrement revêtue de marbre blanc, ajusté avec le plus grand soin, et dont la moins grande feuille a neuf mètres de longueur.

— Et avec cette élévation elle est encore assise sur un rocher qui a au moins cent pieds d'élévation, dis-je à mon tour. Mais voici que l'on place une inscription; que signifient ces hiéroglyphes?

— Elles révèlent au voyageur le nombre de raves, d'oignons et d'autres légumes que les ouvriers auront consommés pendant les travaux. Il y en a eu pour une somme de neuf millions de francs...

— Cette autre pyramide alors est celle de Céphrem; car je vois cet autre orgueilleux tyran qui, lui aussi, opprime les Egyptiens. Il aurait dû choisir un autre moyen de s'illustrer; c'est vil de copier ainsi son prédécesseur. Il est vrai qu'il change la forme de la pyramide; car au lieu d'être parfaitement carrée, elle est rectangulaire, c'est-à-dire plus longue dans un sens que dans un autre. Le corps de l'homme y trouvera son analogie et sera plus à l'aise. Mais, au lieu d'être lisse de haut en bas, elle est composée de grandes assises en retraite, et n'a que six cent cinq pieds de large à sa base, et trois cent quatre-vingt-dix-huit pieds de haut. Mon érudition de collége me revient à la vue de ces monuments si vantés, dis-je à Mikaël pour faire preuve d'intelligence et de mémoire.

— Alors vous reconnaissez Mycérinus, le fondateur de cette troisième pyramide, mon cher Terrien? demanda Mikaël. Vous voyez que son œuvre est encore plus rétrécie que celles de Céphrem et de Chéops. Cette troisième pyramide a seulement deux cent quatre-vingts pieds de large, sur une hauteur de cent soixante-deux.

— Voyez donc comme ces bons princes, si désireux de faire le bonheur de leurs sujets, se frottent les mains d'aise en pensant à l'honneur qu'auront leurs ossements de reposer sous ces masses orgueilleuses.

— Ils m'ont l'air d'en être fiers, en effet. Mais, mon cher Terrien, le Dieu du ciel, le vrai Dieu confond leur orgueil. Que voyez-vous, dites?

— Je vois que l'on place huit autres pyramides, fort petites, aux angles de celles de Chéops, comme pour leur donner un cortége... Je vois que l'ont met à d'autres une enceinte qui enferme non-seulement la base, mais aussi un petit sanctuaire s'adossant à la face antérieure du squelette du géant... Je vois que l'on creuse autour de Chéops encore, qui décidément a le plus d'honneur, un canal qui alimente les eaux du Nil...

— Mon cher Terrien, regardez là-bas, et voyez cette foule en fureur. On punit ces superbes Pharaons par un châtiment qui doit leur être bien sensible. Le peuple, irrité de ses longues souffrances, les menace d'arracher leurs corps de ces tombeaux fastueux qui ont coûté si cher à l'Egypte... et les voici qui vont se cacher et mourir dans la solitude.

— Bien; et... que publie-t-on là à son de trompe?

— La défense de prononcer leur nom. Un berger, du nom de Philition, faisait jadis paître ses troupeaux en cet endroit, et on donnera son nom aux trois pyramides de Chéops, de Céphrem et de Mycérinus...

— Oui, mais les Egyptiens n'en restent pas moins malheureux. Ces Pharaons stupides ont tant épuisé les ressources de l'Egypte!

— Jugez combien l'argent est devenu rare! Voici que le nouvel empereur, Asychis, autorise ses sujets à emprunter, en mettant en gage le corps de leur père. La chose est facile, du reste, car voyez : on embaume si bien les cadavres des morts, que l'on en fait des momies transportables partout, après des siècles...

— Nous en avons même à Paris, à notre musée..

— Vous avez de tout à Paris, et même quand vous n'avez pas, mon cher Terrien, une inscription cache un prétendu trésor, et vous avez...

— Vous faites le méchant, bon Lunien...

— Voici maintenant les Ethiopiens qui envahissent l'Egypte affaiblie. Mais leur règne est si long, il s'étend jusqu'à 763, que Séthos, un prêtre de Vulcain, les chasse et se fait roi.

— Quelle est cette armée terrible qui s'avance contre lui?

— Celle de Sennachérib, roi d'Assyrie; et Séthos ne peut lui opposer qu'une troupe d'artisans, de laboureurs et de marchands.

— Mais, c'est vraiment plaisant; voici la nuit venue, et, je ne crois pas me tromper... ce sont des rats... oui, des rats qui se répandent dans le camp des Assyriens; et... que font-ils donc?

— Ils rongent les cordes des arcs, les carquois, les courroies des boucliers, les chaussures des soldats...

— Oh! quelle déroute! Plus d'armes, plus de combattants par là même... Hardi, ferme, Egyptiens! c'est là une victoire commode! Aussi les voilà reconnaissants pour...

— Leur dieu Vulcain, hélas! Ils élèvent une statue qui représente Séthos tenant un rat... et disant :

En me voyant, apprends à révérer les Dieux !

— Encore un autre monument?...

— Oui, après Séthos, il y a un interrègne. Douze personnages du pays prennent l'autorité, et, pour laisser un gage de leur union, ils choisissent un plateau voisin du lac Mœris, et y bâtissent un palais composé de douze palais...

— Ah! le fameux labyrinthe, alors?

— Juste, mon cher Terrien; vos souvenirs de collége ne vous font pas défaut, et cela fait honneur à votre illustre Université.

De la position que j'occupais avec le Lunien, je pouvais admirer à l'aise cette étonnante construction.

On trouvait dans l'intérieur douze cours couvertes et couronnées de dômes, dont six étaient tournées vers le nord et six vers le midi. Chacune d'elles était ornée d'un péristyle en marbre blanc. Les palais qui s'élevaient à l'entour avaient deux étages, l'un souterrain et voûté, l'autre élevé au-dessus du premier. Chaque étage était d'une grandeur telle qu'il renfermait quinze cents chambres. Dans celles de l'étage souterrain se voyaient les tombeaux des douze fondateurs, et douze chambres, revêtues des marbres les plus riches, destinées aux crocodiles sacrés. Il me semblait entendre un bruit sinistre qui me rappelait celui de ces animaux s'ennuyant de leur longue et fatigante captivité.

Quant aux chambres de l'étage supérieur, les plafonds, aussi bien que les murailles, en étaient revêtus de porphyres et de malachites, et ornés d'une foule de figures sculptées en creux. Je voyais les issues de ces chambres tant de fois répétées sous leurs colonnades de pierre blanche, et les galeries de communication se renouvelaient en tant d'endroits, que nécessairement on devait se perdre dans ce dédale avant de trouver le moyen d'en sortir.

— Ciel ! m'écriai-je interdit, en apercevant un peu plus loin, sous la vaste coupole d'un temple, tout un peuple assemblé, et douze rois couverts des plus riches ornements qui offraient un sacrifice, que veut dire ce merveilleux spectacle?

— Ce sont les douze rois qui se trouvent réunis dans le temple de Vulcain pour lui offrir des libations, me répondit Mikaël. Regardez un peu : on leur apporte à chacun sa coupe d'or; mais il ne s'en trouve que onze.

— L'idée n'est pas mauvaise. Voici Psammétichus, le douzième roi, qui remplace la coupe d'or par son casque d'airain, et il accomplit, avec, toutes les cérémonies.

— L'idée est d'autant meilleure, que l'oracle a prédit que celui de ces princes qui ferait ses libations dans un vase de bronze règnerait sur toute l'Egypte... reprend Mikaël.

— Le voilà roi, en effet, et roi unique. Mais que vient-on lui annoncer déjà?

— Que des hommes tout couverts de fer pillent la contrée. Et, en effet, des pirates ont envahi l'Egypte, poussés par une tempête violente. Psammétichus les accueille et se les attache par des présents, et, avec leur secours, il étend sa domination sur toute l'Egypte...

Alors je vois Néchos, son successeur, qui entreprend de faire communiquer le Nil avec la mer Roge par un large canal. Puis il gagne la bataille de Mageddo sur Josias, roi de Juda; mais il est vaincu par Nabuchodonosor, qu'il attaque jusque dans l'Assyrie.

Puis c'est Psammis qui règne en 595, Apriès en 570, Amasis en 526, puis Psamménite en 525.

Mais voici soudain que de loin s'élève une épaisse poussière que le vent chasse sur toute l'Egypte, de façon que son brûlant soleil est éclipsé, l'azur de son firmament disparait, ses monuments se trouvent voilés par une brume blanche, et au loin un long mugissement, semblable à celui des torrents qui grondent en s'approchant, retentit et m'effraie.

C'est le Perse Cambyse, qui, traînant après lui une innombrable armée, ruine tout, écrase tout, dompte tout sur son passage. Je vois ce fier guerrier charger de chaînes l'Egyptien vaincu, et, maître de cette magnifique contrée, de ses cent villes et de ses ports, s'élancer vers l'Ethiopie pour l'ajouter à ses conquêtes.

Mais Dieu le suit... et l'arrête dans le désert...

Le voici, le voluptueux conquérant, qui s'assied, sous une tente de pourpre, à la table la plus richement servie, pendant qu'autour de lui, sur les sables brûlants, privés de tout, n'ayant même plus à boire l'eau saumâtre des outres portées à dos de chameaux, et qui sont vides..., les guerriers tombent, et, par milliers, blanchissent de leurs ossements les steppes de feu de la solitude.

Alors, vaincu à son tour par les éléments, je le vois rentrer furieux en Egypte... Mais en passant il égorge de son glaive le pacifique bœuf Apis, et, du même glaive se blessant à la cuisse, va mourir dans une ville misérable, sur les frontières de ses Etats.

A l'horizon cependant, tout autour de la grande Asie, endormies sur des éminences dressées de main d'hommes, mollement couchées le long de fleuves argentés, se baignant avec délices dans les lagunes des mers du couchant, ou souriant avec amour dans les vagues bleues d'îles verdoyantes, je vois d'autres villes qui s'élèvent, tout étonnées de briller au soleil, et proclamant déjà la présence de peuples nouveaux dont elles disent la grandeur future.

Aussi, me tournant vers Mikaël, je le prie de m'expliquer ces immenses aspects qui frappent mes regards. Car je vois mille nations qui s'agitent, des peuples qui se heurtent, des camps qui dressent leurs tentes, des armées qui se choquent et des légions qui se baignent dans le sang.

— Mon cher Terrien, me dit mon guide, ce n'est plus la seule Assyrie que vous voyez fleurir; elle est en décadence, au contraire, là, sous le règne des rois de la famille de Sémiramis la Grande, sous Atossa surtout, l'infâme princesse qui, se décorant du titre de Sémiramis II, dans la belle Ninive, foule aux pieds les lois de la nature et de la vertu...

— Mais, en effet, m'écriai-je, que veut dire cet affreux incendie qui s'allume dans le palais de ses rois ?

— C'est le lâche Sardanapale, qui, en 785, assiégé par un jeune peuple, les Perses, et voyant Ninive prise à la faveur d'un débordement du Tigre, fait dresser un bûcher et s'y précipite avec ses trésors pour échapper à la colère du vainqueur...

— Il ne s'y précipite pas seul, le monstre! dis-je avec colère... Ciel! oh! quelles belles jeunes femmes, et délicieusement vêtues, on jette avec lui, avant lui, dans les flammes! Ce qu'elles souffrent est affreux! En voilà cent, deux cents déjà que l'on sacrifie au tyran... Elles supplient en vain... elles doivent toutes périr jusqu'à la dernière... Quelle monstrueuse hécatombe!... Pauvres femmes! elles pleurent, elles crient, elles se lamentent! Mais il ordonne... et ses esclaves obéissent... Enfin, il est pâle, défait... il n'ose se précipiter à son tour... Va donc... Ah! il tombe : c'en est fait!... Mon cher Lunien, c'est une scène terrible que je viens de voir là... souffrez que je me remette...

— Auparavant voyez, mon ami, à la lueur de ces feux rougeâtres, mille fois plus affreux pendant la nuit, l'entrée des vainqueurs dans la ville...

— Non, non, c'est horrible!...

Hélas! je vois encore Phul régner à Ninive, puis son fils Téglatphalasar, qui maltraite les Juifs; puis Salmanasar, qui les fait captifs et les transporte en Mésopotamie; puis Sennachérib, qui fait le siége de Jérusalem. Mais les Juifs, plus fidèles alors, sont délivrés par l'ange exterminateur, qui égorge tous les Assyriens.

Vient ensuite Assaraddon, qui réunit le royaume de Babylone à celui de Ninive, et fait le roi juif, Manassès, prisonnier. Après lui, Nabuchodonosor I, en 668, tue Phraortes, fils de Déjocès, roi des Mèdes; puis Sarac, son fils, prince efféminé, est, à son tour, vaincu par Nabopolassar, gouverneur de Babylone révoltée.

A son tour, Nabopolassar est battu par le roi d'Egypte, Néchos. Mais Nabuchodonosor, son fils, en 605, s'avance contre la Syrie, triomphe de Néchos, soumet la Judée, et en conduit les habitants captifs à Babylone. Deux fois il s'empare de Jérusalem, et enfin il détruit le royaume de Juda.

— Mais, dis-je en interpellant Mikaël, ce prince si majestueux, si richement vêtu, que j'aperçois là, dans une plaine immense, entouré d'une foule plus agitée que les vagues de la mer, et qu'il force à se prosterner devant sa statue, n'est-ce pas le Nabuchodonosor dont vous me parlez?

— Oui, me répond Mikaël avec un sourire. L'orgueil tourne la tête de cet homme; il oublie qu'un roi n'est rien entre les mains de Dieu, et, s'égalant à lui dans l'ivresse de ses transports, il se fait adorer.

— Aussi Dieu le rend fou; car je le vois sur le versant de cette colline qui erre à l'aventure parmi les aloès et les cactus épineux. Mais pourquoi donc a-t-il laissé pousser ses cheveux et ses ongles? Pourquoi ses vêtements sont-ils en lambeaux?

— Parce qu'il se croit changé en bête, le superbe monarque!

— Rois et peuples sont bien misérables quand ils sont à l'écart de la vertu et qu'ils méconnaissent le vrai Dieu.

— Pour preuve, dit Mikaël, regardez!

Et je voyais Evilmérodach, le fils de Nabuchodonosor, en 559, monter sur le trône; mais périr assassiné tout aussitôt.

Et puis c'était Nériglissor qui s'emparait de la couronne.

Et, après Nériglissor, Laborosoarchod, son fils, plus inique encore, et plus cruel, et plus infâme que ses prédécesseurs. Il meurt bien vite, assassiné, en 555.

Puis enfin c'est Balthasar...

Mais vers l'Orient, des régions de la Perse et de la Médie, quelle est cette splendide armée qui s'avance avec ses chariots de guerre, ses bataillons de guerre, ses lourds éléphants de guerre? Un jeune guerrier marche à sa tête; il est couvert d'une armure d'or. Un regard fier et un mâle courage brillent sous le casque qui couvre sa tête.

Il a vaincu déjà Crésus, le roi de Lydie; il s'est rendu maître déjà d'une partie de l'Asie. A cette heure, c'est l'Assyrie qu'il veut subjuguer. Or il vient l'attaquer à son cœur; c'est vers Babylone qu'il s'avance tout droit.

Mais, Seigneur Dieu! le roi de Babylone, Balthasar, ne s'inquiète nullement de sa présence. Il a fait mettre ses hommes d'armes sur les remparts de sa belle capitale, et dès-lors il se croit inexpugnable. Renfermé dans les appartements de son palais, il appelle à sa table ses femmes et ses officiers; puis tous ensemble se livrent à d'immondes plaisirs.

Alors, pardonnez, ô mon Dieu! je vois apporter, par l'ordre du tyran, les vases d'or, les coupes d'or, les patères, les calices, les mille trésors enlevés au temple de Jérusalem, et, profanation! c'est dans ces amphores, c'est avec ces hanaps, c'est avec ces instruments sacrés, que les soldats, le roi ivre, et ses compagnons d'infamie, boivent les vins de Crète et de Chio!

Mais, le ciel s'irrite, sans doute... Une horrible obscurité se répand dans la vaste salle du banquet... Les femmes pâlissent sur les lits de sandal et d'ivoire; les hommes sentent s'agiter leurs mâchoires : il se passe quelque chose de mystérieux et de terrible...

Soudain, toutes ces têtes chargées par l'ivresse poussent un cri.

Une main de feu se montre appliquée à la muraille qui fait face au roi, elle écrit, et ce qu'elle écrit se montre en caractères de feu :

MANE, THECEL, PHARES.

Mais voici que des trompettes sonnent, des cris de bataille éclatent tout autour du palais, Mèdes et Perses pénètrent dans la ville... C'en est fait de Balthasar, c'en est fait de l'Assyrie, c'en est fait de Babylone!

— Voyons, mon cher Terrien, remettez-vous, me dit le Lunien, en me frappant sur l'épaule, et contemplez aussi ce qui se passe, non plus au centre de cette immense plaine de Sennaar, qui fut l'Assyrie, la Mésopotamie et la Chaldée, mais regardez aussi les régions qui en forment la couronne.

Voici d'abord l'Inde, avec sa formidable et luxuriante nature; l'Inde, dont la terre donne trois moissons, où la bruyère forme un arbre, et un arbre, un géant; l'Inde, dont les reptiles sont longs comme des rivières, où les lions, les tigres et les panthères, en rugissant, font trembler toute une contrée; l'Inde, dont les fleuves charrient d'effrayants caïmans, de monstrueux hippopotames, et qui, dans ses monts Himalayens ou ses gigantesques forêts à la verdure de bronze, fatigue l'imagination par la hauteur de leurs cimes et la profondeur ténébreuse de leurs retraites.

Et, pendant que parlait Mikaël, l'Inde passait à l'horizon, sous mon regard étonné, et me montrait ses éléphants dans ses plaines, ses serpents dans ses halliers, et ses fleuves et ses bois.

— Puis, continua Mikaël, là-bas sont les Scythes, et plus loin les Parthes; mais voici la Perse et la Médie, deux empires plus modernes que Babylone et Ninive, et qui deviennent le caravansérail de tous les peuples, car c'est la route du monde entre l'Europe et l'Asie; et que de tentes y seront dressées!

— Mais, cher Lunien, quelle ville montre donc là, près des lacs et des mers semblables à des miroirs qui étincellent, ses étonnantes splendeurs? demandai-je à Mikaël.

— Ecbatane, la capitale de la Médie, fondée par Déjocès, en 710, répond Mikaël.

En effet, sur le large plateau d'une colline toute verdoyante, j'apercevais une ville dont l'aspect extraordinaire avait quelque chose de fantastique.

Cette ville comptait sept enceintes, disposées en amphithéâtre, de telle sorte que les murailles de la seconde s'élevaient plus haut que celles de la première; celles de la troisième, plus haut que celles de la seconde, et ainsi de suite jusqu'à la dernière; si bien que, du point où j'étais, je pouvais voir en même temps une partie de chacune de ces enceintes.

Or, ces enceintes étaient toutes d'une couleur différente. La première, c'est-à-dire la plus extérieure, était peinte en blanc; la seconde, en noir; la troisième, en rouge; la quatrième, en bleu; la cinquième, en vert; la sixième était argentée, et la septième était dorée.

Cette dernière enceinte renfermait des palais si riches et si merveilleux que j'en étais ébloui.

— C'est la demeure du roi, me dit Mikaël : c'est dans cette féerique résidence qu'il passe ses jours, avec ses femmes, et au milieu de ses trésors. Les officiers du prince sont établis dans la sixième enceinte, et le peuple habite les cinq autres, qui sont comme autant de villes différentes.

» Tournez-vous un peu vers la droite, continua-t-il, et voyez maintenant la rivale de Ninive et de Babylone, Suse, la capitale d'hiver des rois perses. Là règne un printemps perpétuel; l'Eulée donne toujours des eaux murmurantes et tièdes : c'est là que Daniel eut sa grande vision des empires; c'est là qu'Esther régna sur Assuérus, son époux, par la puissance du Dieu vivant; c'est là que le superbe Aman fut humilié par le plébéien Mardochée. Cette belle ville ne semble-t-elle pas se mirer dans les vagues du golfe de Perse?

Et puis, voici la rivale de Suse, Persépolis la grande, la plus magnifique cité des temps anciens. N'efface-t-elle pas les autres villes, ses compagnes d'Asie, par ses monuments et surtout par ce palais d'été des rois de Perse?

Et la Perse passait sous mes yeux avec sa vaste mer, ses fleuves, pareils à de gigantesques serpents se tordant au soleil; Persépolis, Suse, puis la Médie, avec ses lacs et son Oxus, et Ecbatane, et Ninive, et Babylone, et les plaines et les montagnes.

Alors mes yeux s'arrêtèrent sur une autre ville assise sur une autre mer; et ses dômes, ses coupoles, ses pyramides, ses colonnes miroitaient au soleil; et sur les places, à l'entour des remparts, au pied des tours, se mouvait un peuple aux allures voluptueuses, aux vêtements recherchés. Des portiques des temples s'échappaient les légères vapeurs de parfums exquis qui brûlaient sans cesse sur les autels. Dans les palais entr'ouverts, sous les galeries, sur les plate-formes des maisons, des trépieds d'or ou de bronze, brûlaient de délicieux aromates, comme dans les temples, et, parmi les nuages de ces senteurs enivrantes, des princesses s'occupaient à filer, à coudre, à broder, à travailler au métier; sur les rives du fleuve, on en trouvait même qui ne dédaignaient pas de laver de leurs mains les plus fins tissus de laine.

Mais arrivait soudain une flotte nombreuse qui couvrait les rivages : il en sortait des guerriers couverts de fer, des chevaux, des machines de guerre. Alors de terribles combats étaient livrés. Au camp des ennemis, dont les banderolles flottaient au vent; aux forteresses de la cité, c'était un sable chaque jour rougi de sang. Je voyais même un des chefs de l'armée traîner jusqu'à sept fois un cadavre aux longs cheveux, attaché par les pieds au char du vainqueur... Et puis c'était une énorme machine de bois qui se dressait en face de la cité. Cette machine affectait la forme d'un cheval. Alors les assaillants remontaient sur leur flotte, et leurs galères s'éloignaient. Mais à peine les ombres de la nuit couvraient-elles le monde, que s'ouvraient les flancs de la machine introduite dans la ville, qui festoyait et dansait. Aussitôt les guerriers cachés apparaissaient le glaive et la torche au poing, et c'étaient une affreuse mêlée, d'horribles incendies, tout un drame indescriptible...

— Nous sommes en 1270, me dit Mikaël, et vous reconnaissez, sans doute, la Troade; Troie, sa capitale; le Scamandre, son fleuve; et le vieux Priam, Paris, Hector, Hélène, Hécube, Andromaque, et jusqu'à la jeune et sage Briséis, et puis Achille, Ulysse, Diomède, Ajax, le grand Agamemnon, le sage Nestor, et Patrocle, et Ménélas, dont la femme, trop belle, hélas! causa cette cruelle catastrophe d'une grande cité.

Et je détournais mes yeux humides de larmes; car, Homère, le chantre de mes jeunes années, me remettait à l'esprit tant de tableaux déchirants, que j'avais hâte de voir d'autres contrées.

Aussi je m'arrêtai volontiers sur la Phénicie, dont le peuple innombrable tournoyait sur l'étroite plage que dominent les cèdres du Liban. C'était un mouvement indescriptible, et une variété de costumes qui fatiguait.

— C'est une race impure que celle-ci, me dit Mikaël à voix basse : chassée de l'Inde, chassée de l'Egypte, elle a formé là une monstrueuse écume, et je me demande comment le Seigneur, qui a puni Sodome et Gomorrhe, a oublié Tyr et Sidon.

» Bâtie sur la mer intérieure, la première s'est rendue le centre du commerce de l'univers; toutes les nations contribuent à augmenter ses richesses, son éclat et sa puissance. Ce qu'il y a de rare, de curieux, de magnifique, de précieux et de plus propre à nourrir le faste et les délices, se porte à ses entrepôts, et, comme une source, elle les répand dans tous les royaumes.

» Quant à Sidon, fondée par le fils aîné de Chanaan, pourvue d'un port superbe creusé par la nature, elle a été reine avant que Tyr la détrônât. Ses habitants avaient la réputation d'être fort industrieux, et très-habiles en toutes sortes d'ouvrages. Malheureusement ils adorent Baal et Astaroth, comme leurs voisins. Voyez-la se faire l'atelier de toutes les fines merveilles de l'Asie.

» C'est Hiram, le roi de Tyr et de Sidon, qui a dépêché vers le jeune roi Salomon, de Jérusalem, un maître habile. Il est si habile, en effet, ce maître, que, pour la construction du temple, qui ne demande que sept ans de travail, les charpentes tout équarries, les marbres tout taillés, les colonnes toutes fondues, arrivent du Liban, de Tyr, de Sidon, d'Egypte, d'Ophir, de Tarse, de Saba, et les calculs sont si vrais, les mesures si exactes, que le temple sort de terre, grandit et s'achève, sans que, sur le Moria, qu'il couvre de ses immenses constructions, on ait entendu un seul bruit de scie, un seul coup de marteau, un seul grincement de marbre.

Et, pendant que parle Mikaël, la Phénicie passe sous mes yeux avec ses hontes et ses splendeurs. Mais elle ne passe pas si vite que je ne voie la ville de Salomon, Palmyre, centre d'une délicieuse et verte oasis, toute plantée de palmiers, et son inimitable temple du Soleil; et Damas, la tant vieille ville, qu'Abraham la vit et s'y arrêta; l'industrieuse Damas, qui appela plus tard Dioclétien, l'empereur romain, pour y établir ses ateliers d'armes, d'où sortirent tant de lames d'épée; la miraculeuse Damas, qui, plus tard encore, vit se convertir saint Paul.

Et Palmyre passe, avec le trône et la belle figure de sa noble reine Zénobie, et Damas passe, à son tour, avec les riches plaines qui ont fait croire qu'elle était au centre du paradis terrestre, tant elles sont fertiles, et tant ses fleuves, ses montagnes et ses oasis ressemblent à des manteaux d'impératrices, que revêtent l'or et les fourrures...

— Maintenant, contemplez les Iles des Nations, reprend Mikaël; c'est là le nom que l'Ecriture donne aux pays peuplés par les fils de Javan ou Japhet. Dites-moi si, mise en regard de l'Asie, compacte et massive, l'Europe, que je vous montre, n'est pas brodée d'îles, de détroits, de golfes, de promontoires; dentelée de montagnes, émaillée de prairies, chargée d'émeraudes et de topazes, capitonnée de forêts, de manière à faire honte aux plus ravissantes toilettes de fiancée de houris, d'almées ou de gitanas.

— Rien de plus poétique que votre hymne en l'honneur de l'Europe, mon cher Lunien, dis-je à Mikaël; mais je vous soupçonne de me flatter quelque peu. En vérité, les peuples que je vois... me semblent bien malheureux !

Je voyais, en effet, le long des détroits et sur les plages, de nombreuses îles découpées par des mers intérieures, des peuplades réduites à l'état le plus sauvage, ne semblant avoir aucun souvenir de leur origine, et se croyant αυτοχθονεσ, c'est-à-dire nés de la terre. Elles se nourrissaient de racines et de bruyères, comme les bêtes fauves de leurs déserts.

— C'est la Grèce que vous observez à cette heure, me dit Mikaël; mais cette nation, misérable en ce moment, se rendra bientôt fameuse par ses guerres, par sa science et ses progrès dans les arts. Voilà, du reste, où sont réduits les hommes qui perdent de vue la Divinité.

En ce moment, j'avais sous les yeux des navigateurs de Phénicie, arrivant d'Egypte, et qui, la proue de leur navire tournée vers le continent de la Grèce, abordaient au rivage de la Thessalie. Ces hommes étaient des marchands d'esclaves, dont ils venaient faire provision sur ce sol encore vierge de toute civilisation.

Débarquant à l'embouchure du Pénée, on les voyait remonter ce fleuve sur des barques légères, atteindre le mont Pélion, s'arrêter dans la belle vallée de Tempé, et offrir aux Thesprotiens de jeunes filles dont l'adresse devait les subjuguer. Ils n'avaient d'autre but que la rapine, les maudits! car, pendant qu'une svelte Egyptienne, au visage magique, dansait à tenir fixés les regards du corps et les pensées de l'âme, ils faisaient monter, eux, sur leurs esquifs rapides, les plus jolies des jeunes Grecques, qui les suivaient sous l'attrait de la curiosité, et, les enlevant, s'éloignaient à force de rames.

Ainsi, pour une esclave qu'ils sacrifiaient, les pirates en gagnaient vingt.

Alors, abandonnée, l'Egyptienne, se souvenant que naguères encore elle servait dans les temples de Thèbes, et voyant la misère d'un peuple sans Dieu; d'autre part, avisant l'épaisse chevelure et le tronc creux du chêne sous lequel elle s'était réfugiée pendant la nuit, donnait aux sauvages de la contrée les premières notions d'un culte idolâtre et lucratif, et créait l'oracle de Dodone.

Aussitôt Egialus fondait Egialée, plus tard appelée Sycione, sur la côte nord de l'Achaïe.

Puis, en 1856, Irachus, un autre Phénicien, riche larron qui avait exploité l'Egypte et ses belles cités, venait dans le Péloponèse, trainant à sa suite des aventuriers égyptiens, arabes, juifs, tous gens nomades, de sac et de corde.

Phoronée, son fils, bâtissait ensuite Argos, la riante capitale des provinces de l'est.

On révélait alors aux indigènes l'usage du feu, l'utilité des maisons, l'avantage des semences, la douceur des vêtements.

Aussi ce peuple composé de vingt peuples, sous mes yeux devenait une race de géants qui, sous le nom de Pélasges, produisaient de ces œuvres gigantesques que nous ne croirions pas, si les débris qui restent n'attestaient leur existence. Je les voyais ouvrir des clairières dans les bois, choisir les sites les plus pittoresques, et, entrepreneurs sans vergogne, ébranler d'énormes masses de pierres, et, sans les tailler, les poser les unes sur les autres, sans le secours du ciment, en former des blocs effrayants, puis peu à peu leur donner l'aspect de temples, de palais, de tombeaux, de remparts, et fonder des villes qui, solides comme des montagnes, subsisteront à jamais, portant à leur front éternellement gravé le nom titanique de :

MONUMENTS PELASGIQUES.

Alors encore, Sparton, fils de Phoronée, bâtit, en Laconie, la ville de Sparte.

Puis Cadmus élève Cadmée, qui devient la forteresse de Thèbes.

A lieu ensuite le déluge d'Ogygès, survenu par un tremblement de terre, qui ferme les canaux souterrains faisant communiquer le lac Capaïs à la mer.

Le déluge de Deucalion succède au premier et dépeuple la Grèce.

Mais Hellen, fils de Deucalion, a trois fils, Eolus, Dorus, Xuthus. Xuthus a lui-même deux enfants, Ion et Achœus. Ces quatre princes,

Eolus, Dorus, Ion et Achœus, forment bientôt la race des Eoliens, des Doriens, des Ioniens, des Achéens.

Cependant voici qu'au loin j'aperçois, découpant sa silhouette vive et nette sur le fond bleu de l'horizon, une montagne taillée à pic, couronnée de temples, de tours, de colonnes.

J'interroge aussitôt Mikaël, qui me répond :

— Mon cher Terrien, vous voyez Athènes, fondée par l'Égyptien Cécrops, qui d'abord y construisit la citadelle Cecropia. C'est l'Acropole. Cette cime nébuleuse que vous voyez était déserte jadis, lorsque la fille de Cécrops, vierge de Saïs, Neith, charmante enfant aux yeux noirs, à la poitrine couverte d'une peau de chèvre, y monta, la lance au poing et le casque en tête. Et maintenant l'Acropole paraît où on la voit frapper du pied. Ictinus bâtit à son sommet le magnifique Parthénon que vous distinguez avec amour; Phidias y sculpte Minerve; Mnésiclès échelonne Propylées à ses flancs; à ses pieds, Eschyle et Sophocle y chantent leurs vers au théâtre de Bacchus, d'un côté; de l'autre, Démosthènes y tonnera devant le Pnyx, sur une roche creusée en tribune...

— Oui, oui, m'écriai-je, c'était le temps...

> Où le ciel sur la terre
> Respirait et marchait dans un peuple de dieux :
> Où Vénus-Astarté, fille de l'onde amère,
> Secouait, vierge encor, les larmes de sa mère,
> Et fécondait le monde en tordant ses cheveux.

— C'était le temps, interrompit Mikaël, où Neptune faisait jaillir le cheval au pied de l'Acropole, où Minerve plantait l'olivier, et où la blonde Cérès confiait aux sillons d'Eleusis la semence des premiers épis. Depuis le jour où l'Acropole en flammes éclaira la flotte de Salamine, jusqu'au moment où la bombe de Morosini fit sauter le Parthénon.... que d'évènements se sont passés !...

— Père, fit Stella, qui, couchée depuis long-temps, semblait dormir; parlez du passé, mais gardez-vous d'évoquer les souvenirs du présent...

— Tu as raison, ma fille, continua Mikaël. Contemplez donc le Pirée, ce beau port d'Athènes, qui rutile là-bas, à l'extrémité du chemin des *Longs Murs*. C'est le plus fort de ses deux frères, Munichie et Phalère. Admirez les jardins de l'Académie et du Lycée...

— Pardon, cher Lunien : quels sont ces hommes graves qui semblent s'interroger? demandai-je à Mikaël.

— Les hommes d'État de la grande Athènes, fit-il : Pisistrate, Solon, Périclès.

— Et ceux-ci qui paraissent argumenter?

— Les philosophes Socrate et Platon.

— Et ces quatre autres qui rient?

— Les poètes Eschyle, Sophocle, Euripide et Aristophane.

— Et ces deux hommes qui regardent la tribune aux harangues?

— Les orateurs Démosthènes et Eschyne.

— Mais en voilà qui écrivent.

— Ce sont les historiens Thucydide et Xénophon.

— Ces quatre autres examinent le mérite de cette frise, sans doute?

— Ces quatre artistes sont Dédale, Panénus, Phidias et Ictinus.

— Et quels sont ces guerriers casqués, enveloppés de la tunique de général.

— Reconnaissez en eux Miltiade, Thémistocle et Cimon.

— Ne me montrerez-vous donc pas Aristide?

— Le voici là-bas, dans cette foule; il écrit son nom sur une coquille, pour un paysan qui, sans le connaître, lui a demandé ce service. Il s'ennuie de l'entendre appeler le *Juste*, et il vote pour qu'on le condamne à l'exil.

— C'est bien là notre histoire, à nous, Franç...

— Silence, silence! cria de sa voix douce la belle Stella.

— A présent, mon ami le Français, continua Mikaël, là, entre le golfe Saronique, à l'est, et le golfe qui porte son nom, à l'ouest, sur cette isthme si mollement baignée par deux mers, voyez la belle Corinthe, la fille d'Ephyre, la sœur d'Athènes et de Sparte, le royaume de Médée et de Jason; Corinthe qui attire à ses jeux la Grèce entière, se pressant sur l'étroite digue qui sépare ses deux ports; Corinthe dont les temples sont aussi nombreux que des maisons, et les statues qui décorent ses places aussi pressées que les moissons; et dites-moi si son Acrocorinthe, sa fontaine de Pyrène, près de laquelle Bellérophon surprit le cheval Pégase, ses monuments magnifiques, ses théâtres, son stade, tout en marbre blanc, et son superbe temple de Vénus, ne peuvent pas en faire...

— Une des sept merveilles du monde?

— Non, la huitième merveille; car il faut laisser à chacun ce qui lui est dû, fit Mikaël; or, les noms des sept merveilles est trop bien acquis à leurs propriétaires pour ne pas les troubler dans leur jouissance.

— Nous sommes un peu dans la patrie de ces merveilles, mon cher Lunien : sans trop nous déranger, puisque nous en parlons, serait-ce abuser de votre complaisance de vous prier de me les signaler? Je vous avoue que, dans ma jeunesse, nos professeurs en parlaient si souvent avec emphase, que je serais heureux de m'assurer par moi-même de leur véritable mérite et de voir si elles justifieront les rêves dorés qu'elles m'ont fait faire.

— La tâche que vous m'imposez, mon cher Terrien, répondit Mikaël, est déjà bien avancée, car vous avez vu déjà plusieurs de ces merveilles. Cependant, pour vous plaire, je vais vous parler d'elles dans l'ordre voulu, après quoi je vous montrerai celles que vous ne connaissez pas.

» Ce sont d'abord les célèbres murailles de Babylone et les splendides jardins de cette grande cité.

» Ensuite les pyramides d'Égypte, c'est-à-dire, Chéops, Céphrem et Mycérinus. J'insiste sur Chéops, car c'est une œuvre de géant, puisqu'elle ne compte pas moins de deux mille six cent quarante pieds de tour, et que les pierres mesurent jusqu'à trente pieds de longueur. A l'intérieur, ses murailles et ses dalles sont comme des mosaïques de porphyre incrusté.

» Vient au troisième rang le phare d'Alexandrie, que nous aurons occasion de voir, et dont la tour, lumineuse pendant la nuit, est si haute que de son sommet on découvre, quand le ciel est pur, un navire à quarante lieues en mer.

» Au quatrième rang je place la statue de Jupiter-Olympien, ouvrage de Phidias, d'une hauteur unique, que vous verrez tout-à-l'heure.

» Puis, en cinquième lieu, se présente le colosse de Rhodes, Apollon d'airain, de soixante-dix coudées de haut, dont les jambes écartées, s'appuyant sur les deux môles opposées du port, laissaient entre elles un libre passage aux vaisseaux…

» Au sixième rang, je mets le temple d'Ephèse. Il est d'une architecture que vous reconnaîtrez comme égyptienne. Le culte de ce temple est celui d'Isis, colonisé dans l'Asie-Mineure par Sésostris. Cet édifice n'a pas moins de quatre cent vingt pieds en longueur, et de deux cent vingt en largeur. Le plus svelte et le plus élégant des ordres, l'ordre ionique, s'y joint à l'architecture grave et massive de Memphis et de Thèbes. La longue nef de cette merveille est supportée par cent vingt-sept colonnes de soixante pieds de haut. Chacune d'elles est le produit des trésors des rois et des dons volontaires de toutes les villes de l'Asie. La sculpture a épuisé sur trente d'entre elles les prodiges de son art. L'une d'elles aussi, l'admiration des peuples, est tout entière du ciseau de Scopas. C'est l'architecte Ctésiphon qui a tracé le plan de cet admirable monument, que j'aurai soin de vous montrer.

» Enfin, en septième lieu, vient le tombeau de Mausole, l'ornement funèbre de la ville d'Halicarnasse, en Carie, élevé par Arthémise, la belle Arthémise, la veuve inconsolable du meilleur des époux....

— Oh! avec elle les Arthémises n'ont pas complètement disparu, m'écriai-je... Nous avons beaucoup d'Arthémises en... Europe, en... France, notamment...

— Silence donc sur les temps modernes!... fit Stella...., silence encore, silence toujours! répéta-t-elle jusqu'à trois fois, d'une voix vibrante.

IV.

DESCRIPTIONS ET PORTRAITS.

La vallée de Tempé. — Les sept sages. — Satire culinaire. — Cyclades et Sporades. — Le saut de Leucade. — Les neuf Muses. — Pharsale et Pompée. — Philippe et Chéronée. — Bataille de Leuctres. — Miltiade et Marathon. — Lacs, fleuves, montagnes. — Scènes mythologiques. — L'Olympe et ses dieux. — Les cités helléniques. — Les fleurs de l'Eurotas. — Sparte et Lycurgue.

— Mais, repris-je, puisque c'est l'illustre pays de la Grèce que nous allons visiter, je puis, je dois même vous demander si ce n'est pas dans les régions qu'elle renferme que l'on comptait sept sages fameux ?

— Vous voilà fixé dans ce moment au nombre cabalistique de sept, me répondit Mikaël. En effet, la Grèce a eu sept sages, tous renommés, au sixième siècle avant Jésus-Christ. Et précisément je les vois réunis, regardez, sur le vert gazon de cette vallée. Les voici qui s'avancent gravement le long des bords fleuris de l'Alphée.

— Est-ce donc là l'opulente vallée de Tempé ?

— Oui, mon bon Terrien, fit Mikaël. Voyez d'abord Solon, l'illustre législateur d'Athènes ; puis Bias, de Priène, en Ionie.

— Celui qui disait en quittant sa ville prise d'assaut, et s'en allant les bras libres :

« *Omnia mecum porto !* Je porte tout avec moi ! »

« C'est bien cela… En effet, sa philosophie formait tout son butin. Le troisième est Chilon, de Sparte ; cet autre est Cléobule, de Lindos ; Pittacus, de Mitylène, vient ensuite ; et, après, suit Périandre, de Corinthe, comme sixième.

— Halte là, seigneur Lunien, m'écriai-je. Mais, si je ne me trompe, ce Périandre, dont le caractère est quelque peu farouche, fut un gredin. N'a-t-il pas tué d'un coup de pied l'une de ses femmes, le brutal ? N'a-t-il pas profané sa mère, mutilé trois cents enfants, oui, trois cents enfants de Corcyre, et se rendit coupable de mille indignes turpitudes.

— C'est vrai ; mais il fit pour les Corinthiens, dont il était le tyran, quelques bonnes lois fort sages, et le nom de sage lui fut donné.

— Il ne l'acheta pas cher, alors… répondis-je indigné.

— Enfin voici le septième, le grand Thalès, de Milet, celui qui disait que l'eau, étant le principe de l'humide, est le principe de tout. A ses yeux, rien qui ne soit animé, rien qui ne soit plein de génies. L'aimant et l'ambre jaune, qui se meuvent, lui révélaient la vie dans le règne inorganique. C'est lui, du reste, qui calcula la première éclipse.

— Mais quel est donc ce brave homme, si maigre, si pâle et si fluet, qui ne trouve pas moyen de gonfler son pauvre corps à l'aide des fèves et des haricots dont il se bourre ?

— Pythagore, qui, par l'unité, exprimait l'Etre suprême, et le néant par le nombre pair. Son système se réduisait à des chiffres.

» Mais, mon cher Terrien, dit Mikaël avec bonté, maintenant que vous avez vu les commencements barbares de la Grèce sauvage, contemplez-la dans toute la splendeur de la civilisation.

» Là-bas, à l'horizon, comme des émeraudes montrant leur velours sur le vif éclat de l'argent, voyez, dans la mer intérieure, l'île de Chypre, avec son beau temple de Vénus-Amathonte; celle de Rhodes, dont le colosse semble commander aux flots; Crète, aux douces figues et au vin rude, avec sa caverne qui vit élever Jupiter; le Dédale, qu'au temps de Minos construisit le sculpteur de ce nom, le savant artiste, dont le burin dessina des yeux aux statues et détacha de leur corps les jambes et les bras; ses cent villes et leurs archers fameux; puis les charmantes Cyclades, Scio, Naxos; Samos, aimée de Junon; Lesbos, patrie d'Alcée, de Sapho la Belle; et Ténédos, où les Grecs se cachèrent pour surprendre Troie; les brillantes Sporades, Egine, Paros, aux marbres si purs, Salamine et la gracieuse Cythère. Enfin, sur la côte occidentale, Leucade, dont le promontoire à pic portait le temple d'Apollon, tout près d'un rocher dont la crête hardie fixa mon attention.

— Vous pensez au saut de Leucade, mon cher Terrien? me dit Mikaël. C'est bien là. Vous voyez comme il domine les flots : eh bien! de ce rocher, les infortunés dont les illusions de cœur étaient perdues se précipitaient dans la mer, bien convaincus qu'ils allaient obtenir une guérison complète de leurs douleurs.

— Pauvres fous! N'est-ce pas Ithaque, alors, qui se mire là-bas dans les vagues bleues de la mer Ionienne? demandai-je.

— Oui, et vous pouvez voir la blanche et fidèle Pénélope reconnaissant, parmi ses prétendants orgueilleux, son cher Ulysse et son tendre Télémaque.

— Assurément; je vois même le chien qui frétille de la queue et tremble de bonheur à la vue de son maître.

— Attention maintenant, mon cher Français, continua Mikaël; il ne vous suffit pas d'avoir entrevu Corinthe et la belle Athènes; voyez ce qui passe sous nos yeux.

— Tout d'abord je reconnais le fleuve Strymon, dont les rives entendirent les chants d'Orphée pleurant son Eurydice :

> — Eurydicem, vox ipsa et frigida lingua,
> Ah miseram Eurydicem, animâ fugiente, vocabat :
> Eurydicem toto referebant flumine ripæ.

— Jusqu'au pauvre poète promenant là ses chagrins, ces bords n'avaient guère été fréquentés que par les grues.

— Puis voici le Pénée et le vallon de Tempé, avec ses lauriers fleuris dont vous parliez tout-à-l'heure.

— Mais ici c'est l'Achéron, dont les eaux bourbeuses...

> — Hinc via, Tartarei quæ fert Acherontis ad undas,
> Turbidus hic cœno vastâque voragine gurges...

— Bravo ! Maintenant le Cocyte.

> — OEstuat, atque omnem Cocyto eructat arenam.

— Bravissimo ! Décidément, Virgile est votre homme. Là-bas, voyez le lac Copaïs, qui se montre à nous dans toute sa largeur.

— Mais ses rivages ont des forêts de roseaux ?

— Roseaux qui devenaient des flûtes sous les doigts des lutteurs, aux fêtes musicales d'Orchomène en l'honneur des trois Grâces, Aglaé, Thalie et Euphrosine; de Libethra, à la gloire des neuf Muses, Clio, Melpomène, Thalie, Euterpe, Erato, Terpsichore, Calliope, Uranie et Polymnie, qui présidaient à l'histoire, la tragédie, la comédie, la musique, la poésie, la danse, l'éloquence, l'astronomie et les arts; et enfin aux fêtes de Thespis, en faveur du fils de Vénus.

— Et ces deux fleuves qui se jettent dans le Copaïs ?

— L'un est le Céphise, qui arrose la Phocide; et l'autre l'Asope, qui vit la bataille de Platée.

Et la Macédoine passait avec les remparts de Pydna; Pydna, sa capitale; Edesse, qui reçut son nom des chèvres, αιγος, qui conduisirent Caranus au point où il bâtit cette ville; Thessalonique et ses arcs-de-triomphe; Amphipolis et ses neuf voies; Philippes et sa montagne du Pangée; Méthone, qui vit un de ses archers crever un œil au père d'Alexandre le Grand, avec une flèche qui portait sur sa barbe :

— *A l'œil droit de Philippe!*

Puis passaient l'Epire et son golfe d'Ambracie; Dodone, son chêne et son temple; la Thessalie, avec Pharsale, où César vainquit Pompée, en 48; l'Acarnanie et ses frondeurs, avec Actium, dont les tours virent Cléopâtre soutenir en vain le lâche Antoine contre le vaillant Octave; l'Etolie et sa forêt de Calydon, où Méséagre tua le fameux sanglier; la Locride et les Thermopyles; la Phocide, avec la ville et le temple de Delphes, au flanc du Parnasse; la Béotie, avec Thèbes, dont Amphion éleva les murailles au son de la lyre; Chéronée, qui me montra un théâtre taillé dans le roc et la bataille qui fit le roi de Macédoine, Philippe, maître de la Grèce; Leuctres, où je trouvai Epaminondas battant les Spartiates; Platée, laissant fuir sous ses murs les Perses avec Mardonius; Thespies et sa splendide statue de Cupidon, ouvrage de Praxitèle; enfin Athènes, dominant les plaines et les montagnes de l'Attique, où se livrait la bataille de Marathon, sous Miltiade, qui, avec dix mille Athéniens, passait sur le ventre à cent dix mille Perses, 390 avant notre ère; et plus bas encore Eleusis, qui, sous le nom de *mystères*, célébrait, en l'honneur de Cérès et de Proserpine, des fêtes peu pudiques.

Mais surtout se balançaient sous mon regard les cimes aiguës de merveilleuses montagnes.

C'était d'abord le fameux mont Athos, qui, au nord de la mer Egée, s'élevait en forme de pyramide isolée. Il me semblait d'une hauteur telle que son ombre, au soleil couchant, s'étendait, d'après Mikaël, jusqu'à Lemnos, qui en est à vingt-cinq lieues. Mon cicerone me dit aussi que ceux qui en gravissent le sommet peuvent voir le soleil se lever trois heures plutôt que les habitants de la côte.

— Voilà donc, m'écriai-je, cette montagne que Xerxès essaya de couper pour faire un passage plus prompt à sa flotte ?...

— Et qu'un sculpteur courtisan proposait à Alexandre le Grand de tailler en forme de statue colossale ayant la figure du conquérant, répondit le Lunien.

C'était ensuite le mont Ossa, qu'avaient habité les Centaures, un de ces géants que les Titans avaient entassé sur plusieurs autres pour escalader le ciel et lutter contre Jupiter. Je le vis tout noir encore de la flamme du bûcher d'Hercule.

C'était le Pélion, qui fournit ses plus beaux sapins pour construire la carène du vaisseau qui devait conduire les Argonautes à la conquête de la Toison-d'Or. Lorsqu'il m'apparut, l'image du soleil gravissait lentement la voûte éthérée, sanglante ainsi qu'est sanglant le bouclier de bronze qui sert de couche funèbre à un jeune Spartiate que les combats rendent sans vie à sa mère désolée.

C'étaient encore le Pierus, consacré aux Muses; les collines de Cynoscéphales, semblables à des têtes de chien, au pied desquelles Flaminius taillait en pièces l'armée de Philippe II, roi de Macédoine; le Pinde, séparant l'Epire de la Thessalie; le Parnasse, le mont sacré d'Apollon, avec ses deux têtes, dont la base laissait couler la source de Castalie, heureuse inspiratrice des poètes; puis, dans un horizon plus lointain, l'Hélicon et le Cithéron, deux frères fort différents de vêtements, plus opposés encore de formes et de beauté.

Le Cithéron ne montrait que des mamelons bas et onduleux, s'élevant vers les côtes, s'escarpant en face de la mer. C'était une montagne aux rampes brumeuses, sauvages, inhospitalières, tant noircissaient leurs pins, tant répandaient le deuil leurs sombres cyprès.

On y voyait courir les Bacchantes, faisant retentir les gorges et les pics de leurs cris frénétiques en l'honneur d'Erinnis. Je retrouvais là

Penthée, le roi des Thébains, qui, épiant leurs orgies caché sous la ramure d'un sycomore, était mis en pièces par sa mère et ses sœurs. J'y reconnaissais Actéon, devenant cerf pour s'être désaltéré à une fontaine où se baignait la chaste Diane; je frémissais à la vue de ses propres chiens le dévorant avec fureur. Puis j'apercevais OEdipe, que le berger Phorbas, par l'ordre de Laïus, exposait à la rage des bêtes fauves.

L'Hélicon, lui, dormait dans une mystérieuse vapeur. Sa cime était droite et verdoyante. Les hauts arbres de son grand bois murmuraient au vent du soir, et de ce bois sortait, glissant sur un lit de cailloux, la source d'Hippocrène, que le cheval Bellérophon faisait jaillir de terre d'un coup de pied.

Ensuite c'était le mont Hymette, non loin d'Athènes, dont le sommet disparaissait sous des nuages d'abeilles arrivant de butiner dans ses vallées, pour former leurs ruches et y déposer le miel le plus odorant.

— Mais, dis-je à Mikaël, les empreintes magiques, merveilleuses de cette étonnante sphéroïde reproduisent la fable, ce que j'ai appris dans ma jeunesse comme étant du domaine de la mythologie... Je m'y perds. Ces faits que voici, Diane, les Bacchantes, et mille autres choses sont donc de l'histoire?...

— Avant de vous répondre, cher Terrien, regardez encore l'Olympe, là, près de l'OEta. Vous l'avez mal observé tout-à-l'heure; qu'y trouvez-vous? me répondit placidement mon guide.

— Eh! mon Dieu! m'écriai-je, il me semble que votre montagne l'Olympe s'est transformée en l'Olympe séjour des dieux de la fable!

— Mais c'est qu'en effet l'Olympe montagne ou l'Olympe ciel, c'est absolument la même chose dans la croyance de ces pauvres et frivoles Hellènes, et leurs dieux n'ont été que des hommes plus ou moins vicieux, plus ou moins vertueux, plus ou moins généreux. Voilà pourquoi notre sphéroïde les a reproduits groupés sur le grec Olympe.

Je ne répondis pas, j'étais tout yeux.

Les premiers rayons du soleil semblaient inonder la montagne d'une clarté rose, irrisée d'opale.

Alors, sur les mousses parfumées du sol, je voyais debout, dans l'attitude du commandement, un homme de trente ans à peine, avec de beaux cheveux flottants retenus par un cercle d'or, une barbe noire élégamment frisée à la mode orientale, des yeux vifs et pleins de jeunesse. Il était vêtu d'une longue robe blanche, serrée à la taille par une ceinture d'or, et c'était son unique vêtement, si j'en excepte des cothurnes verts qui chaussaient ses pieds. Il portait à la main une arme étrange qui me semblait flamboyante aux deux extrémités.

— Mais quel est cet être majestueux? demandai-je.

— Un fameux vaurien, mon cher, fit Mikaël, et, précisément à cause de ses vices et quelques bonnes qualités, les Grecs en ont fait leur Ζεύς ou le grand Jupiter, le dieu du ciel.

Je voyais à ses côtés un autre personnage tout de noir habillé, ayant une longue robe noire semée de pavots d'argent, les cheveux pressés autour des tempes par une bandelette rouge, la barbe frisée à la façon des Perses, et les pieds à demi-cachés dans de noirs cothurnes. Il avait à la main un sceptre de bronze.

— Et cet autre? dis-je à Mikaël.

— Pluton, le frère de Jupiter, le dieu des enfers, répondit Mikaël.

» Puis ce troisième, en péplum bleu-clair semé de coquillages et d'algues d'albâtre, c'est le vieux Neptune, le dieu de la mer. Voyez comme sa barbe est limoneuse, ajouta mon guide.

Aux pieds de Jupiter, cependant, je remarquai une femme de beauté noble; mais au regard tyrannique. Elle avait une tunique de pourpre toute brodée de l'or le plus fin, que serrait une écharpe de Tyr du plus riche tissu. Un brodequin de forme persane, que fermait un lacet de perles, formait sa chaussure.

— La terrible Junon, la digne femme de Jupiter! fit Mikaël.

Soudain la beauté d'une autre compagne des dieux fixa toute mon attention. Elle s'avançait lentement vers Apollon, le dieu de la poésie, qui me semblait composer une flûte à l'angle d'un taillis. Sa longue chlamyde blanche était de la plus souple étoffe de l'Inde ; relevée jusqu'à la moitié de la jambe droite par une boucle de diamants, elle laissait voir le pied le plus gracieux, que chaussait des sandales cramoisies nouées autour des chevilles par des fils d'émeraude. Un *flammeum* tout brillant de l'éclat du feu tombait de ses cheveux, qui flottaient avec lui sur ses épaules, sans voiler les triples rangs des plus grosses perles s'enroulant autour de son cou.

— Vénus! Vénus la Blonde, Anadyomène, Uranie, Vénus-Alma, Anahid, Astarté, Enyo, Vénus de Gnide, Vénus de Paphos, Vénus de Cythère, la folie de l'humanité! fit en soupirant Mikaël.

— Bien! répondis-je à Mikaël. Mais, nommez-moi vite ce monstre affreux qui louche, qui boite, qui a les cheveux roux, la peau verte, les jambes cagneuses, les bras fluets... et qui suit de si près la brillante Vénus? demandai-je encore.

— Son mari, Vulcain, le forgeron de Jupiter le propriétaire des volcans, qui lui servent de laboratoire.

A ce moment, je crus ouïr un lourd cliquetis d'armes ; mais j'entrevoyais seulement un terrible guerrier aux formes athlétiques, à la cuirasse d'or, au cimeterre d'acier, au casque de fer, dont le cimier rutilait.

— Mars, le Dieu de la guerre et sa cour! fit Mikaël.

En effet, Bellone, une femme armée de pied en cap, des Furies secouant des torches, des Harpies chargées de sacs vides, la Misère, la Pâleur, la Pauvreté, sous la forme de filles hideuses de maigreur, décharnées, pâles, violettes, s'avançaient derrière le brillant héros.

C'était ensuite Mercure, coiffé d'une calotte ayant des ailes, son caducée à la main, ses poches gonflées comme des outres, sans doute à raison de son titre de Dieu des voleurs ; puis venait Minerve, casquée, cuirassée, munie d'une lance, et gravement recueillie, comme un

L'Album merveilleux.

philosophe qui rumine, sous son harnais de bataille déjà teint de sang.

Au pied du talus de l'Olympe, je distinguais une jeune femme voilée de deuil, pâle de visage, douce dans la résignation de ses traits, qui, mollement appuyée sur sa mère, cheminait lentement vers la porte d'une caverne.

— Proserpine, l'épouse de Pluton, et Cérès sa mère, dit Mikaël.

— Et cette vieille édentée, caduque, jaunie comme l'épi des moissons? dis-je entraîné par la curiosité.

— L'antique Cybèle, la mère des dieux, fit le Lunien.

— Et cette meute? cette chasseresse? ce cortége?

— La pudique Diane, ses Nymphes et ses chiens.

— Mais ce dieu que Vénus recherchait tout-à-l'heure?

— Pour lui demander des vers en son honneur?... Oui, Apollon, celui qui a le regard levé vers les cieux pour y trouver l'inspiration, et dont le manteau tombe négligemment des épaules... Eh bien?

— Pourquoi pleure-t-il?

— Parce que Phaéton, son fils, en voulant conduire les chevaux du soleil, à sa place, s'est trompé de route, et, ayant failli brûler la terre, a été précipité du ciel par Jupin, et...

— Bien; je sais l'aventure.

J'arrêtai la dissertation de Mikaël; car, dans la vallée de l'Olympe, sur ses croupes, parmi les dentelures de ses pics, toutes les originalités, toutes les excentricités de la mythologie se montraient à moi sous leurs formes les plus grotesques et les plus bizarres; pas un de ses monstres ne manquait à l'appel.

A l'entrée d'une affreuse caverne, c'étaient les affreux Cyclopes à l'œil unique flamboyant au milieu du front; dans les cépées riaient les Satyres aux pieds de bouc, les Faunes aux cornes de bélier, et les Silvains au poil fauve; parmi les taillis batifolaient les Driades, et leurs sœurs les Hamadriades; sur les eaux du Pénée glissaient, en se jouant, les Néréides, des Tritons et des Ondines; au centre du lac que formait l'Enipée se réunissant au Pénée, on pouvait reconnaître des Syrènes, à moitié sorties de l'onde et montrant leurs bustes de femme, s'accompagner de la lyre et chanter leurs scolies. Puis Flore épanouissait son galbe de déesse, entre Vertumne et Pomone, sous des arbres chargés de fruits; puis encore devisaient, en formant des chœurs et des danses au pied d'un haut peuplier, les Oréades et les Napées; et pendant qu'Hébé paraissait verser son nectar dans des coupes d'or, d'ambre ou de murrhe de Sagonte, et placer son ambroisie sur des patères de corail ou de blanche marmorine, pour les offrir aux dieux à l'aide des Naïades sur les fleuves et des Nymphes sur l'Olympe, je contemplais Bacchus, la lèvre rougie, l'œil éteint, les cheveux en désordre, le front ceint de pampres, buvant à pleins bords d'une amphore aux flancs rebondis. Silène, son vieux père nourricier, lui préparait une outre nouvelle placée sur un âne qui broutait des chardons. Enfin il n'était pas jusqu'au beau Zéphir qui ne parût souffler des brises, parfumées de l'arôme des fleurs, sur cette assemblée nombreuse; tandis qu'Aquilon et Auster, ses rivaux farouches, de leur souffle puissant détournaient les nuages du ciel serein qui couronnait la montagne.

Enfin, dans le fond de cette scène étrange, je reconnaissais Hercule portant, assise sur sa massue, la belle Amphitrite, qu'il amenait au dieu des mers, tout chagrin de ne pas voir sa belle épouse; et, par derrière encore, de laids Arimapses aux griffes de lion, des Sphinx aux mamelles de femme, des oiseaux au bec de fer, des Gorgones aux cheveux de serpents, des Euménides vibrant des lanières d'acier, des Harpies versant d'immondes débris, des Griffons, des Empuses, des Dragons ailés, des Parques, et l'inexorable Cerbère, hurlant de ses trois gueules irritées.

— C'est assez de ce spectacle, dis-je à Mikaël, et vraiment je plains les Grecs d'avoir eu assez peu de génie pour ne pas attribuer le pouvoir suprême à un Dieu unique, au lieu de le diviser entre tant d'êtres divers de passions, de goûts et de formes.

— Mon cher Terrien, soyez indulgent, et, tout en blâmant l'ingénieuse folie des Grecs, reconnaissez que pour eux, qui n'avaient pas le bonheur de connaître le vrai Dieu, la nature avait de ces beautés qui les forçaient à en faire hommage à un être inconnu. Dans ce beau pays de Grèce, vous le voyez, l'atmosphère paraît enveloppée d'un voile de lumière; les flots de la mer, en s'agitant, semblent se couvrir d'étincelles; les regards sont frappés d'une riche végétation; une vapeur douce et rafraîchissante se glisse sous le feuillage des arbres; les fruits que l'on y cueille paraissent plus exquis, les moissons plus abondantes, le climat fortuné.

» Or, ces heureux avantages persuadèrent aux peuplades qui s'installaient en ces régions que la terre qui les nourrissait était une bonne déesse, et ils firent Cybèle; que la mer n'était contenue dans son lit que par un dieu, et ils inventèrent Neptune; que les fleuves étaient de bienfaisantes divinités, le soleil un dieu suprême, que sais-je encore? Une fois qu'ils eurent conçu cette idée, les bois, les champs, les abîmes de l'océan, les étoiles du ciel, les fleurs de la terre, les fruits des vergers eurent leur dieu. Il n'y eut plus un seul bienfait de la Providence qui ne se trouvât placé sous la protection d'un être quelconque auquel on prêta une figure et qui vit se dresser des autels.

Pendant que le Lunien me faisait ce discours, l'Olympe et ses dieux, s'éloignant, disparaissaient dans la brume, et je retrouvais Athènes et Corinthe, qui s'effaçaient, à leur tour, dans les transparences de l'horizon.

Alors j'apercevais Sicyone, la patrie d'Aratus, le chef de la ligue achéenne, ville devenue fameuse par ses écoles de peintres et de sculpteurs.

Puis, de l'autre côté, sur le flanc d'une colline, les tours et les dômes d'une cité nageaient dans le fluide d'or d'un soleil éclatant. Mikaël, me la montrant du doigt, déclamait :

> — A peine nous sortions des portes de Trézène :
> Il était sur son char ; ses gardes affligés
> Imitaient son silence, autour de lui rangés.
> Il suivait tout pensif le chemin de Mycène...

Et je voyais Mycènes, en effet, à quelque distance; ses remparts étaient assis sur des murailles cyclopéennes, dont les assises pelasgiques se feront voir jusqu'à la fin des temps.

C'était ensuite Epidaure, si renommée par le temple où les malades venaient en foule demander à Esculape la santé du corps.

Arrivait aussi la belle Argos, richement ornée de somptueux édifices, et dont les temples nombreux la rendaient une des plus riches du Péloponèse.

Car c'était le Péloponèse que nous avions sous les yeux en ce moment : l'Achaïe, l'Argolide se montraient à nous, et nous pouvions voir déjà l'Arcadie, l'Elide, la Messénie, la Laconie, et leurs brillantes villes.

Ainsi, après avoir quitté du regard Nauplia, qui servait de port à Argos, et la citadelle très-forte, du nom de Larissa, qui commandait le port; après avoir admiré la merveilleuse basilique qui s'élevait, en l'honneur de Junon, entre Argos et Mycènes, qui lui avaient voué un culte spécial, je reconnaissais Némée, la ville aux jeux triennaux, dont la vaste forêt fut long-temps dévastée par un terrible lion qu'Hercule eut enfin la gloire de vaincre;

Mantinée, que Philopœmen rendit fameuse, en 370, par sa victoire sur les Spartiates;

Mégalopolis, la plus belle des grandes villes du Péloponèse par le nombre et la splendeur de ses portiques, de ses monuments, et par son théâtre, le plus vaste de l'univers;

Tégée, recommandable par son temple de Minerve, qui avait le privilége d'offrir un asile inviolable aux criminels de toute la Grèce;

Elis, la patrie de Pyrrhon, ce chef des sceptiques, qui, faisant profession de douter de tout, s'obstina un jour jusqu'à douter des coups qu'un certain bâton faisait pleuvoir sur ses épaules;

Olympie, dont les jeux olympiens firent compter par olympiades les fastes de la Grèce, et qui, tous les quatre ans, amenait tous les flâneurs, les poètes et les lutteurs du monde dans son stade magnifiquement décoré, pour y entendre le grand Pindare célébrer les vainqueurs, ou aux pieds de la splendide statue de Jupiter, haute de vingt mètres, admirer l'œuvre de Phidias, la merveille du monde!

Enfin Pylos, où régna le vieux Nestor.

— Mais quelle est cette majestueuse forteresse qui monte vers le ciel ses môles effrayants? demandai-je à Mikaël.

— Messène, me répondit-il, dont la citadelle était, avec l'Acrocorinthe, les deux forts imprenables du Péloponèse. Aussi Démétrius disait à Philippe de Macédoine, père de Persée :

« Si vous voulez cette contrée, saisissez-vous d'abord de ses deux cornes, Corinthe et Messène, et vous deviendrez ensuite facilement maître de la vache. »

— Maintenant, continua Mikaël, voici là-bas, rutilant comme un miroir, le lac Stymphale, célèbre par ses oiseaux de proie, et celui de Lerne, dans lequel les Danaïdes jetèrent les têtes de leurs époux égorgés, et qui vit tuer, par Hercule, l'Hydre terrible qui ravageait ses rivages.

Et je voyais passer Lerne et Stymphale, Messène et Pylos; et puis c'étaient les montagnes d'Ithome, avec la forteresse d'Ira, dans laquelle les Messéniens résistèrent dix ans aux attaques des Spartiates;

L'Erymanthe, vaste et profonde forêt, illustrée par le monstrueux sanglier qu'Hercule prit vivant, qu'il chargea sur ses épaules, et qu'il alla porter à Eurysthée, dont la peur fut telle qu'il alla se cacher dans une cuve d'airain ;

Le mont Taygète, où l'on célébrait tous les ans les mystères de Bacchus, et qui voyait précipiter les enfants nouveaux-nés dont la constitution était trop faible;

Et ce que Mikaël appela le... Céada... gouffre, abîme horrible, dont j'aurai à dire tout-à-l'heure ce que j'y vis...

Mes yeux, heureusement, furent magnétiquement attirés soudain par un fleuve, tout fleuri de lauriers-roses, tout blanc des nombreux cygnes qui se baignaient dans ses ondes.

Je reconnus aussitôt l'Eurotas. Evidemment la ville bâtie sur ses bords était Sparte, la fameuse Lacédémone!

— La voici donc, enfin, m'écriai-je, cette ville dont j'ai tant rêvé, dans ma jeunesse, la sévère république qui fouettait ses enfants pour les habituer à la douleur; la grande patrie de Lycurgue, le farouche législateur, qui proscrivait l'or et l'argent sous peine de mort! Certes, elle ne se distingue pas précisément par les monuments de son enceinte, mais quels grands cœurs elle a produits!

— Ne vous extasiez pas si fort, mon cher Terrien. Vous prenez feu à propos de rien; les Spartiates n'étaient que des égoïstes, et c'est la pire espèce des gens, savez-vous? me dit impitoyablement Mikaël.

» Regardez, continua-t-il, voici la bourgade d'Amyclée, et son temple d'Apollon; voici Gythium, sur le golfe Laconique, et enfin le cap qui termine le Péloponèse.

— Le cap Malée? dis-je. C'est de lui, et à cause des difficultés qu'il offre à la navigation, qu'il fut dit :

« Quiconque double le cap Malée doit oublier sa patrie! »

— Juste! Mais écoutez quelques mots de l'histoire des Grecs, et puis nous verrons autre chose, car le temps presse...

— Et dire que ma montre s'est arrêtée! Je ne sais plus l'heure, je ne sais plus le jour de la semaine; fait-il jour, là-bas, sur la terre, fait-il nuit? Heureusement j'ai confiance en vous, cher Lunien, sans cela je perdrais la tête... Elle se fatigue avec cela. Voilà que, comme vous, j'aurai vu le commencement des mondes, que...

— Silence! donc, fit Stella... Ciel! mais les Français sont plus bavards...

— Que les dames de la Lune, chère Stella; car vous ne me donnez pas assez le plaisir de vous entendre.

— Parisien! fit Stella avec une moue que bien des Françaises voudraient connaître et reproduire.

V.

LEGENDES ET PERSPECTIVES.

Les chants du poète. — Un drame au Céada — Athènes et ses grands hommes. — Une fête sur l'Agora. — Aristides et Themistocles. — Le défilé des Thermopyles. — Incendie d'Athènes. — Pausanias et Cimon. — Mort de Périclès. — Le chien d'Alcibiade. — Socrates le penseur. — Bataille de Cunava. — Epaminondas à Mantinée. — Un Héros de vingt ans. — *Et tremuit terra à facie ejus !* — Gloire et néant.

Ce n'était pas des contrées sans vie, sans mouvement, sans animation, que j'avais sous les yeux.

Au contraire, une extrême agitation sur les fleuves, dans les plaines, au creux des vallées, débordait, fermentait, bouillonnait, comme une marée qui se gonfle et s'élance à l'heure de la syzygie.

Ainsi, les Héraclides, ces descendants hardis d'Hercule, chassés du Péloponèse par Eurysthée, petit-fils de Pélops, après avoir pris un asile en Attique, cherchaient à y rentrer, en 1095.

Dans le même temps, OEdipe, roi de Thèbes, fils de Laïus et de Jocaste, était renvoyé par ses enfants, Etéocle et Polynice, qui, devant régner tour à tour, se faisaient une guerre acharnée.

Puis, c'était la guerre de Troie qui appelait sous l'étendard de Ménélas, roi de Sparte, allant rechercher son épouse, la belle Hélène; Nestor, le roi de Pylos; Ajax, fils d'Oïlée, roi de Locride; Achille, fils de Thétis et de Pélée, roi de Thessalie; Ulysse, fils de Laërte, souverain d'Ithaque; Ajax, fils de Télamon, souverain de Salamine; Diomède, roi d'Etolie; Idoménée, souverain de l'île de Crète; Podalire et Machaon, fils d'Esculape, fameux dans l'art de guérir; Agamemnon, le roi d'Argos, et cent autres guerriers des plus fameux.

Deux cents ans après, en 975, un vieillard, d'une patrie inconnue, aveugle, débile, pauvre, allait, en mendiant, dans les cités de la Grèce, chanter d'inimitables rapsodies qui reproduisaient la colère d'Achille et les combats des Grecs sous les murs de Troie.

Μῆνιν ἄειδε, Θεα, Πηληϊαδεω Αχιλῆος
Chante, ô Muse, la colère d'Achille, fils de Pélée.

Ce vieillard est Homère, le plus grand et le plus vrai des poètes.

Je voyais écrire en même temps la Théogonie, les Travaux et les Jours, et le poète qui les écrivait avait nom Hésiode. C'était aux environs de l'Hélicon qu'il se tenait.

Alors, ces deux poèmes à la main, je voyais Lycurgue civiliser les hommes. Puis, se couvrant de la robe du législateur, il donnait aux Lacédémoniens les lois sévères que vous savez.

A quelque temps de là, en 884, nous voyions se former l'établissement des Jeux Olympiques. Puis c'était la seconde année de la neuvième Olympiade que commençait la terrible guerre entre les Messéniens et les Spartiates.

Vainement Aristomène, prince de la famille royale de Messène, voulut affranchir son pays. L'Athénien Tyrtée, Tyrtée le poète, le boiteux Tyrtée, rendit les Spartiates vainqueurs : les Messéniens furent à jamais esclaves, et le vaillant Aristomène, pris vivant, fut, vivant, plongé dans le Céada.

Ce Vieillard est Homère.

Je dois vous dire, mes jeunes lecteurs, ce que c'était que le Céada, et ce qui advint à Aristomène, puisque j'ai vu ce drame.

Le Céada était une sorte de puits naturel, d'une profondeur considérable, au pied du versant de la montagne Taygète et tout voisin de la ville. C'était dans cet abime que l'on précipitait les criminels condamnés à mort.

Or, je regardais lancer dans ce gouffre, la tête la première, les malheureux compagnons de sa défaite. Pour accroître l'horreur de ce supplice, les Spartiates prirent l'indigne résolution de n'y jeter Aristomène que le dernier.

Quand son tour fut venu, on le poussa violemment vers la gueule béante du Céada. Alors le brave Messénien demanda et obtint qu'on lui laissât ses armes, afin de mourir avec le harnais du soldat.

Précipité dans le puits, Aristomène, froissé par les rochers aigus, atteignit le fond sans être tué, mais il perdit connaissance. Lorsqu'il revint à lui, tout d'abord il bénit ses armes protectrices. Mais, en étendant les bras pour chercher une issue, bien vite il comprit que son trépas ne serait que plus horrible, car il lui faudrait mourir en cet endroit, et mourir de faim! Il ne se découragea pas toutefois. Il chercha de nouveau; mais ses bras ne rencontrèrent que les cadavres de ses frères brisés dans leur chute. Il frémit d'horreur et voulut s'éloigner de cette horrible couche; mais chaque fois qu'il avançait dans cette humide caverne, plus large à sa base qu'à son orifice, et dont l'odeur de sang, de fange et de corruption lui donnait le vertige, il ne rencontrait que le rocher, ou des débris affreux.

Il s'écoula un temps bien long pour Aristomène dans cet effroyable tombeau. Déjà même ses forces l'abandonnaient, lorsqu'il crut sentir près de son visage le souffle d'un animal que l'envie d'une humaine curée attirait en ce lieu sinistre.

— Puisqu'il est venu, pensa le Messénien, il peut et doit s'en aller... Je partirai donc avec lui...

Alors, saisissant fortement par la queue cet animal, qui n'était autre qu'un renard, il se fit traîner par cette bête effrayée jusqu'à une fente étroite qui tamisait un rayon de lumière. Là le héros abandonna son guide, élargit l'ouverture, s'échappa, puis rejoignit l'armée messénienne.

Je le vis défendre encore sa patrie ; mais Sparte était trop forte pour permettre la lutte : il fallut plier sous son joug.

Cependant je voyais aussi s'assembler l'aréopage d'Athènes.

C'étaient de sages et graves vieillards, qui, réunis dans un palais, leur barbe blanche étalée sur leur poitrine, la robe immaculée, manifestant la pureté de leurs vues, priaient Dracon de donner des lois à leur ville.

Puis une peste exerçait ses ravages sur la cité : les rues se montraient jonchées de cadavres; les morts couvraient le rivage du Pirée. Sous les colonnes des temples, sur les gradins des théâtres, partout la mort saisissait des victimes.

Mais voici qu'un noble Athénien, survivant à ce terrible fléau, montrait sa haute taille parmi les flots d'un peuple disposé à la révolte, et lui parlait du bonheur de lois justes et sages.

Cet homme était Solon.

Il livrait son code nouveau, en 598.

Puis, après lui, Pisistrate gouvernait ce peuple léger. Mais déjà ses fils, Hipparque et Hippias, par leur orgueil, ramenaient le désordre,

Voici qu'une fête se passait sous mes yeux, la brillante fête des Panathénées : cortéges de jeunes filles, danses de corybantes, étendards et gens de guerre, chars de victoire, trophées de triomphes, chœurs de jeunes hommes, sénateurs, archontes, tribuns, hommes et femmes, chevaux et musiques, rien n'y manquait.

Or, une des vierges, la plus pure, la plus jeune, la plus belle, sur l'Agora, au moment où les cymbales retentissaient en l'honneur de la grande déesse, reçut, ô honte! une injure d'un des témoins de la fête...

Cet audacieux n'était autre qu'Hipparque...

Un coup de poignard l'immolait aussitôt à la vengeance d'Harmodius et d'Aristogiton, les frères de Théa, la victime de sa faute...

Alors, au loin, je voyais approcher une armée dont les piques, plus nombreuses que l'épi des moissons dans une plaine sans limites, annonçaient la colère d'un grand roi.

C'était la première guerre médique qui éclatait, apportée par l'orgueil du roi des Perses, Darius, excité par Hippias.

On touchait à 490.

Aussitôt la trompette des batailles sonnait dans toutes les vallées du pays des Hellènes : mais, si fort qu'elle sonnât, elle ne réunissait que dix mille guerriers...

L'armée des ennemis comptait six cent mille hommes.

Cent mille fantassins aux armes légères, vingt mille cavaliers, se détachèrent de cette armée, et osèrent lutter contre les dix mille Grecs!...

Ce fut dans la plaine de Marathon, le 29 septembre 490, qu'ils se rencontraient. Les Athéniens fondirent sur les Perses comme un ouragan qui se déchaîne. Enlevés par cette trombe humaine, ceux-ci mordirent aussitôt la poussière. Miltiade, le grand Miltiade commandait les Grecs. Il fut vainqueur, et, chassant l'ennemi des contrées envahies, par lui sa patrie se trouva libre.

Hélas ! presque aussitôt la même patrie jetait en prison le même Miltiade, sous le poids d'une fausse accusation, et je le voyais, horreur ! mourir, sur la paille d'un cachot, des blessures reçues au jour mémorable de la bataille de Marathon.

Pauvres et frivoles Athéniens!

Puis c'étaient Aristide et Thémistocle qui luttaient de justice et de vertus.

Et néanmoins, malgré cette brillante sagesse du premier, les Athéniens se montraient à mes yeux, sur l'Agora, complotant contre Aristide. Et ils se réunissaient pour le juger. Je le voyais, lui aussi, Aristide, se présentant aux débats de la place publique. Il s'approchait pour juger le dévouement d'un peuple.

Un paysan l'aborde, sans le connaître.

— Ecrivez-moi le nom d'Aristide sur cette coquille! lui dit-il. Ma grosse main ne connaît pas l'usage du stylet.

— Alors vous condamnez Aristide à l'exil? demande Aristide lui-même.

— Sans doute, répond le paysan.

— Que vous a-t-il fait?

— Rien : je ne le connais pas...

— Eh bien alors, pourquoi cet ostracisme vis-à-vis de lui?

— Ah! je suis fatigué de l'entendre appeler partout le Juste!

Et le noble cœur d'un homme vertueux s'inspirant, Aristide écrivait son nom sans mot dire et rendait la coquille.

Alors Thémistocle gouvernait en maître.

Mais Xerxès, le fils de Darius, avait à reprendre la revanche au nom de son père. Aussi avait-il fait appel aux peuples de l'Asie, de l'Europe et de l'Afrique, contre la petite province de Grèce.

La seconde guerre médique commençait.

Voici qu'en effet neuf cent mille soldats arrivaient de la Perse, couvrant les mers, les fleuves, les routes.

Puis cent mille Gaulois et Italiens lui arrivaient de l'ouest.

Cinquante mille Macédoniens, Béotiens, Thessaliens, lui venaient du nord.

Du midi, l'Egypte lui envoyait deux cents vaisseaux montés.

De l'est, la Phénicie lui expédiait cent autres navires.

Une reine et trois rois, la reine d'Halicarnasse, les rois de Tyr, de Sidon, de Cilicie, marchaient avec lui sous ses ordres.

C'en était fait de la Grèce : elle devait être rayée de la carte du monde.

Xerxès arriva : un pont de bateaux fut jeté par lui sur l'Hellespont ; ses haches éventrèrent le mont Athos ; il fondit comme une avalanche sur le nord de la Grèce, et atteignit des montagnes qui ne permettaient l'entrée du pays à conquérir que par un étroit défilé, en Béotie, défilé que l'on nommait les Thermopyles.

Là, trois cents Spartiates l'attendaient.

Leur roi Léonidas était à leur tête...

Xerxès, stupéfait qu'on osât garder le défilé, écrivit à Léonidas :

— Si tu veux te soumettre, tu auras l'empire de la Grèce.

Léonidas répondit :

— J'aime mieux mourir pour ma patrie que de l'asservir.

Xerxès lui expédia un héraut d'armes, avec ces mots :

— Rends-moi tes armes !

Léonidas écrivit au bas de la feuille de papyrus :

— Viens les prendre.

Un traître révéla l'existence d'un sentier qui tombait sur le camp des Spartiates. Je les vois, à l'heure des ténèbres, surpris par les Perses. Mais Léonidas perce leurs bataillons, pénètre, à son tour, jusque dans la tente de Xerxès, qui s'enfuit, et meurt avec tous les siens...

Un tombeau m'apparaît au pied des Thermopyles. Je lis ces mots écrits sur le granit :

« Passant, va dire à Sparte que nous reposons ici pour obéir à ses lois. »

Athènes est alors prise et brûlée par les Perses.

Mais, le 2 octobre 424, la bataille navale de Salamine détruit les forces du roi de Perse. Il est obligé de descendre du trône d'or qu'il a fait élever sur le rivage, pour assister, sans danger... à la bataille, à sa propre défaite !... et de fuir.

Mais il ne s'éloigne pas sans se venger : et quelle est noble sa vengeance !

Je le vois qui prépare des chaînes ; je le vois qui prépare des fouets.

Ces chaînes et ces fouets sont... pour la mer qui, sans respect pour lui, dédaignant les œuvres du grand roi, n'a pas craint de rompre son pont de bateaux, et, dans une violente tempête, de briser ses navires.

La Grèce a tremblé, Athènes est brûlée!...

Mais la Grèce reste libre ; et déjà de nouvelles murailles s'élèvent à Athènes!

Honneur à Miltiade, le héros de Marathon!

Honneur à Thémistocle, le héros de Salamine!

Lui aussi part pour l'exil. Oui, c'est bien lui qui chemine tristement là-bas, le bâton blanc du voyageur à la main, sur la route poudreuse de l'Épire... C'est lui qu'on accueille chez les Molosses, et qu'Artaxerxès appelle à sa cour... Mais pourquoi parmi les coupes d'un grand festin s'empoisonne-t-il ainsi en face de ses amis? Ah! c'est qu'Artaxerxès veut lui mettre les armes à la main contre sa patrie, et que le grand homme préfère la mort au déshonneur.

Pausanias, à son tour, se rend utile aux Athéniens : mais son orgueil le perd : réfugié dans le temple de Minerve, on en ferme les portes, et il est réduit à mourir de faim.

Cimon, le fils de Miltiade, se met alors à la tête des affaires : il relève Athènes, l'embellit, la couronne de gloire, humilie la Perse, soutient les Égyptiens, et meurt dans l'île de Chypre au milieu de ses triomphes.

Alors c'est Périclès, philosophe, politique habile, qui gouverne Athènes. Les arts et les sciences deviennent, à son époque, l'aliment de toutes les cités de la Grèce, à l'exemple d'Athènes. Par ses soins, Phidias dote sa patrie d'admirables chefs-d'œuvre.

Mais voici qu'on l'accuse d'impiété. Périclès le philosophe, Périclès le politique habile est obligé de fuir...

Heureusement le peuple volage lui rend bientôt sa faveur... parce qu'il a besoin de lui. Une coalition des Béotiens, des Mégariens, de ceux de Platée, d'Ambracie, de Leuctres et de tout le Péloponèse s'est formée contre Athènes. Périclès revient.

N'est-ce pas lui qui dirige ces magnifiques obsèques, et ces chars de deuil portant les citoyens morts dans la première campagne de ces hostilités de la Grèce contre la belle, la grande, la riche Athènes?

Hélas! un fléau ne vient jamais seul. Partie de l'Egypte, qu'elle a dépeuplée; de la Lybie, qu'elle a ravagée; de la Perse, de Lemnos, qu'elle a visitées, une affreuse peste éclate dans cette ville d'Athènes, où se sont retirées les populations des campagnes.

L'époux de la belle Aspasie en est lui-même atteint, après avoir vu tous les siens succomber. Je retrouve Périclès sur son lit de mort: il s'y montre grand comme il le fut pendant sa vie. Tout autour de la couchette d'ivoire sur laquelle, parmi des peaux de panthères, reposent les membres grêles de l'homme d'État, m'apparaissent les principaux citoyens du Portique, du Lycée, de l'Académie. Ils se racontent ses belles actions, et pleurent sur lui, qu'ils croient déjà descendu près des héros des Champs-Elysées. Mais il les interrompt de sa propre voix :

— Vous oubliez, leur dit-il, la seule chose qui mérite d'être louée dans ma vie : c'est que je n'ai fait prendre le deuil à aucun de mes concitoyens!

— Voyez donc ce jeune et brillant Athénien qui traverse l'Agora! me dit Mikaël en me poussant du coude.

— C'est un charmant cavalier, m'écriai-je. Quelle richesse dans sa mise! sa tunique bleue relevée d'or, le bonnet phrygien qui couvre sa tête, le bâton d'or qu'il porte à la main, tout est du meilleur goût.

— Le reconnaissez-vous alors?

— Vraiment, non. Ah! voyez donc quel magnifique chien l'accompagne! L'admirable encolure, quelle robe éclatante, les belles oreilles... Mais il n'a pas de queue, le pauvre chien! ou plus tôt elle saigne à sa racine... On la lui a coupée... C'est Alcibiade alors!

— Enfin, oui, c'est Alcibiade, qui, pour faire parler de lui, sachant qu'on s'extasiait sur la rare beauté de son chien du Caucase, chien qu'il a payé soixante-dix mines...

L'Album merveilleux. 7

— Ce qui fait en monnaie de France?

— Six mille francs... lui a coupé la queue... Voyez comme ce jeune ambitieux se pavane au milieu de la brillante cour d'écervelés qui l'entourent. Ils vont au plaisir, croyez-moi. Mais c'est là le moyen de plaire à ce peuple d'Athènes. Aussi regardez de ce côté, mon cher Terrien.

— Bon! le voilà général. Il a fait son chemin un peu vite. Quelle splendeur!

— Avec Nicias et Lamachus, il va porter secours aux habitants d'Egeste, en Sicile.

— Mais que fait-il là, dans les ténèbres de la nuit?

— Il mutile les statues de Mercure placées aux carrefours de la ville, et, suivi de ses nobles amis, viole les mystères vénérés d'Eleusis. On va l'accuser; mais l'hypocrite saura demander effrontément un jugement, qui fera croire à son innocence.

— Oh! laissez-moi voir, Mikaël. Voici le port du Pirée rempli des galères de la flotte prête à partir. Quelle foule suit les *longs murs* pour assister à son départ! Vraiment ce spectacle est magique. Voici les troupes montées sur les navires. La trompette donne le signal du silence. Bien, c'est pour faire place aux prêtres... Que ce cortége est splendide! On prie. Le vin est versé dans des coupes, et toute l'armée, chefs et soldats fait des libations. Et la foule qui couvre le rivage; les hauteurs du Pirée, les tours de la ville, les toits du Parthénon, les arbres des chemins, se découvre, prie aussi, fait des vœux, et clame succès... pendant que la flotte commence à s'éloigner, et fait voile vers Corcyre.

Cette expédition est fort heureuse, car Mikaël m'apprend que la Sicile va être réduite, lorsque, rappelé à Athènes, Alcibiade, qui n'a pas la conscience pure, se réfugie dans le Péloponèse, à la fin de 415.

Mais la fortune abandonne aussitôt Nicias et Lamachus. On leur envoie des secours. Peine inutile. Les Athéniens vaincus sont jetés à Syracuse, dans l'infecte prison des Carrières, un autre Céada, tout aussi terrible.

Alors le Péloponèse s'insurge de nouveau contre Athènes.

Alcibiade est rappelé. Quel triomphe inouï lui prépare-t-on ? C'est vers lui que la multitude se précipite à son débarquement : elle lui jette des couronnes, l'appelle son sauveur ! Est-il un triomphe qui vaille pareil accueil ?

Aussitôt il tire le glaive des combats, et force les Lacédémoniens à demander la paix. Mais cent galères fraîches sortant du Pirée vont porter de nouvelles batailles aux ennemis qui, désespérés, les attendent à Ægos-Potamos, et, là, Lysandre, le Spartiate intrépide, les surprend, s'en empare, et... se rend maître d'Athènes.

Le Péloponèse triomphe : Sparte devient souveraine ; Athènes est esclave ; Alcibiade meurt de mort violente sur une terre étrangère !

Les Spartiates usent de leur victoire.

L'Acropolis d'Athènes est au pouvoir d'une garnison lacédémonienne.

Trente infâmes tyrans s'établissent dans cette belle cité, tant humiliée ! Ils envoient à la mort les riches, les puissants, les suspects.

Les prisons sont remplies : le sang coule.

Mais voici que Thrasybule se dresse en libérateur. Il chasse les Spartiates, et Athènes redevient Athènes.

C'est alors, en 400, que la grande image de Socrate m'apparaît. Ce n'est pas seulement sous la bure du philosophe que je le vois ; il se montre aussi couvert du harnais du soldat, et, au siége de Potidée, je le trouve sauvant Alcibiade, couvert de blessures, et, à la bataille de Delium, arrachant à la mort Xénophon, l'illustre chef des Dix-Mille.

Vainement le poète Aristophane, dans ses Nuées, le livre à la risée du peuple ; vainement Anytus et Mélite le dénoncent comme impie ; vainement Athènes le condamne à boire la ciguë ; entouré d'Antisthène et de Platon, sur le grabat du supplice, je reconnais en lui le plus grand, le plus vrai des sages de l'antiquité.

Mais quelle est cette grande bataille qui se livre là-bas, non loin de Suse et de Ctésiphon, sur les rives du Tigre et près des bords du Chaospes ?

— C'est la bataille de Cunaxa, me dit Mikaël, qui, à mon regard, devine ma pensée curieuse : Cyrus, le fameux Cyrus, en est le héros et la victime. Les Grecs lui ont porté le secours de leurs bras. Ils sont dix mille, et Xénophon les ramène dans leur patrie, après la mort de Cyrus, au travers de mille périls et de six cents lieues de solitude ou de dangers.

— C'est vrai : je reconnais Cyrus, le libérateur des Juifs, le dominateur de Ninive et de Babylone. Noble Cyrus, pourquoi voulus-tu donc enlever le trône à ton frère Artaxerce ? Voilà que Tomyris, la reine des Massagètes, inconsolable de la perte de son fils, que tu as tué dans un combat, te fait couper la tête, et la plonge dans un vase rempli de sang humain, en s'écriant :

— Bois donc de ce sang dont tu as toujours été altéré !

Cependant le désordre est dans la Grèce.

Les Grecs du nord et ceux du sud se livrent le sanglant combat de Coronée : le nombre des morts est si grand qu'Agésilas, le roi de Sparte, m'apparaît le visage attristé, visitant la plaine couverte de cadravres et s'écriant :

— Grèce infortunée, tu viens de faire périr de tes propres mains plus de guerriers qu'il n'en faudrait pour vaincre tout ce qu'il y a de barbares !

Conon alors fait reconstruire et orner Athènes, avec l'argent du roi de Perse, Artaxerce.

Mais, pour regagner la faveur de ce dernier, et nuire aux Athéniens, les Spartiates signent le honteux traité d'Antalcidas.

Puis ils attaquent Mantinée, puis Olynthe, puis Thèbes.

Alors je découvre douze jeunes Thébains, vêtus en chasseurs, menant des chiens en laisse, portant des pieux et des filets qui, sous l'ombre de la nuit, pénètrent dans leur ville silencieuse. Ils pénètrent adroitement jusqu'aux Lacédémoniens pour leur offrir le produit de leur chasse. Mais soudain le gibier devient poignard. Les ennemis sont tués : les Spartiates se sauvent en désordre ; Thèbes est délivrée ; Pélopidas est déclaré son sauveur.

Epaminondas, pauvre mais vaillant Thébain, se lève à son tour. Il demande d'abord aux Spartiates la pacification de la Grèce. Sur leur refus, pendant que Cléombrote, leur roi, s'avance en Béotie, lui, et Pélopidas avec lui, vient à leur rencontre près de Leuctres. C'est en 371.

Hélas! en ce moment le soleil voile sa face ; la lune se montre sanglante au ciel; des bruits d'armes se font ouïr dans les nuages.

— Les dieux sont contre nous ! s'écrient les Thébains découragés.

— Les dieux sont pour la justice ! reprend Epaminondas. Il n'y a pas de meilleur présage que de défendre sa patrie !

Les Thébains sont vainqueurs sur toute la ligne, et Cléombrote périt dans la mêlée.

Mais les Spartiates sont incorrigibles. Ils reprennent les armes.

Trois fois, quatre fois, Épaminondas les refoule dans le Péloponèse. Enfin il leur livre, près de Mantinée, sa dernière bataille, en 363. Il triomphe ! mais en même temps il tombe atteint d'un coup mortel.

Je le vois rapporté dans sa tente : le fer de la lance qui l'a frappé demeure dans sa blessure.

— A-t-on sauvé mon bouclier ? demande Epaminondas, un moment revenu au sentiment de la vie.

— Le voici, répond un vieux compagnon d'armes.

Epaminondas le contemple avec joie : il en baise l'acier. Il a vu tous ses travaux, et souvent l'a protégé.

— Il faut mourir néanmoins ! dit-il. Mais je laisse deux filles immortelles, Leuctres et Mantinée... Aussi je meurs sans regrès, puisque ma patrie triomphe !

Alors il arrache le fer de sa blessure, et expire aussitôt.

Mais de grands évènements se préparaient en Macédoine.

Pendant qu'Athènes saisissait de nouveau l'empire de la mer, pendant que Sparte se remettait de ses injustes agressions, le royaume de Macédoine, fondé en 807, par Caranus, descendant d'Hercule, devenait le domaine de Philippe, jadis l'otage des Thébains, l'élève d'Epaminondas.

Organisant bientôt une armée, cet homme, petit de taille, mais grand de cœur, s'emparait d'Amphipolis, sur le Strymon ; conquêtait la Thrace, se rendait maître de l'Illyrie et épousait Olympias, fille du roi d'Épire.

— Contemplez l'horizon, mon cher, me fit brusquement Mikaël, et ne songez pas, toujours ainsi plongé dans vos rêveries. Je vous ai promis de vous montrer le temple d'Éphèse, l'une des sept merveilles du monde? Regardez.

Sur l'avis de mon guide, je me tournai vers la mer Égée. Quel ne fut pas mon effroi? Par-dessus les côtes de son rivage, par-dessus les îles qui séparent la Grèce de l'Asie-Mineure, par-dessus les vagues agitées du miroir des eaux, je voyais s'élever, à une immense distance, des colonnes de noire fumée. La fumée fit bientôt place à d'énormes gerbes de feu. Les villes, les îles, les côtes, la mer, l'Asie, l'Europe, se trouvaient teints de reflets rougeâtres, si effrayants, que je crus à un incendie vaste comme un déluge.

— Qu'est-ce donc? demandai-je au Lunien.

— Le temple d'Éphèse, une des merveilles du monde, qui brûle... me répondit placidement Mikaël. Un fou, Erostrate, y a mis le feu... pour faire passer son nom à l'immortalité.

— C'est horrible ! Comment un homme choisit-il pareil moyen de s'illustrer ?...

— Ah! vous autres Terriens! vous avez de singulières idées par fois! fit Mikaël, avec le gros rire que vous savez.

— Père, dit Stella, qui se souleva sur ses blanches draperies et mit sa tête sur son coude, père, ménagez-le!...

— Eh bien ! reprit le Lunien, au moment où brûle ce chef-d'œuvre des chefs-d'œuvre, 356, Olympias, la fille du roi d'Epire, donne à son mari, Philippe, le roi de Macédoine, un fils qui fera trembler la terre.

— Alexandre le Grand, alors ?

— Écoutez et regardez! fit Mikaël.

Or, je voyais le roi Philippe créer une marine formidable; soumettre les iles d'Imbros et de Lemnos; pénétrer dans la Phocide, envahir le territoire d'Olynthe; braver les foudres du violent orateur Démosthènes, en s'établissant le chef de la guerre sacrée; battre les Athéniens à Chéronée, en 338; entrer dans la Schythée; enfin se faire déclarer, par le conseil Amphictyonique, généralissime des troupes grecques contre les Perses, et mourir assassiné, en 336, après avoir répudié Olympias, et épousé Cléopâtre, fille d'Attale, roi de Pergame.

Alors c'était Alexandre, qui, d'une main ferme, et tout en inclinant la tête sur l'épaule gauche, selon son habitude, prenait le sceptre de son père et se coiffait de sa couronne.

Il avait à peine vingt ans, et déjà je l'avais vu vaincre les Médares; repeupler leur ville, qu'il nomma Alexandropolis; soumettre les Tribulles auxquels il avait disputé la vie de Philippe, en le couvrant de son bouclier; ravager les contrées des Gètes; marcher contre les Thébains, contre les Athéniens; envahir la Béotie; effacer Thèbes, dont il épargne une seule maison, celle du poète Tindare, le chantre des jeux olympiques.

Puis, héritier de la haine de son père contre les Perses, ou plûtot jaloux de l'immense étendue de l'empire de Darius III, qui commandait de l'Indus au Pont-Euxin, voilà mon jeune prince qui n'a pour tout trésor que soixante-dix talents d'or, pour armée que trente mille fantassins, pour cavalerie que quatre mille cinq cents chevaux, et pour flotte que cent soixante galères, qui s'élance sur l'Asie.

Jugez si ce héros, né à Pella, au mois d'Hécatombéon, en la 106ᵉ Olympiade, c'est-à-dire, en 356, à l'heure où brûlait le temple de Diane, à Ephèse, fit *trembler la terre devant lui*, selon la grande expression de l'Écriture Sainte, qui ne dédaigne pas de parler des héros, comme Cyrus et Alexandre, long-temps avant leur apparition, par la bouche de ses prophètes.

Alexandre longe les côtes d'Amphipolis, traverse le Strymon, saute par-dessus l'Hèbre, touche à Sestos, et en vingt jours gagne l'Asie.

Une fois dans la Troade, il jette des fleurs sur le tombeau d'Achille, franchit le Granique, rencontre les Perses, qui le font prisonnier; mais Clytus, son frère de lait, le délivre.

Aussitôt il met à mort Mithridate, roi de Pont; conquête la Mysie, la Lydie; s'empare de Sardes, de Mylet, d'Halicarnasse; ravage la Galatie, la Cappadoce; tout mouillé de sueur, se jette dans le Cydnus, et court une seconde fois danger de mort.

Mais le docte Philippe, son médecin, le relève plus ardent encore de sa couche, et le voilà qui dompte la Cilicie, retrouve les Perses à Issus, s'empare des trésors du roi, de sa mère, de sa femme et de ses enfants, et voit Darius fuir devant lui, suivi de son armée, comme le blé saute de l'épi sous le fléau du batteur.

Ayant traité en reines ses royales prisonnières, il s'élance de nouveau, s'empare de Damas, de Sidon, et met le siége devant Tyr, qui l'arrête pendant sept mois.

C'est Gaza qu'il prend ensuite et qu'il saccage.

Mais il est blessé sous ses murailles. Oh! je le vois qui entre en fureur. Le voici qui fait amener devant lui Bethys, le Perse; Bethys, le vaillant défenseur de Gaza. D'abord il le fait tuer, ensuite, comme jadis Achille fit à Hector, il perce le talon de sa victime, passe des courroies dans la blessure, et trois fois promène autour des remparts le cadavre inanimé.

Puis encore il s'élance vers l'Égypte; salue Canope; remonte le Nil; admire les Pyramides ; s'enfonce dans le désert; visite le temple d'Ammon ; honore la tombe d'Osiris dans la plaine de sable; longe le lac Mœris ; descend le Nil; et comme la plage de la mer intérieure lui sourit, il taille une vaste enceinte sur le rivage, la dessine en manteau royal de Macédoine, appelle des architectes et leur dit :

— Une ville s'élèvera dans cet endroit d'ici à un an, elle aura un phare merveilleux pour éclairer la mer. Cette ville se nommera Alexandrie. Mettez-vous à l'œuvre.

Et, s'adressant à Parménion, son intime, son confident:

— Ecrivez, dit-il. Je vous demande votre appui d'abord, et des secours d'hommes et de vivres. Ensuite vous laisserez le libre passage à mon armée. Enfin, vous n'appartiendrez plus au roi de Perse, mais au roi de Macédoine.

Et il signe de sa main :

— Alexandre!

La lettre est pliée. Parménion attend que son royal maitre lui dicte la suscription. Impatienté :

— Pour qui cette lettre? dit-il.

— Mettez, reprend Alexandre : Au grand-prêtre Jaddus, Jérusalem !

Le courrier part, vole. A son retour, il trouve Alexandre à Péluse et lui remet la réponse :

— Nous avons fait serment à Darius de ne jamais porter les armes contre lui, nous tiendrons parole.

— Allons à Jérusalem ! dit Alexandre.

Qu'était Alexandre à Jérusalem ? Un nom fort inconnu. On y avait bien ouï parler de la conquête de Tyr et de Sidon ; on y avait bien entendu la chute de Gaza ; le bruit d'une grande foule passant à l'horizon avait bien frappé les murailles de la ville, comme un écho de marée en fureur... mais cet Alexandre qui écrivait à Jaddus, vraiment qu'était-il ?

Mais voici que du haut des tours, des combles du temple, on signale l'approche d'une trombe de poussière. Sont-ce des sauterelles qui arrivent en formant un nuage? sont-ce des caravanes qui sortent du désert?

— Non, c'est Alexandre et son armée!

— Il a la menace à la bouche et la colère au front!

— Ses soldats portent des chaînes!

Et mille autres paroles terribles, effrayantes, circulent et jettent le trouble et la confusion dans la ville de David.

Jaddus appelle le peuple au temple, il ordonne des jeûnes, il demande des prières au Seigneur.

Puis, se rappelant que Jehovah est le dieu des armées, il convoque les prêtres, les lévites, les notables de la cité. Les premiers, vêtus de l'éphod sacré, coiffés de la tiare, la poitrine couverte du rational aux pierres d'hyacinthe; les seconds, les encensoirs d'or à la main, les patères du sacrifice, les étendards sacrés au vent; le peuple en habits de fêtes : tous en ordre s'avancent à la rencontre du farouche et intraitable vainqueur.

S'il faut mourir... ils mourront en face de Dieu.

Bientôt ils ont percé le nuage de poussière, et déjà les éclairs des armures, les hennissements des chevaux, les fanfares des troupes les frappent de terreur.

Puis voici, oui, c'est bien lui qui s'avance sur son merveilleux Bucéphale : voici Alexandre.

Les pontifes, les prêtres, les lévites, le peuple, s'inclinent...

— En vérité, s'écrie le roi de Macédoine en s'arrêtant devant Jaddus, et en contemplant ses traits vénérables, cette majesté sainte me révèle l'homme de Dieu. C'est à moi à vous vénérer, mon père...

Et il fait signe à son armée de s'arrêter.

Alors lui, le vainqueur des vainqueurs, descend de son bouillant cheval, s'approche seul, se prosterne devant le grand-prêtre, et adore Jehovah dans la personne de son ministre.

Puis Alexandre se mêle aux prêtres et aux lévites. Il les salue tous. Il s'humanise avec la foule des Juifs : il la caresse du regard, et sourit aux enfants.

J'ai vu ce grand-prêtre dans un rêve, dit-il à Parménion. Dieu me l'a montré : je serais insensé de ne pas reconnaître que ce peuple est aimé du ciel!

Enfin il entre à pied dans Jérusalem, va droit au temple, immole des victimes, lit la prophétie sainte qui le concerne, accorde au pontife toutes les grâces qu'il peut désirer, et, trois jours après, s'éloigne, suivi du même cortége qui a décoré son entrée.

Long-temps encore on entendit le vague murmure de son armée en marche ; long-temps on suivit du regard le nuage de poussière qu'il soulevait sur son passage.

Puis on sut qu'il traversait l'Euphrate, qu'il franchissait le Tigre. On put recueillir les hurlements de douleur que poussèrent les vaincus d'Arbelles ; on ressentit aussi la secousse de la chute de Babylone, de l'écroulement de Suze ; on aperçut même les rouges reflets de l'incendie de Persepolis ; on fut instruit encore qu'Ecbatane était prise, et que son vainqueur allait se perdre dans les sables de la Médie, par de là les fleuves de la Sogdiane...

Et ce fut tout!...

Seulement, à quelque temps de là, un char funèbre, que suivaient quelques soldats, repassa par le même chemin, un instant s'arrêta sous les murs de Jérusalem, traversa l'isthme de Suez, et alla porter la dépouille mortelle qu'il portait à un sépulcre neuf de la cité neuve d'Alexandrie, cité que terminait l'architecte Dynocrate, sur la rive du lac Marœotis, non loin de Canope, et tout près de la mer.

Ce cadavre était celui d'Alexandre le Grand!

Il avait payé son tribut à la mort, et sur sa tombe on pouvait écrire les paroles saintes du livre des Machabées :

— Ci-gît celui qui alla jusqu'aux extrémités du monde, s'enrichit de la dépouille des nations, et devant qui la terre se tut!

On touchait alors à 323.

Sic transit gloria mundi! m'écriai-je.

VI.

VIGNETTES ET MINIATURES.

Ce que fut l'Italie. — Aspect des Apennins. — Les bourgades d'Ausonie. — Naissance d'un grand peuple. — Enfants allaités par une louve. — Bergers et larrons. — Origine de Rome. — Légende royale. — Tullia, la parricide. — La sybille de Cumes. — Où se fait une république. — Comment un père tue sa fille. — Dix armées en batailles. — Premières conquêtes. — Une cité rivale. — Géants parmi les géants.

L'empire d'Alexandre, c'était le monde.

Chacun de ses généraux s'y tailla un manteau de roi.

Au moment de mourir le héros avait dit :

— Je laisse mon héritage au plus digne... Mais je crains fort qu'on ne me fasse de sanglantes funérailles.

Ces funérailles, je les vois, elles sont sanglantes en effet.

Antipater prend la Macédoine et la Grèce ;

Lysimaque, la Thrace ;

Ptolémée, fils de Lagus, se donne l'Égypte ;

Antigone, l'Asie-Mineure ;

Eumène s'adjuge la Cappadoce;

Mais tout d'abord surgissent de terribles démêlés.

Une ligue de rois se forme. La guerre éclate. On se rencontre à Ipsus, en Phrygie. Antigone est tué. Dès-lors on fait un nouveau partage.

Ptolémée conserve l'Égypte; mais il y ajoute la Cyrénaïque, la Phénicie, la Palestine, la Célésyrie, et devient le premier des Lagides.

Cassandre succède à Antipater, son père, et garde la Grèce et la Macédoine.

Lysimaque ajoute l'Asie-Mineure à la Thrace, qu'il possédait déjà.

Et Séleucus, général de la cavalerie d'Alexandre, prend pour lui la grande Asie, de l'Indus à la mer intérieure, et, régnant à Babylone, commence l'ère célèbre des Séleucides.

Cependant la sphéroïde, en continuant sa révolution, faisait disparaître la Grèce à l'horizon, dont la brume me cachait déjà ses îles et ses cités, et tout un autre aspect s'offrait à mes regards.

Qu'il était splendide et beau! Ce n'était plus l'image de la civilisation qu'il me présentait, mais la mer, mais des îles nouvelles, mais une nature vierge et féconde.

La mer était celle d'Illyrie, toute parsemée d'îles bleuâtres, semblables à des navires abrités dans un vaste port, et ayant jeté l'ancre les uns auprès des autres.

C'était ensuite tout un continent; mais d'une forme étrange : il ressemblait à une botte. Le talon, la pointe du pied, le mollet, l'éperon même, rien n'y manquait.

Et derrière cette contrée nouvelle, que je reconnus, et qui était l'Italie, je vis une autre mer, celle de Thyrène, également capitonée d'îles vaporeuses qui se balançaient dans ses flots.

Mais, chose étrange! dans plusieurs de ces îles de grands feux brûlaient; dans une île plus grande, on eût dit qu'un bûcher gigantesque était livré aux flammes; et jusque sur la terre ferme, un autre incendie semblait dévorer une montagne.

Heureusement je reconnus bientôt les jeunes volcans des îles de Lipari, Vulcania, Strongyle ; puis l'Etna de Sicile, et enfin le Vésuve de l'Italie.

Cette riche péninsule était à peine habitée déjà.

J'y reconnaissais cependant les tribus des Falisques, des Eques, des Volsques, et les premières nationalités des Sabins et des Herniques, et des Rutules.

Et puis c'était Albe la Longue, près de laquelle, à une faible distance, brillait la pierre blanche du tombeau d'Ascagne, le fils d'Énée, son fondateur, au pied de la montagne qui d'Albe, sa ville, prit le nom d'Albano.

Nonobstant mes souvenirs géographiques et mes réminiscences de Virgile, j'interrogeais Mikaël, qui jouissait de mes surprises, et comprenait, au feu sacré qui s'échappait de mes regards, qu'il n'avait pas perdu son temps en m'ouvrant les trésors lunaires de l'antiquité.

— Saturne, dont on a fait le père des dieux, me dit-il, et qui n'était qu'un homme chassé de Crète par son fils, autre héros divinisé, vint s'établir sur cette colline que l'on appelle Tarpéienne, près de ce rocher à pic, et a fait que l'Italie s'est nommée Saturnie ; puis OEnotrus, descendant de Pélagus, roi d'Arcadie, y ayant amené une colonie, on l'appela OEnotrie ; les Ausones, que vous voyez, là bas, campés entre le lac Régille et celui de Lucerne, à raison de leur droit d'ancienneté, lui ont imposé celui d'Ausonie ; comme elle est au couchant relativement à la Grèce, les habitants de cette contrée la nomme Hespérie, de Εσπερα, soir.

» Mais Italus, l'un de ses premiers rois, lui laissera son nom, et Italie, doux nom qui rappelle un beau ciel, lui restera toujours.

— Faites-m'en connaître les points culminants si nombreux? dis-je à Mikaël, en l'interrompant : car le sol en est hérissé, et je me perds dans tous ces mamelons et toutes ces montagnes.

— Voici d'abord le Soracte, au nord, répondit Mikaël : vous y verrez élever bientôt un temple en l'honneur d'Apollon, quand la mythologie grecque sera connue du peuple qui soudain va surgir ; sur une de ses rampes on montre une source dont les eaux bouillonnent au lever du soleil.

» Ici, au centre, c'est le mont Sacré, où ce peuple se retirera afin de lutter contre le despotisme des Patriciens.

» Là, le mont Lucrétile, dans le Latium, ou pays des Latins.

» Plus loin, le mont Vésuve ; il est reconnaissable à son volcan.

» Cette longue chaîne de montagnes dont je viens de vous montrer les simples ramifications...

— Est celle des Apennins, l'épine dorsale de l'Italie...

— Oh! Français, que votre érudition est susceptible...

— Mais quelles sont ces collines qui forment une sorte de cirque assez propre à construire une ville? demandai-je avec empressement.

— Quoi! vous ne devinez pas? reprit Mikaël. On les nomme, la première, le Janicule; le Capitolin, la seconde; le Quirinal, la troisième; le Geminal, la quatrième; l'Esquilin, la cinquième; le Cœlius, la sixième, et la septième, l'Aventin.

— Mais alors, c'est Rome même?

— L'endroit où sera Rome, oui. Mais regardez déjà, que voyez-vous?

— Je vois, au nord, sur les bords de la mer, une ville déjà vaste et puissante.

— Patavium, fondée par le troyen Anténor. Après?

— Une autre ville, assise sur l'embouchure de deux fleuves...

» L'Auser et l'Arnus; Pisa, colonie florissante des Grecs de Pise en Elide. Ensuite?

— Une sorte de bourgade, bâtie dans des marais fangeux, près d'un lac.

— Le lac de Thrasimène. C'est Clusium, la capitale des Etrusques. Vous y verrez tout-à-l'heure Porsenna protéger les Tarquins. Puis?

— Un village sur une petite rivière.

— Tarquinies, sur la Marta, fondée par les Grecs. Dites toujours?

— Un autre village plus rapproché de nous.

— Oui, Falerii. Tu sauras bientôt aussi comment le dictateur y traite les maîtres d'école qui veulent livrer injustement leurs élèves.

— Et puis là, sous nos yeux, une ville...

— Qui sera plus grande et plus belle que Rome aux premiers temps de la République, Véies, que Camille assiégera pendant dix ans.

— Dans le pays des Sabins, une autre bicoque...

— Une bicoque! c'est Cures, ville importante qui donnera le jour à Numa Pompilius.

— Et ici, chez les Latins, quelle est cette ville, non loin d'Albe-la-Longue?

— Lavinie, bâtie par Énée, fugitif de Troie, qui lui donna le nom de son épouse Lavinie, fille de Latinus.

— Mais Albe-la-Longue, quand donc fut-elle fondée?

— Ascagne, le fils d'Énée, songea à la construire en 1150 avant notre Seigneur Jésus-Christ. Dans le moment où tu la vois, elle est la capitale de Numitor.

— Que ses herbages sont beaux?

— Et ses vins parfaits! Vois-tu là Tusculum? C'est une charmante bourgade qui décore gracieusement le penchant d'une colline : Télégone, fils d'Ulysse et de Circé, en est le fondateur. Quand Albe sera détruite, elle deviendra la capitale des Latins.

— N'est-ce pas Collatie, là, dans cette plaine?

— Votre science antique vous revient donc, mon cher Terrien? Oui, c'est Collatie, et voilà Laurentum, capitale du roi Latinus, et Gabies, où seront élevés Romulus et Remus.

— Maintenant, en effet, je reconnais Ardée, résidence de Turnus, l'ennemi d'Énée;

Et Corioles, que bientôt assiégera le romain Marcius, qui en prit le nom de Coriolan.

Et Anxur, la ville des Volsques, plus tard Terracine...

L'Album merveilleux.

— Malheureusement empestée par les Marais-Pontins.

— Puis voici Caiète, avec un port sur la mer Thyrrénienne.

— Savez-vous d'où lui vient ce nom? Ah! c'est celui de la nourrice d'Énée, qui y mourut, et que ce héros voulut illustrer.

— Mais, mon cher Lunien, aidez-moi, je vous prie. Quelle est cette jolie cité, sise à mi-côte, sur une montagne toute verte d'oliviers et de pampres, dont la mer baigne le pied?

— Baïa, près du promontoire de Misène. Son port est excellent, et elle a des eaux minérales que les Romains sauront apprécier.

— Alors voici le cap de Misène?

— Oui, ce cap près duquel Virgile fait mourir le Troyen compagnon d'Énée, qui donne son nom à la côte :

>   .... Qui nunc Misenus ab illo
>   Dicitur, æternumque tenet per secula nomen.

— Et au pied du Vésuve?

— C'est Parthénope, fondée par les Grecs, détruite par les habitants de Cumes, et rebâtie sous le nom de Néapolis.

— Y a-t-il rien de plus beau que cette baie magnifique? Le ciel qui couvre le golfe, la ville, la montagne, l'horizon, est le plus fortuné du monde.

— Peut-être, attendez pour vous prononcer. Voici maintenant Herculanum, Pompéia, Strabies; puis Siponte, fondée par Diomède; Tarente, à l'extrémité de la botte, fondée par des Spartiates que conduisait Phalanthe; Pœstum, consacrée par les Grecs au dieu de la mer, Ποσειδῶν, le grand Neptune; Métapontum, que construisirent les Pyliens, ramenés de Troie par Nestor; Sybaris, que les Achéens viennent de fonder...

— Et dont les voluptueux habitants passent leur vie dans la mollesse et les plaisirs...

— Revenez un peu aux sept collines dont vous admiriez, il y a un instant, le magnifique bassin, reprit Mikaël, et faites-moi, mon cher ami,

Et son œil curieux devient le témoin du curieux spectacle d'une bête fauve allaitant les fils des hommes.

le tableau des évènements qui vont se passer... Je prendrai plaisir à juger votre faconde, et je pourrai me reposer près de ma fille.

Je me hâtai de porter les yeux sur le point que me désignait le Lunien, et je vis deux enfants nus, levant au ciel leurs petits bras, criant, gémissant, secouant leurs jambes potelées, et semblant appeler du secours. Mais nul visage humain ne se présentait pour leur sourire. Les bruyères roses sur lesquelles ces petits êtres étaient couchés, les arbres d'une haute forêt qui s'étendait des sept collines à la ville d'Albe, seuls pouvaient recueillir leurs plaintifs accents.

Mais, voici qu'au détour d'une lande, une louve qui cherchait le vent, entend, accourt. Enfin une curée lui est offerte. En quelques bonds elle atteint les enfants, et... sans doute va les dévorer avidement.

Rassurez-vous, lecteurs. Cette louve affamée, la tête basse, le poil hérissé, l'œil en feu, comprend le désir et la plainte des pauvres abandonnés. Elle les flaire, elle passe sa langue sur leurs membres endoloris, elle approche ses mamelles, que les enfants, de leurs petits doigts, touchent, pressent et portent à leurs lèvres. Alors ils se taisent. Leur besoin est rempli, le lait d'une louve remplace celui de leur mère.

Cependant, un berger qui cheminait avec ses chèvres, arrive à l'angle du bois, et son œil curieux devient le témoin du curieux spectacle d'une bête fauve allaitant les fils des hommes.

Plus humain que ceux qui ont exposé ces jeunes victimes d'une colère barbare, il éloigne la louve, et, prenant les enfants dans ses bras, il retourne sur ses pas, le bon chevrier, et atteignant bientôt une cabane de ramée :

— Acca, s'écrie-t-il, Acca-Laurentia, venez recevoir un don des dieux.

— Faustulus ! s'écrie à son tour une jeune femme, pourquoi vous moquer de mes désirs. Ces enfants vous seront repris par leurs parents...

— Je les tiens d'une louve, répond le berger; ces enfants sont à nous, je ne les céderais qu'au roi, mon maître.

— Eh bien ! celui-ci sera mon Romulus, il est le plus fort des deux, et cet autre, Rémus ; il me semble plus bavard, dit la femme du chevrier, transportée de joie.

Et je vois ces deux nourrissons d'une louve passer leurs premières années sous les ombrages de la cabane, parmi les bergers ; puis, dédaignant l'oisiveté d'une vie sédentaire, ils parcourent les forêts, grandissent à vue d'œil, se fortifient dans des luttes, les exercices de la chasse, et des combats contre les voleurs.

Mais les voici qui tombent dans une embuscade.

Romulus se défend avec vigueur, et s'arrache au danger ; Rémus, plus faible, reste au pouvoir des brigands.

Aussitôt on le traîne à Albe-la-Longue, on le porte devant Amulius l'usurpateur, qui, par condescendance pour son frère Numitor, qu'il a détrôné, lui envoie la capture.

Rémus est à peine mis en face de Numitor, que ce prince, saisi d'étonnement, retrouve sur les traits du jeune homme le portrait de sa fille Rhéa-Sylvia.

Et, comme au même instant, survient Romulus, qui tue, égorge, massacre les gardiens de Rémus, Numitor, apprenant que ce furieux est le frère du captif, reconnaît en eux ses deux petits-fils, et les serre sur son cœur.

Alors les deux héros vont assiéger Amulius dans son palais, le chassent du trône, rétablissent Numitor, et tout après jettent les fondations d'une ville.

Cette ville sera grande et forte ; des remparts la ceindront ; mais quel nom portera-t-elle ?

Les présages décident la question. Romulus et Rémus montent sur les collines pour mieux découvrir les plaines de l'air.

Rémus, le premier, voit six vautours.

— J'en aperçois douze, s'écrie Romulus, là-bas, sous ces nuages gris que nous envoie la mer de Thyrène.

Aussitôt Romulus est salué roi.

La ville aura le nom de Rome, ρισμη, force.

C'était en 753 avant Jésus-Christ.

D'abord, Romulus tue son frère, qui, jaloux, refuse de se soumettre à ses lois.

Ensuite il demande alliance et société aux nations de son voisinage. On lui répond par l'injure.

Des fêtes au dieu Consus amènent la foule des Sabins, le peuple le plus proche, curieux de voir la nouvelle ville. Pendant qu'ils sont tous aux jeux, la trompette sonne, les Romains tirent le glaive, et enlèvent les jeunes filles.

Alors une guerre a lieu. Elle serait terrible, si, dès le premier combat, les Sabines déjà mères, les cheveux épars, la poitrine nue, les yeux hagards, n'appelaient la concorde entre leurs époux et leurs pères.

De ce moment, on dresse des autels à Jupiter-Férétrien, et on lui offre des victimes; puis, après que la coquetterie de Tarpéia est punie par sa mort, on bâtit un temple à Jupiter-Stator. Le résultat de cette première guerre est de réunir les Sabins, les Antemnates aux Romains, de dépeupler leurs villes et cures spécialement au profit de Rome, et de faire régner Tatius, leur roi, conjointement avec Romulus.

L'arme des Sabins, *quiris*, devient l'arme des soldats de Rome, et ils en reçoivent le nom de *quirites*.

Romulus élève un temple à Janus au double visage. Pendant la guerre, ce temple sera ouvert, et fermé pendant la paix. Il profite ensuite de son repos pour instituer le *sénat*, *senes*, composé de cent vieillards. Il divise la population en *patres*, les *patriciens* ou *nobles*, et en *plebs*, ou *plébéiens*.

Les plébéiens sont divisés en trois *tribus*, et les tribus en dix *curies*. Ils auront en partage le travail des champs, des troupeaux et des métiers. Les patriciens se réservent le gouvernement et les choses de la religion.

Enfin il crée l'ordre des *Chevaliers*, *equites*, divisés en trois *centuries*, et meurt, frappé de la foudre, en passant la revue de son armée, près du marais de Capra, ou de la Chèvre.

Cette foudre n'était autre que la vengeance des sénateurs, qui le haïssaient; mais, pour voiler ce meurtre, je les vois qui le proclament dieu, et lui élèvent un temple sous le nom de Quirinus.

Alors règne à sa place le pieux Numa Pompilius, qui, de concert avec la nymphe Egérie, génie familier d'une source arrosant un bois consacré aux dieux, adoucit, par la religion, les mœurs farouches des Romains, et se fait roi de la paix, comme Romulus avait été roi de la guerre.

Il établit les *Vestales* et leur feu sacré, comme image de la pureté du culte.

Il crée les *Féciaux*, pour les déclarations de paix ou de guerre, et les *Saliens*, pour la garde des boucliers tombés du ciel, comme gage donné à Rome de l'empire du monde.

Après lui, règne Tullus Hostilius, autre roi belliqueux.

La guerre éclate entre Albe et Rome. Les armées se cherchent et se trouvent. Mais, au lieu de se livrer bataille, je vois s'avancer, dans l'espace qui les sépare, six guerriers armés de leurs glaives.

Trois, du côté des Romains, sont frères et se nomment Horaces.

Trois, du côté des Albains, sont frères également et se nomment Curiaces.

Ce sont les Romains qui l'emportent dans cette lutte, par un seul des Horaces qui survit pour triompher des ennemis, donner la victoire à son peuple, et immoler sa sœur, qui verse des larmes sur la dépouille d'un des Curiaces, son fiancé.

— Cela doit vous rappeler votre Corneille, me dit Stella en me montrant du doigt la jeune fille, la poitrine percée du poignard de son frère, et disant à son frère, avec l'accent du désespoir :

> Rome, l'unique objet de mon ressentiment !
> Rome, à qui vient ton bras d'égorger mon amant !

> Rome, qui t'a vu naître et que ton cœur adore !
> Rome, enfin, que je hais parce qu'elle t'honore !
> Que le courroux du ciel, allumé par mes vœux,
> Fasse pleuvoir sur elle un déluge de feux !
> Puissé-je, de mes yeux, y voir tomber la foudre,
> Voir ses maisons en cendre et ses lauriers en poudre,
> Voir le dernier Romain à son dernier soupir,
> Moi seule en être cause... et mourir de plaisir !

— C'est cette malédiction de Camille qui, sans doute, irrita Tullus au point de lui faire écarteler le dictateur albain Metius Suffetius, répondis-je, et détruire Albe de fond en comble.

— Aussi le ciel le punit de ses violences... répartit Stella ; voyez !

Et je voyais, en effet, Tullus Hostilius périr sous une traînée de feu, tombée du firmament, en un jour de tempête.

Puis, c'était Ancus Martius, qui régnait, en 639.

Ce prince se mit à suivre les sages exemples de Numa. Je le vis transcrire les lois sur des tables de chêne, et les exposer sur la place publique qu'il nomma Forum.

Ensuite, il creusa le port d'Ostie, tout près de Rome, bâtit une prison, jeta un pont sur le Tibre, établit un aqueduc, et agrandit la ville, qu'il ceignit de fortifications, en enfermant dans leur enceinte les monts Tarpéien, Quirinal, Cælius, Aventin et Janicule.

Tarquin l'Ancien lui succède.

Il y avait quelques années qu'un homme riche avait quitté le pays des Etrusques, et, monté sur un char, avait atteint le Tibre à son entrée dans Rome, ayant à ses côtés sa jeune femme.

Cet homme se nommait Lucumon, et sa femme Tanaquil.

Ils allaient pénétrer dans la ville lorsque, soudain, je vois un aigle, s'abattant avec lenteur au-dessus du char, enlever le bonnet de fourrures qui couvrait la tête de Lucumon, puis, reprenant son vol, et planant, avec de grands cris, à une hauteur prodigieuse, s'abattre de nouveau, et venir, au lieu du bonnet, déposer sur la tête de l'émigrant une couronne de laurier.

— Vous serez roi, et roi de Rome! dit aussitôt Tanaquil, savante, comme tous les Etrusques, dans l'art d'expliquer les prodiges célestes.

Lucumon se fit, le jour même, appeler Tarquin, se présenta à Ancus, qui le prit en affection, le nomma tuteur de ses fils, et, à quelque temps de là, Tarquin, écartant ses pupilles, montait sur le trône à leur place. Mais la hache de la vengeance lui fait tomber la tête.

C'est alors que l'astucieuse Tanaquil, écartant encore les légitimes héritiers du trône, le donne à Servius Tullius, son gendre.

Né d'une mère esclave, ce nouveau roi justifie son élévation par les plus nobles qualités. Je le vois étendre d'abord les limites du royaume par vingt ans de guerres contre les Etrusques; puis, à l'imitation du merveilleux temple d'Ephèse, que toute la Grèce concourt à enrichir, il élève, sur le mont Aventin, une basilique qu'orneront les dépouilles et les trésors de toute l'Italie. Il élargit aussi l'enceinte de Rome, renferme dans ses murs les monts Esquilin et Viminal, et enfin fait battre la première monnaie qui ait circulé sur cette terre, qui bientôt absorbera l'or et l'argent des nations.

Mais un crime l'a porté sur le trône, et c'est un crime qui lui enlève la couronne.

Une fille, chose horrible à dire! une fille, sa propre fille à lui Servius-Tullius, Tullia veut régner à son tour dans la personne de son époux, et j'ai la douleur de trouver cet infâme enfant excitant une émeute contre son père, et, dans le désordre, faisant passer son char sur le cadavre sanglant et chaud de celui qui lui donna le jour!

— Aussi la postérité, sans que les révolutions l'aient démentie, fait Stella, qui se lève pour prendre l'attitude d'une pythonnisse, a-t-elle donné à cette rue le triste nom de Voie Scélérate.

Puis elle continue aussitôt, en se drapant dans sa blanche chlamyde, qui laisse seulement passer son bras droit, et dans le geste d'un rhéteur qui parle :

— Comme l'a dit un des poètes, monsieur le Français :

> Celui qui met un frein à la fureur des flots,
> Sait aussi des méchants arrêter les complots !

» Il arrive donc que le septième roi de Rome, le superbe, l'orgueilleux époux de Tullia, Tarquin, se fait détester de son peuple, et comme il a pour principe d'abattre les têtes des patriciens, comme il abat les hautes têtes des pavots de son jardin, la haine populaire monte, monte comme une marée furieuse.

— Il aurait dû comprendre, dis-je en interrompant Stella, que la tyrannie devait le conduire à sa perte. Un peuple neuf ne se laisse pas facilement dominer pas l'injustice...

— Et il avait, avec lui, pour son usage propre, les secrets de l'avenir, reprit Stella en riant.

— Comment cela ? demandai-je.

— Regardez ! fit sèchement la jeune fille.

Je voyais tout le bassin du Tibre, entouré de ses collines, nager dans de splendides clartés. Puis, sortant du bois, venant de Cumes, dont j'apercevais au loin les noires cavernes, ouvrant leur bouche béante sur le fond bleu du ciel, une vieille femme, sordidement vêtue, qui, courbée par l'âge, laissant flotter au vent les longues mèches de ses cheveux gris, s'appuyant sur un bâton blanc, tout noueux, traversait la ville, et venait hardiment frapper à la porte du palais de Tarquin.

Admise en présence du roi, la vieille Cumane, se dépouillant de sa toge rapiécée, faisait voir neuf vieux bouquins, qu'elle fit comprendre au prince d'accepter moyennant dix talents d'or.

— Dix talents d'or ! se récriait Tarquin.

— Ne plus, ne moins ! faisait la vieille Sibylle.

Le roi fit signe de la tête qu'il n'acceptait pas semblable marché. Aussitôt la Cumane s'approchant d'un trépied, sur lequel brûlaient des parfums en l'honneur de Quirinus, y jeta précipitamment trois de ses volumes, que la flamme dévora.

Puis, se retournant vers le roi, et du doigt lui montrant les six volumes qui restaient, elle parut s'irriter du refus du prince, lorsqu'elle lui dit :

— Dix talents d'or !

Tarquin, singulièrement intrigué de l'allure de cette femme, ne résistait qu'en raison de son avarice. Mais son désir de posséder ces mystérieux écrits grandissait en raison de l'audace de la mégère. Aussi voulut-il arrêter son bras, quand elle eut jeté de nouveau sur les charbons ardents trois des six livres qui restaient. Mais il n'était plus temps...

— Pour dix talens d'or refuser la connaissance des destinées de Rome et de son avenir ! fit la Cumane.

— Les voici ! dit Tarquin.

— Bien... Mais vous n'aurez plus que trois volumes ! répondit en riant la Sibylle...

Et pendant que l'écho du palais répétait cet éclat de rire sardonique... la vieille femme de Cumes retournait en hâte vers l'antre de sa ville natale, où elle se proposait de rendre des oracles.

Je compris alors l'humeur de Stella. Quoique riche de la possession du livre renfermant les décrets des dieux, Tarquin ne sut pas le coup qui le menaçait..., à savoir : Lucrèce outragée par son fils Sextus; la colère de Collatin, présentant le corps de sa femme poignardée; Brutus, baisant la terre, mère des hommes, pour répondre à l'oracle qui offrait le pouvoir à celui qui, le premier, embrasserait sa mère !

Il fallut que les clameurs de Rome révoltée vinssent lui dire en son camp, devant les Rutules avec qui la guerre était allumée, qu'un ordre de déchéance et de bannissement tonnait contre lui.

Aussi, après deux cent quarante-quatre ans de règne depuis la fondation de Rome, après une période de sept rois, la royauté se trouvait exilée de la nouvelle capitale de l'Italie.

Et, en 509, la république était établie par Brutus!

Alors le pouvoir est partagé entre deux *consuls*, et devient annuel. Mais leur autorité n'a de puissance que par la *consultation* qu'ils doivent faire du peuple.

Moyennant cette condition, dont on fera bon marché, voilà les nouveaux souverains qui s'avancent, précédés de douze licteurs, marchant sur une seule ligne, armés de verges de bouleau, dont bientôt le faisceau sera surmonté d'une hache.

Brutus et Collatin deviennent ces premiers consuls.

Mais voilà que les Tarquins apportent la guerre. Valerius est envoyé contre eux. Alors une voix formidable, sortie de la forêt Arsia, pendant le silence de la nuit, chasse leurs défenseurs. Valerius triomphe, et reçoit le nom de Publicola, parce qu'il prouve son amour pour le peuple.

Puis c'est Horatius Coclès qui, sous mes yeux, arrête d'autres ennemis qui veulent entrer dans Rome par le pont qui couvre le Tibre. Quand les Romains ont rompu ce pont, on le voit qui, tout armé, se jette dans le fleuve, et, malgré les javelots des Etrusques, arrive sain et sauf sur la rive opposée.

Ensuite m'apparaît Mucius, que l'on décore du surnom de Scévola, *gaucher*, parce que, pour éloigner Porsenna, qui fait le siége de Rome, il se met la main gauche dans un brasier ardent, pour la punir d'avoir poignardé le secrétaire du roi, au lieu du roi lui-même, et s'écrie :

— Partez, prince, ou tremblez! Nous sommes trois cents jeunes hommes déterminés qui avons juré votre mort!

Plus loin, c'est Clélie, la belle patricienne, qui trompe les sentinelles chargées de veiller sur ses jeunes compagnes, otages comme elle des

Véiens, se met à leur tête, traverse le fleuve, les ramène à Rome, les rend à leurs familles, et, conduite encore à l'ennemi, au nom de sa probité romaine, reçoit sa grâce et la liberté, comme récompense de son admirable courage.

Alors, je vois les Latins qui s'avancent, à leur tour, menaçant la ville, dont la puissance s'accroît et les effraie : la bataille de Régille est livrée ; Rome triomphe encore.

Mais voici que le désordre entre dans la cité : patriciens et plébéiens, débiteurs et créanciers ne s'entendent plus. Le peuple s'enfuit sur le Mont-Sacré. Les Eques et les Volsques profitent de ces querelles. Hélas ! Coriolan, ou plutôt Marcius, le vainqueur de Corioles, prend lui-même les armes contre sa patrie, et fait le siége de Rome. Ni les prêtres, ni les matrones, ni sa sœur, ne peuvent émouvoir ce guerrier froissé par les siens. Seule, Véturie, sa mère, triomphe de son orgueil !

Ensuite, c'est le colon Cincinnatus que des ambassadeurs vont trouver aux champs pour le prier de sauver la république que menacent d'autres ennemis. Je vois les *décemvirs* qui rédigent des lois pour assurer le repos intérieur. Mais Appius Claudius rappelle le trouble en voulant faire son esclave de la belle Virginie. Ce n'est qu'en lui plongeant son glaive au cœur que Virginius, son père, arrache sa proie au tyran. Alors sont proclamées les lois des douze tables.

Néanmoins, malgré la formation du *tribunat*, si bien rempli par Génucius, Volero, Letorius, Terentillus Arsa ; nonobstant le *tribunat militaire*, qu'occupe aussitôt Canuléius ; malgré les empiètements rapides des plébéiens, malgré les horreurs du décemvirat, l'ère des conquêtes commence.

Délivrée des Sabins, des Herniques, des Latins, des Volsques, des Eques, des Etrusques, qu'elle a domptés ; débarrassée de ses dissentions intestines, voici la grande Rome, qui, ne voulant pas de rivales, détruit Véies ; envoie Manlius précipiter du Capitole les Gaulois effrayés par le cri de ses oies; les fait reculer devant la formidable épée de Camille; puis, avec l'aide de Papirius Cursor, entame la guerre des Samnites, qui retentira dans toute l'Italie; détruira Tarente, chassera Pyrrhus, dominera Ovius Paccius, et fera passer ses soldats sous les fourches caudines, et enfin se délivrera des Gaulois, toujours prêts à pousser le cri du *tumultus gallicus*, et leurs *brenn* insatiables et terribles, à la faire trembler dans ses entrailles.

Au même instant, ses légions se forment : elle crée dix armées différentes; et la voici qui, toute frémissante de l'ardeur du combat, toute altérée du sang des batailles, à ses conquêtes du territoire italique, ajoute des victoires et des conquêtes extérieures.

Ainsi, Duilius lui gagne la Sicile, la Corse et la Sardaigne.

Scipion réduit Numance et s'empare de l'Espagne.

Paul-Emile subjugue la Macédoine.

Sextius soumet la Gaule Transalpine.

Il ne lui suffit pas encore de son Italie, avec son cap de Rhegium, ses ports, ses villes, ses montagnes, ses lacs et ses forêts; il ne lui suffit pas de la Sicile, avec son promontoire de Lylibée, et de cent autres possessions nouvelles; ce n'est pas assez pour elle que la bataille de l'Allia, celle de l'Anio, le combat du lac Vadimon, celui d'Héraclée, ceux d'Asculum, de Bénévent, et ces actions héroïques qui mettent en relief les vertus de Fabricius, luttant contre le roi d'Épire, Pyrrhus...

Il lui faut de plus grands héros et de plus nobles dangers.

En face de l'Italie, par-delà les mers d'Étrurie et de Sicile, sur les côtes de l'Afrique, existe une nation puissante, fameuse par sa renommée, illustre par son commerce, forte par ses richesses.

C'était Carthage, fondée, en 888, par la reine Didon, fugitive de Tyr, où elle laissait Pygmalion, son frère, farouche et cruel tyran, qui avait égorgé son époux pour en voler les trésors.

De cette Carthage, vient vers Rome un ennemi digne d'elle.

Voici qu'en 219, descend des Alpes un guerrier terrible, dont le nom ne lui est pas encore connu. Mais il l'écrit, avec du sang, au passage du Tésin, à celui de la Trébie, puis sur les rives du lac de Trasimène.

Cet homme a nom Annibal.

Et c'est à Cannes qu'il arrive pour mettre, dans une bataille cruelle, Rome à deux doigts de sa perte.

Dix ans entiers il lutte contre Scipion, Sempronius, Flaminius, le cunctator Fabius, Varron, Paul-Emile. Il faut le génie de Scipion pour aviser à jeter la guerre sur le sol même de Carthage, afin d'y rappeler l'ennemi, et y gagner la grande victoire de Zama.

Puis, c'est avec un nouvel enthousiasme, que foulant aux pieds la poussière de sa rivale abattue dans les trois guerres puniques, Rome reprend ses conquêtes.

La Grèce avec son triple promontoire d'Acritas, de Tenare et de Malée, l'appelle, et Rome y court.

Généreuse cette fois, après la sanglante victoire de Cynocéphale, elle rend à la Grèce sa liberté.

Mais en même temps, Scipion Emilien lui gagne tout le littoral de l'Afrique.

Pompée subjugue le Pont et la Syrie.

Marius lui soumet la Numidie.

Jules-César dompte la Gaule et la Grande Bretagne.

Nicomède lui lègue la Bithynie.

Pergame lui vient d'Attale.

Appion lui donne la Lydie.

Pour elle alors la mer intérieure n'est plus qu'un grand lac, autour duquel se baignent ses terres, ses domaines et ces villas: Troie, Smyrne, Antioche, Tyr, Sidon, Carthage, Athènes, Tarente, Canope, Alexandrie, Syracuse, Massilia.

L'Europe, l'Asie et l'Afrique sont à elle.

Rome est la souveraine maîtresse du monde!

VII.

PLANS ET PAYSAGES.

Peinture de Rome. — Monuments gigantesques. — *Panem et circences.* — Les prodiges de l'art. La maison d'or. — Temples et palais. — Via Appia. — Orgueil posthume. — Romains dégénérés. — L'Italie florissante. — Villes illustres. — Le monde province romaine. — Frénésie du luxe. — Amour de l'or. — Luttes de bêtes fauves. — Hécatombes de gladiateurs.

— Oui, Rome est bien la souveraine maîtresse du monde! me dit subitement Mikaël, qui devine ma pensée en me voyant plongé dans une profonde méditation... Pendant bien des siècles elle voit les peuples de toutes les zones s'incliner devant sa majesté puissante et lui faire l'hommage de leur sang et de leur or.

» Romulus l'avait entourée d'un rempart de terre, ayant les quatre portes *Carmentale*, *Pandanique*, *Romaine* et *Mugonienne*. Ce rempart s'étendait du mont *Palatin* au mont *Aventin* et au Tibre, puis du Tibre au mont *Capitolin* d'un côté, de l'autre il séparait le Palatin des monts *Cœlius*, *Esquilin*, *Viminal* et *Quirinal*, pour aboutir au *Capitole*.

» Servius Tullius construisit une seconde enceinte irrégulière, mais plus étendue, qui renfermait en masse les collines que nous venons de nommer.

» La troisième enceinte, celle que je vous montre maintenant, et qui est d'Aurélien, un des empereurs dont vous allez voir bientôt l'étrange procession, embrasse, comme vous pouvez vous en assurer du regard, toutes ces parties, en y réunissant de plus le *Vatican*, en allant rejoindre le Janicule, et en rattachant à Rome l'île du Tibre. Alors trente portes servent de vomitoires à cette immense cité.

» Voici le plus ancien pont, le *Sublicius*, qui conduit de l'Aventin à la vallée du Janicule.

» Le second, *Pons Senatorius*, sert au sénat seul lorsqu'il va consulter les livres de la Sibylle, et unit le *Forum* au Janicule, dont le temple a reçu le dépôt sacré de la Cumane.

» Puis, là, vous voyez le *Pons Rotto;* et; pour unir l'île du Tibre à la terre-ferme, voici le *Pons Fabricius* et le *Pons Cestius*.

» Du Champ-de-Mars au Janicule, en passant près de ce théâtre qui fut bâti par Marcellus, l'ami d'Octave, on traverse cet autre pont qui se nomme *Pons Janicularis*.

» Enfin, cet autre est le *Pons Triumphalis*, qui conduit du Champ-de-Mars au Vatican; celui-ci *Pons OElius*, qui aboutit au même Vatican en longeant le môle Adrien; et celui-là le *Pons Milvius*, construit, sous Sylla, par OEmilius Scaurus.

— Vraiment, les splendeurs de la Grèce sont éclipsées par la richesse et la magnificence des monuments de Rome, répondis-je à Mikaël; mais que ses rues sont irrégulières!

— Cela se conçoit : lors des premières constructions, le goût public n'était ni épuré ni dirigé. Mais, pour vous consoler, considérez la beauté de ces différentes places publiques; voyez comme elles sont nombreuses et décorées d'une façon grandiose. Celles-ci se nomment *Areœ*, parce qu'elles forment des parvis de temples et de palais. Celles-là ont le nom de *Campi*, parce que le gazon les recouvre et qu'elles sont destinées aux comices et aux cérémonies publiques, ou bien aux exercices militaires de la jeunesse, aux funérailles, etc. Puis voilà les *Fora*, places pavées qui servent aux assemblées, aux ventes, ou à l'ornement de la cité.

» La plus remarquable est le *Forum Romanum*.

— Mais c'est tout un monde de statues, c'est toute une forêt de colonnes! Et, sans doute, c'est là, sur le Forum, la fameuse tribune aux harangues?

— Précisément. Etudiez maintenant les édifices.

» Mais auparavant, mon cher Terrien, faites attention que la ville, jadis divisée en quatre quartiers, *Tribus Suburbana, Collatina, Esquilina, Palatina*, se trouve partagée en quatorze régions : *Porta Capena, Cœli Montium, Isis et Serapis, Via Sacra, Esquilina cum Viminali, Alta Semita, Via Lata, Forum Romanum, Circus Flaminius, Palatium, Circus Maximus, Piscina Publica, Aventinus, Trans Tiberim*.

» Eh bien! d'abord remarquez le Capitole sur le mont Capitolin, la plus petite des collines de Rome, et qui se composait de trois temples, consacrés à Jupiter, à Junon et à Minerve; séparés l'un de l'autre, et ayant d'immenses portiques pouvant servir aux banquets et aux jeux triomphaux.

— Mais le toit de ces temples est en airain?

— Oui, en airain doré par Catulus.

— Et les portes sont de même métal?

— Oui encore; et cette dorure a coûté seule douze mille talents, ou, si vous voulez, quarante millions. Aussi les Romains les appelaient les palais d'or.

— Quel magnifique quadrige décore le faîte!

— Doré toujours, comme la statue même de Jupiter qui est à l'intérieur, armée d'un foudre d'or, assise sur un siége d'or et d'ivoire, et comme toutes les divinités qui ornent les galeries.

L'Album merveilleux.

— C'est merveilleux! Mais quelle est cette roche escarpée, tout-à-fait à pic, et rouge de sang dans toute sa hauteur, que je vois derrière ces temples?

— Du Capitole à la Roche-Tarpéienne il n'y a qu'un pas, mon cher! Comprenez-vous?

— Trop. Au fait, Sparte avait son *Céada*, Athènes, son *Baratrum*; Syracuse, ses *Carrières*, et Paris possède sa *Conciergerie*. Il n'est pas étonnant que Rome ait eu sa roche *Tarpéienne*.

— Et ses Gémonies, endroit creux, sorte de puits dans lequel on avait disposé des marches faites de telle manière que les coupables, une fois lancés, roulaient sans pouvoir s'arrêter, et se brisaient inévitablement avant d'arriver au fond du précipice, où ils trouvaient une mort certaine.

— Gémonie doit venir de *gemo*, je gémis; car...

— Gémonie n'est autre que le nom de l'inventeur du supplice, qui le premier goûta les bénéfices de son œuvre en y mourant.

— Mais les Romains n'avaient-ils pas aussi une certaine prison Mammertine?

— Oui, et d'autres encore. A quoi bon en parler? Considérez plutôt le Panthéon, dont le bandeau porte pour inscription :

M. AGRIPPA L. F. COSS. TERTIUM FECIT.

» Il est de figure ronde, et ne reçoit le jour que par une grande ouverture pratiquée dans le milieu de sa voûte. Dans le pourtour, voyez-vous six grandes niches? Elles sont destinées aux statues des six principaux dieux.

» Le portique que vous admirez en avant de ce temple est plus surprenant que le temple même. Il est composé de seize colonnes de granit, d'un seul bloc et d'une énorme grandeur. Chacune a cinq pieds de diamètre et trente-sept de hauteur, sans la base et le chapiteau.

— Sa couverture n'est-elle pas en lames d'argent?

— Oui, et son dôme forme un hémisphère dont le diamètre a cent trente-sept pieds. Comme vous pouvez vous en assurer, bon nombre de bas-reliefs décorent le portique et l'enceinte intérieure.

— Mais dans l'île même du Tibre, quel est donc ce monument qui me semble aussi d'une beauté remarquable?

— Le temple d'Esculape, l'un des plus beaux, en effet.

» A présent, regardez sur la *Via Sacra*, vous verrez le temple d'Antonius et de Faustine ;

» Au milieu du *Palatium*, la précieuse basilique d'Apollon, qu'Auguste fit construire tout en marbre blanc pour y conserver les livres sibyllins ;

» Dans le *Forum Romanum*, la rotonde des Dioscures, élevée en l'honneur des deux jeunes guerriers qui, à la bataille du lac Régille, aidèrent l'armée de Rome à remporter la victoire, et que l'on prit pour Castor et Pollux ;

» Au pied du Palatin, le temple de Saïa, la déesse des semences, qu'éleva Servius Tullius. Néron l'enferma dans les dépendances de sa maison d'or, et le fit revêtir de marbre de Cappadoce ;

» Sur l'Aventin, le sanctuaire de Diane, construit par toutes les villes latines, dont une colonne portait les noms ;

» Près du pont Sixtin, le temple de Janus, un des beaux monuments religieux de cette cité impie ;

» Au flanc du Palatin, la basilique de Jupiter-Stator, vouée par Romulus quand les siens commençaient à fuir dans un combat ;

» Et puis cent autres dont vous découvrez les flèches, les coupoles, les môles et les murs d'échiffre chargés de statues.

— Vous avez parlé tout-à-l'heure de la maison d'or de Néron, mon cher Mikaël, dis-je en interrompant le Lunien ; veuillez donc me la montrer et me raconter ce qui la regarde.

— Toute cette merveilleuse agglomération de splendides richesses qui feraient la gloire de dix provinces vous intéresse donc, mon bon Parisien ? Tant mieux, fit Mikaël, cela me prouve que les Français ne sont pas encore si blasés que nous l'apportent certaines brises venant de la terre.

» Donc, la maison d'or n'est autre chose que le palais des empereurs, sur le mont Palatin. Ce palais avait été construit par Auguste. Sa façade principale se développait sur la *Via Sacra,* et, devant, régnait une large avenue de chênes. Dans l'enceinte même du palais étaient le temple de Vesta et celui d'Apollon

» Mais Néron, dans une de ses lubies, le livra aux flammes.

— Et il jeta ce crime sur les chrétiens... sans doute ?

— Ne parlons pas des chrétiens, puisque nous n'avons rien vu du Christ.

» Néron rebâtit le palais; mais alors il lui donna une telle étendue, qu'il y comprit le Palatin tout entier, et, de plus, les plaines situées entre le Cœlius et l'Esquilin.

» C'est celui que vous voyez là, tout-à-fait en face.

» Remarquez comme il est décoré de pierres précieuses, d'or, d'argent, de statues, de peintures, avec une telle prodigalité, qu'on lui donna le nom de Maison-d'Or.

— Il mérite véritablement ce nom. C'est à en être ébloui.

— Voici maintenant les théâtres.

— Ah! ce n'est pas le monument le moins intéressant pour ce peuple tellement ami du plaisir qu'il avait pris pour devise :

Panem et circences !

— Oui, du pain et des spectacles ! Spectacles odieux, qui coûtèrent la vie à des millions d'êtres humains, égorgés, s'égorgeant, pour repaître la soif horrible de ces vainqueurs des nations.

» Celui-ci fut élevé par Pompée, à son retour de Grèce. Il l'orna, comme vous voyez, des plus belles statues grecques. Un aqueduc

Jesus triomphe du brigand, par la vertu d'une vierge.
Geneviève de Nanterre.

distribue l'eau dans toutes les parties de l'édifice. Pour le garantir de la destruction, il fit construire dans son enceinte le temple de *Venus Victrix*. Ce théâtre pouvait contenir quarante mille spectateurs.

» Puis, dans le Champ-de-Mars, voici le théâtre Balbus.

» Plus loin, le théâtre Marcellus.

— Arrêtez, mon cher Lunien, et dites-moi tout d'abord quel est ce colosse prodigieux parmi vos monuments?

— Colosse est le mot. C'est le Colisée, mon cher ami, c'est-à-dire une des œuvres architecturales de la terre les plus admirables.

» Cet édifice appartient à Vespasien.

» Comme vous le voyez, sa forme est elliptique. Il offre, à l'extérieur, trois rangs de quatre-vingts arcades. Au-dessus du dernier rang, s'élève un mur divisé en quatre-vingts pilastres, entre chacun desquels est une fenêtre.

» Le premier rang d'arcades est d'ordre dorique, le second, d'ordre ionique, et le troisième, d'ordre corinthien.

» Dans la seconde galerie, se trouvent vingt escaliers, qui conduisent aux gradins inférieurs de l'amphithéâtre, ainsi qu'au troisième rang des arcades.

» L'intérieur offre le simple aspect de cinquante rangs de gradins, divisés par quatre grandes entrées. Au bas de ces gradins, est une terrasse nommée *Podium,* sur laquelle on mettait des sièges mobiles. C'était là que se plaçaient l'empereur, les sénateurs, les magistrats, les vestales.

» Enfin, au milieu se trouve l'arène qui porte ce nom, à cause du sable que l'on y répandait, pour que le sang des victimes pût s'imbiber plus facilement.

» Cent mille spectateurs pouvaient y tenir assis et abrités du soleil, car cet immense amphithéâtre était, dans les jours de fêtes, recouvert par un gigantesque *velum,* tendu, par le moyen de cordes et de poulies, à des potences de bois dont vous pouvez voir les trous sur la muraille du couronnement.

— Quelle grandeur et quelle richesse! marbres, bronzes, bas-reliefs, inscriptions en lettres d'or, rien n'y manque.

— N'est-ce pas? Excepté pourtant la durée... car, comme toutes les œuvres des hommes, en ce moment, dans votre Rome moderne, le Colisée tombe en ruines...

— Ah! mon pauvre Terrien, que d'âmes se sont envolées de ces arènes couvertes de débris humains, pour aller, les unes au séjour de la gloire, les autres, dans les profondeurs des abimes!... Le Colisée fut, dans Rome païenne, la porte du ciel...

— Infâmes Romains!

— Oui, bien infâmes! surtout quand le règne du ventre remplaça le règne du cœur! surtout, comme vous le verrez tout-à-l'heure, quand, plongés dans les plus grossières erreurs, ils ne vécurent plus que de corruption! surtout quand Rome, haletant d'impuissance et d'épuisement, se vautra dans les égouts du vice et les horreurs de monstrueuses turpitudes!

— Aussi, éviterai-je de vous rien demander sur le cirque que je vois là-bas, se dressant fièrement comme un athlète qui va courir sa carrière.

— Hélas! c'est le cirque de Caracalla.

» Jadis les Romains, lorsqu'ils étaient encore purs, formaient une enceinte d'épées droites, plantées en terre par la garde, d'où était venu le nom *circum enses*, courir autour des épées, et qui a été changé en *circenses*, ou jeux de cirque.

» Mais, abâtardis, les Romains voulurent de grandioses espaces pour y agglomérer les vaincus des nations, les esclaves d'Asie, d'Afrique, d'Europe, les bêtes sauvages des déserts, les monstres des forêts, et, dans un affreux et indescriptible désir de voir la mort sous tous ses aspects, les contraindre à la lutte, à des trépas sanglants, à d'indicibles agonies.

» Il leur fallait non-seulement des cirques, et Rome en compte un grand nombre, car je puis vous signaler encore celui d'Auguste, celui de Néron et beaucoup d'autres; mais il leur fallait aussi des naumachies, dont les eaux, à certaines fêtes, se teignaient du sang de vingt et trente mille combattants; il leur fallait des hippodromes dont le sable n'était pas seulement mouillé de la sueur des chevaux, mais aussi, mais surtout du sang de nobles guerriers ou d'ignobles gladiateurs.

— Assez de... ces tristes souvenirs, mon cher Lunien, dis-je avec dégoût à Mikaël...

— Alors, lavez vos idées, mon ami, dans les cuves de huit cent cinquante-six bains froids que possède cette ville, sans compter ses vingt-deux bains chauds. Et notez bien qu'en vous parlant de bains, je ne veux rien signaler qui ressemble à vos bains de Paris et de France. Vous, les premiers civilisés du globe, vous n'êtes que des crétins en fait de bains. Ceux de Rome sont de véritables et vastes palais, ornés avec une grande magnificence. Ceux de Mécène, là, ceux d'Agrippa plus loin, et, enfin, les bains de Caracalla, ici, vous en offriront un opulent modèle. Vous voyez que les portiques, les mosaïques les plus rares, les coupoles, les salles, les galeries, sont d'un aspect féerique. Ah! les Anglais passent pour les pères du confort. Mon cher, les Anglais sont des portiers à côté du Romain. Le Romain, le Romain seul, a connu le confortable.

— Oui, peut-être. Mais les souvenirs qui se rattachent à leurs repas et aux cabinets qui accompagnaient toujours leur *triclinium* ou salle à manger, donnent des nausées... Si vous le voulez, parlons d'autres choses.

— Dites : voyons! eh bien, monsieur le puriste, contemplez alors ces jardins, et dites-moi si votre Paris...

— Père, laissez Paris tranquille... fit Stella. Monsieur sait parfaitement que Paris ne peut lutter avec Rome. Si Paris a de belles choses, il en possède de bien laides. Mais laissez faire le temps, et un certain empereur, dont le grand nom de Napoléon III est venu déjà bien des fois jusqu'à nous, et vous verrez ce que sera Paris dans dix ans.

— Je le veux bien : ne comparons ni le jardin des Tuileries, ni celui du Luxembourg, ni d'autres encore à celui-ci que Lucullus dessina et fit exécuter. Voyez maintenant ceux de Jules-César, d'Asinius-Pollio, de Mécène, d'Héliogabale?

— Eh! pourquoi le cacherai-je? j'ai le cœur malade, en examinant ces merveilles de l'art réunies aux beautés de la nature; car ces Romains indignes ont tout souillé de leur affreux amour du sang. Je suis ému, parce que je me souviens que le caprice d'affreux empereurs a fait éclairer plusieurs de ces jardins avec des torches vivantes, c'est-à-dire des chrétiens enduits de cire... dont la tête sacrée formait la mèche du flambeau...

— Nobles martyrs!

— Quel est donc ce portique, mon cher Lunien, qui occupe l'un des côtés du Champ-de-Mars, et qu'entoure une forêt de lauriers? De magnifiques colonnes de marbres le décorent, et...

— C'est le portique des Argonautes, bâti par Vipsanius Agrippa, et qu'il orna de tableaux représentant l'histoire des Argonautes. Mais celui qui lui fait face, et que l'on nomme le portique d'Europe, parce qu'il représente les aventures de la belle Europe, le vaut bien. Il est d'Auguste. Ne l'admirez-vous pas? Et puis voici le portique aux cent colonnes, nommé pour cela Hecatonstylon; le portique de Livie; le porticus Milliarensis; celui aux mille colonnes; ceux d'Octavie, de Pola, de Pompée...

— Que de statues renferme ce dernier et quels riches tapis!

— Rehaussés d'or, mon cher. Pompée faisait bien les choses!

— Comment appelle-t-on cette basilique qui étincelle, là, sur un des côtés du Forum Romanum?

— La basilique Emilienne. Et sur l'Esquilin, la splendide basilique de Lucius ; puis, sur le côté méridional du Forum, la plus fameuse de toutes, la basilique Julia, construite par Jules César, et, enfin, la *Basilica Portia*, due à Caton le censeur.

» Voulez-vous maintenant voir d'autres prodiges de l'art ?

» Regardez cette colonne monumentale, haute de cent dix-huit pieds. Elle est de Trajan et porte son nom. Les bas-reliefs qui forment autour de son fût les spirales que vous admirez, retracent les exploits de cet empereur et ne contiennent pas moins de deux mille cinq cents figures d'hommes. A l'intérieur, un escalier conduit au sommet...

— Nous avons la reproduction de ce chef-d'œuvre.

— Oui, votre belle colonne Vendôme, fit Stella. Elle mérite aussi l'admiration, et j'ai plaisir à proclamer que ces deux merveilles ont été dressées à la gloire de deux grands hommes, de deux empereurs fameux, qui ont bien des points de ressemblance.

— Aussi Trajan était-il espagnol, et non romain! dis-je avec empressement.

— Oh! décidément vous n'aimez pas les Romains ? fit Stella.

— Les Romains de la décadence? non, certes!

— Voici la colonne que Duilius fit élever en mémoire de la bataille navale qu'il remporta sur les Carthaginois, reprit Mikaël.

— Les Romains eussent mieux fait d'en construire une en l'honneur du noble Régulus, esclave de la parole donnée à ses ennemis, au point d'aller au-devant des atroces supplices qui l'attendaient à son retour à Carthage... continuai-je.

— Enfin, mon cher, voyez un instant cet arc-de-triomphe, consacré à Constantin ; celui de Gallien; cet autre de Sévère, sur le Forum ; cet autre encore de Titus, dans le *Vicus Scandalarius*, et, en dernier lieu, l'arc de Drusus, sur la *Via Appia*...

— A propos ! parlez-moi de... ou plutôt montrez-moi cette fameuse voie Appienne, mon cher Lunien.

— La voie Appienne, mon brave Terrien, est une de ces mille routes, solidement construites par les Romains, à deux, et trois et quatre assises de pierres, qui rayonnent de Rome, leur centre, aux extrémités du monde. Les plus renommées à Rome étaient, en effet, la voie Latine, la voie Flaminienne, et la Via Appia. Pourquoi? Parce qu'elles étaient les plus fréquentées, conduisant aux villes, aux villas, aux portes, aux lieux les plus recherchés des Romains.

» La Via Appia, la plus large et la plus belle, la reine des routes, le chemin de l'Élysée, comme on disait aux beaux jours de Rome, conduit au mont Albano, vers les parties des collines les plus pittoresques, les plus verdoyantes; vers les vallées arrosées par l'Anio, à Tibur, à Capoue, partout où les riches et les puissants du jour avaient leurs maisons de plaisance et leurs retiros. Appius Claudius la commença 313 ans avant Jésus-Christ. On la construisit en pierres larges, dures, hexagones, emboitées les unes dans les autres. Elle se termine à Brundusium.

» Ce qui lui valut sa renommée? le voici :

» Les Romains avaient le goût de la mort... Je l'ai dit.

— Comme les Anglais ont la rage du suicide.

— Chez les Romains également, à l'époque de Néron, de Tibère, de Caligula surtout, le suicide devint une épidémie.

» Seulement les Anglais aiment une mort solitaire, ignorée, tandis que les Romains la voulaient fastueuse, éclatante, et révélant un nom que leur vie eût laissé dans l'oubli.

» Or, une loi étant venue, tout à point, défendre d'enterrer dans l'enceinte de la ville, excepté les illustres familles de Publicola, de Tubertus, de Fabricius, tout chacun songea bien vite à illustrer sa mort, son souvenir, ou le mode de son trépas, par un somptueux tombeau, avantageusement placé en un lieu connu, fréquenté, apparent.

» Était-il un meilleur endroit que la *Via Appia?*

— Mais si vous voyez à ce choix quelque coquetterie, mon cher Lunien, j'y vois, moi, quelque sage raison, dis-je à Mikaël.

» Pour notre courte existence de la terre, ne cherchons-nous pas une demeure capable de charmer et d'embellir notre vie? C'est donc avec une plus sérieuse attention que le Romain veillait au site, au plan, à la distribution de son palais de la mort.

» D'ailleurs, pour nous, la mort est un squelette effrayant, aux yeux vides, au crâne dénudé, aux dents horribles, ricanant une menace terrible, nous saisissant de sa main décharnée ; pour eux, au contraire, c'était une belle femme, pâle, aux yeux voilés de pleurs, aux vêtements blancs, semés de longues boucles de noirs cheveux flottants...

» Voilà pourquoi les Romains, comme chez beaucoup d'autres peuples, la mort n'était que le guide d'une vie meilleure; on déposait et l'on dépose encore dans leurs tombeaux, pour les guerriers, casques et cuirasses, épées et javelots, cheval de guerre immolé pour revivre avec l'âme du défunt; pour les amis de la chasse, flèches et tomahawcks, carabines et filets, cheval de course afin d'arpenter les prairies du grand Esprit; pour les femmes, bracelets et colliers, chaînes d'or et dentelles, perles et diamants; et enfin pour les enfants, jouets chéris et raquettes, lait et miel, enclos en riches patères d'albâtre, fruits et boissons...

— Parisien, votre érudition me fait plaisir... En vérité, vous vous faites, il me semble, l'ardent panégyriste des provisions entassées dans la fosse des cadavres. Peut-être même avez-vous recommandé à votre exécuteur testamentaire de vous mettre à la main, quand vous serez déposé dans votre bière, le denier destiné à payer le fret de la barque au vieux nocher Caron.

— Pas encore : ma disposition, à moi, est de mourir en bon et fidèle chrétien, comme je veux vivre...

— Et c'est l'unique et la seule bonne, mon ami, croyez-moi. Mais revenons à la Via Appia. Vous n'avez qu'à ouvrir les yeux, elle se montre à vous dans toute sa splendeur funèbre...

— En effet, la Via Appia est devenue un véritable Père-Lachaise.

— Ces tombeaux ont tous, comme ceux dont vous parlez, la ridicule prétention de se faire voir.

— Est-ce que les autres voies romaines se sont aussi converties de la sorte en sillon funèbre de gigantesque champ de repos ?

— Oui ; la voie Flaminienne et la voie Latine ont suivi l'exemple de la voie Appienne. Seulement la mort et la mode ont donné la plus belle part à cette dernière. Du reste, si vous êtes curieux, ne vous gênez pas ; lisez ces inscriptions. Les morts qui sont là savaient que la voie tracée par le farouche Appius, l'assassin de S. Dentatus, le ravisseur de la timide Virginie, conduisait à Capoue, à Naples, à Brindes, et que leurs sépulcres seraient vus des voyageurs. Aussi ont-ils contenté le sot orgueil qui leur disait de parler aux vivants du fond de leurs tombeaux. Regardez :

Qui je suis ? D'où je viens ? Où je vais ?
Mon nom : *Marcus*.
Ma famille : l'illustre *Gens Marcia*.
Mon but : l'immortalité !

— Cette autre vous fera voir que, dans ce temps-là déjà, l'on se plaignait de l'ingratitude des hommes :

Siste, Viator !
Fui dictator...
Fuissem imperator, si...
Sum *Pacuvius* !

— Les poètes avaient la même valeur que les nôtres, à ce qu'il paraît, dis-je en lisant l'inscription qui suit :

Cette pierre t'appelle, passant.
Ci-gît la dépouille d'un
Poète ;
Mais son âme est à l'Elysée.
Il se nommait *Vanus* !

— Que dites-vous de cette simplicité, cher Parisien ? Lisez :

> Je ne suis plus rien...
> Mais j'ai été grand et noble.
> *Strabius Prago.*

— J'aime mieux cette dernière :

> Terre, ne pèse pas sur la fleur
> Que tu caches aux regards !
> Elle eût charmé les yeux,
> Si tu n'eusses été jalouse de sa beauté !
> *Octavia Flamen.*

— Mais assez de vos tombeaux et de vos grands hommes, mons Mikaël, m'écriai-je. Sortons de cette ville de Rome aux hideuses tavernes, aux mystérieux abris, aux affreux lupanars, aux somptueux tombeaux. J'en ai assez pour le moment.

— Respirez alors l'air plus pur de la campagne, mon cher Terrien, répondit Mikaël ; et puisque vous avez vu la civilisation romaine et les conquêtes de la ville souveraine sur la modeste cité de Romulus, voyez aussi la métamorphose qu'elles ont donnée à l'Italie entière. Je vous l'ai montrée dans ses cités primitives ; contemplez aussi ses nouvelles *oppida*.

» Voici la Gaule Cisalpine au nord, avec le Padus, le Pô, poétisé par les poètes sous le nom d'Eridan ; avec son Ticinus, Tésin, qu'en 218 avant Jésus-Christ vit la première victoire d'Annibal sur les Romains ; avec sa Trebia, qui fut témoin de la seconde victoire du même héros ; avec son Rhenus, dont une île entendit les promesses des triumvirs Octave, Antoine et Lépide ; avec son Rubicon, que, malgré la défense de Rome, César, le grand César, à son retour des Gaules, passa résolument avec son armée pour entamer la guerre civile avec Pompée.

» Dans l'Etrurie, jetez les yeux sur ce lac qui a nom Trasimène, sur les rives duquel Annibal encore battit Flaminius et tua trente mille hommes aux Romains.

» Là, dans l'Ombrie, voyez le Métaure, près duquel Asdrubal, frère d'Annibal, fut défait par les consuls Livius et Néron.

» Dans le Latium, voici l'Allia, sur les bords duquel, en 390 après Jésus-Christ, les Gaulois, vos ancêtres, remportèrent la célèbre victoire qui leur ouvrit les portes de Rome. Voici de même le lac Regille, près duquel le dictateur Posthumius gagna sur les Latins une grande bataille, en 495.

» Dans la Campanie, au sud, près de Baïes, sur ce terrain volcanique, au milieu de cette épaisse forêt, ce lac aux ondes épaisses, aux vapeurs sulfureuses, c'est l'Averne.

— Chanté par Virgile?

— Tout juste. Là, voyez le tombeau de ce poète fameux, pas loin de Naples, sous cette grotte, dans ce roc que l'on nomme Pausilippe.

» Et puis, là, au nord, ne reconnaissez-vous pas Taurasia, Turin, ruinée par Annibal, réparée par Jules César?

» A côté, c'est Mediolanum, Milan, fondée par les Gaulois, où Virgile fit ses études. C'est là que Marius et Catulus battirent les Cimbres, en 101 avant Jésus-Christ.

» Et là, regardez Mantua, Mantoue, la patrie du même Virgile.

— Quelle est donc cette ville qui miroite dans ce délicieux vallon du Pô?

— Placentia, Plaisance. Son nom est bien choisi, n'est-ce pas? C'est dans son enceinte que se trouve le plus vaste théâtre de toute l'Italie.

» Ici, voyez Bononia, Bologne, sur le Rhenus; près de la mer Adriatique, Ravenna, dont Auguste fit un port militaire. Comme Venetia, Venise, elle est placée parmi des lagunes, et a des canaux au lieu de rues.

» En nous rapprochant de Rome, je vous montre Verona, qui possède un magnifique palais, trois arcs-de-triomphe et de magnifiques arènes.

» Plus près, c'est Aquilée, que les Romains ont élevée contre les Barbares.

» Au nord de la mer de Thyrène, nous apercevons Genua, Gênes, la cité la plus commerçante. Puis, perchée comme un nid d'aigle, apercevez-vous Volatura, sur la cime d'une montagne escarpée; Florentia; sur l'Arnus; Pistoria, qui a vu périr Catilina; Luça, dans cette belle vallée; Ariminium, Rimini; Ancona, dotée d'un port creusé par Trajan; Cures, la patrie de Numa; Fidène, sur le Tibre, où cinquante mille personnes furent écrasées par la chute d'un amphithéâtre, sous Tibère; Arpinum, qui vit naître Marius et Cicéron; Minturnes, qui fut témoin de la fuite du premier devant les satellites de Sylla; Caudium, près du défilé des Fourches-Caudines, où Pontius Hennius, le général des Samnites, fit passer sous le joug toute une armée romaine.

» Tout-à-l'heure je vous ai fait voir Naples, détruite par les habitants de Cumes; mais ils la rebâtissent sous le nom de γεα πολις, Naples, qui lui reste, et voit toute sa splendeur en gymnases, en théâtres, etc., et surtout en écoles savantes.

» Ici, c'est Herdonée, fameuse par les deux victoires qu'Annibal y remporta sur les Romains; Cannes, plus fameuse encore par la boucherie qu'il fit de cinquante mille chevaliers de Rome...

— Dont les anneaux d'or, nommés chevalières, emplirent plusieurs boisseaux? Nous en possédons à notre musée national de Paris...

— Enfin, voici Venusia, patrie d'Horace; Brundusium, Brindes, où vient aboutir la Via Appia, qui avait en tout cent quinze lieues, et dont le pavé était si dur et si bien lié que mille ans après sa construction elle n'avait encore besoin d'aucune réparation.

» Là, voyez Tarentum, la capitale de la Messapie, de la Lucanie, de l'Apulie, je pourrais dire de toute la Grande-Grèce; car vous savez que tout le midi de l'Italie portait ce nom, à cause de ses nombreuses colonies grecques? Elle a une citadelle qui défend le port des Fora, des temples, etc.

» Puis voici la dernière cité de l'Italie et la plus voisine de la Grèce, dont elle est à seize lieues, c'est Hydronte, Otrante. Pyrrhus, roi d'Epire, voulait l'unir à son royaume par un pont jeté sur la mer...

— Folie!

— Mais la mort!

— Comme toujours...

— Mit obstacle à ses projets.

Voici la jolie Sybaris, fondée par les Achéens, vers 720.

— Ces braves gens que la feuille d'une rose empêchait de dormir?

— Ceux-là même.

Et puis Crotone, célèbre par la force de ses citoyens...

— Témoin, le fameux athlète Mison!

— Or, voilà, mon cher, ce que les conquêtes, l'or des nations, la civilisation romaine et le temps ont fait de Rome et de l'Italie.

» Je vous disais tout-à-l'heure que cette ville, commencée par des voleurs, était devenue la maîtresse du monde.

» Eh bien! oui, Auguste réduisit l'Espagne en province romaine, en 25 avant Jésus-Christ.

» Le consul Mummius réduisit la Grèce en province romaine, en 146 avant Jésus-Christ, après avoir détruit et brûlé Corinthe.

» Octave réduisit l'Egypte en province romaine, en l'an 30 avant Jésus-Christ, et en emporta d'immenses richesses.

» Pompée réduisit la Judée en province romaine, l'an 70 avant Jésus-Christ.

» Le même général réduisit la Syrie en province romaine, l'an 63 avant Jésus-Christ.

» L'Asie-Mineure entière fut réduite en province romaine, l'an 126 avant Jésus-Christ.

» Le monde entier devint province romaine...

— Hélas! trois fois hélas! ce que vous dites n'est que trop vrai, et si le monde fut asservi de la sorte à la cupidité romaine, ce fut pour donner des loisirs, des monuments, des spectacles et du pain à cette foule insensée, à ces adultes évaporés, à ces vierges suspectes, à ces matrones aux cœurs frelatés, à ces magistrats sans retenue, à ces guerriers laissant dans les lupanars et les tavernes leur argent et leur santé; à ces empereurs immondes, qui trafiquaient de tout ce qui était pur, grand et noble, que l'on nomma le peuple romain... m'écriai-je dans un paroxisme d'exaltation.

» Le peuple romain! tout ce qu'il y a eu de plus sublime et de plus immonde!

» Il était loin, le temps des Numa, des Mucius, des Cincinnatus, des Publicola, des Fabricius, des Scipion, des Régulus, des Agricola!

» La république avait usé ses dévouements et ses vertus. Après sept cents ans d'existence, de guerre, de conquêtes, d'envahissements, comme un fleuve qui rompt ses digues et sort de son lit, le peuple romain s'était jeté sur l'univers, qu'il couvrit de ses chaînes. Riche alors des sueurs, des trésors, des produits des nations, il se livra sans retenue à tous les désordres.

» Il lui fallut pour ses voluptés et ses loisirs, les chants de ses poètes, les créations de ses peintres, les chefs-d'œuvre de ses architectes.

» Il lui fallut les parades de ses comédiens, les grimaces du mime Pylade, les cabrioles du danseur Batylle, les hécatombes des gladiateurs, les luttes des bêtes fauves aux acres émanations et aux rugissements furibonds, les égorgements des martyrs.

» Il lui fallut des loteries gagnant des lots de cinquante mille sesterces, des étoffes d'Asie lamées d'or et d'argent, des meubles de bois inconnus, les coqs de bruyère de la Calédonie, les murènes de la Lybie, des perles dissoutes dans les vins de Falerne, afin d'absorber des millions, en vidant une seule amphore.

» Il lui fallut des thermes à Rome, à Lutèce, à Gergovie, au Mont-

Doré, et des eunuques pour le parfumer, le natter, le coiffer, le peindre et le remettre à neuf.

» Il lui fallut les obélisques et les sphinx de l'Egypte, les trépieds d'Athènes, les bronzes de Corinthe, les marbres de Paros, les urnes de Murrhe, les statues de Phidias, les tableaux de Praxitèle.

» Mais, pendant qu'on lui donnait les bouffons de la Grèce, les danseuses de l'Espagne, les gladiateurs de la Germanie, les crocodiles et les girafes, les hippopotames et les lions de l'Afrique, on devait aussi lui donner, afin de se battre pour lui :

» Les soldats de la Gaule,

» Les frondeurs des îles Baléares,

» Les archers de la Crète,

» Les cavaliers de Numidie,

» Car il était épuisé par ses passions et ses vices, le pauvre peuple romain; il tombait d'ahan, respirant à peine, pantelant, gangrené, rendant l'âme, usé...

Aussi lui fallait-il par-dessus tout...

— Quoi donc? fit Stella, frappant du pied d'impatience.

— Un régénérateur! répondis-je en regardant le ciel:

VIII.

DIVINE APOTHÉOSE.

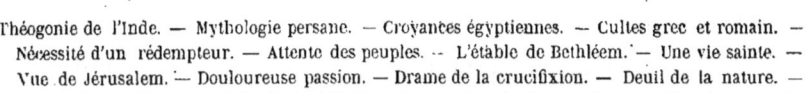

Théogonie de l'Inde. — Mythologie persane. — Croyances égyptiennes. — Cultes grec et romain. — Nécessité d'un rédempteur. — Attente des peuples. — L'étable de Bethléem. — Une vie sainte. — Vue de Jérusalem. — Douloureuse passion. — Drame de la crucifixion. — Deuil de la nature. — Le monde sauvé. — Scandales de la folie humaine. — Agonie des passions — Derniers soupirs du paganisme.

— Mon père me l'a souvent répété, dit Stella, dont le doux et pâle visage se transforma pour prendre une expression sublime de douleur et de pitié, expression que nul peintre ne saurait rendre, mon père me l'a souvent répété, je puis donc bien prendre la parole pour lui.

» Oui, le monde créé par Dieu courait à sa ruine.

— Dans l'Asie, les habitants de l'Inde se figuraient qu'une jeune femme qu'ils appellent *Bhavani*, arrivant soudain à la surface des flots, se trouva si fort effrayée d'être ballottée par le remous des vagues, qu'elle se mit à pleurer d'abord; puis s'habituant à cette douce manœuvre, elle se livra naïvement à une joie si folle qu'elle se prit à danser.

Mais alors elle laissa échapper trois œufs qui, se brisant, firent éclore trois dieux, *Brahma, Vichnou* et *Shiva*, c'est-à-dire créateur, *conservateur*, *destructeur*, quelquefois réunis tous les trois sous le nom de *Trimourti*.

» Or, Brahma résolut de tirer de sa tête un homme qu'il nomma *Brahmann*, ce qui veut dire prêtre, et il lui donna quatre livres, appelés *Védas*. Védas signifie parole de ses quatre bouches. Brahmann reçut l'ordre d'étudier Védas jusqu'à la fin du monde.

» Alors Brahma tira un autre homme de son bras. Ce fut un guerrier, chargé de défendre le prêtre.

» Puis, comme personne ne cultivait la terre, Brahma fit sortir de sa cuisse un troisième homme, qui fut laboureur et commerçant.

» Enfin, ces trois hommes ne suffisant pas pour former une société, le Dieu prit dans son pied un artisan, qui demeura chargé de travailler pour ses frères.

» Ces quatre personnages ayant ensuite été mis en possession d'une femme, devinrent la source d'autant de *castes*.

» Il y eut en plus celle des *Parias*, c'est-à-dire noirs, que le hasard de la couleur de leur peau fit exclure des autres castes.

» Mais Brahma, devenu fort orgueilleux de son œuvre, fut précipité du ciel, où il ne put remonter qu'après avoir subi quatre métamorphoses empruntées aux animaux.

» Pour Vichnou, étranger à la création du monde, il fut chargé seulement de veiller à sa conservation, rôle assez commode, mais qui l'a forcé souvent à changer de costume et à courir bien des aventures, sous le nom de *Rama* et de *Crichna*. Ainsi sa femme, *Sita*, ayant été enlevée par le géant Lanka, Vichnou fit alliance avec *Hanoumann*, roi des singes, qui lui fut d'un grand secours.

» Voilà dans quelles ténèbres était assis le peuple de l'Inde, ignorant du vrai Dieu et ne trouvant pas le bonheur !

— De ce côté, certes, m'écriais-je, la venue d'un Sauveur était bien nécessaire !...

— Elle l'était du côté des Grecs, vous l'avez vu à leur mythologie, continua Stella ; elle l'était du côté des Romains, ces profanateurs du monde, vous le jugez à leur morale ; mais de l'Europe en passant à la Perse, elle ne l'était pas moins non plus.

» Là, c'était le Soleil et le Feu qui étaient dieux.

» Pour ce peuple l'obscurité devenait *Ahrimann* et la lumière *Ormurd*.

» Ils attribuaient tous les biens au premier, tous les maux au second. Ormurd habitait le ciel, que soutenait une haute montagne. Ahrimann habitait l'enfer, creusé dans d'indescriptibles abimes.

» Entre ces deux divinités opposées se plaçait *Mithras* ou le Soleil, astre bienfaisant, qui ne permet de triompher ni à la lumière ni aux ténèbres. On l'adorait sous la figure du feu. Le premier de ses prêtres avait été *Zoroastre*, et ses successeurs furent les *Mages*...

» Dites-moi si pareille religion suffisait pour moraliser les hommes, dépouiller du vice, leur donner la vertu et les rendre heureux?

— Non, certes; et la venue du Messie était urgente!

— Et l'Égypte, l'Afrique, si vous voulez! acheva Stella... Mon père vous en a peint les beautés; mais je n'ai pas remarqué qu'il vous ait rien dit d'un certain *Osiris* et de sa femme *Isis*.

» Etaient-ils frère et sœur, ou Osiris n'avait-il qu'un frère du nom de *Typhon*, roux de cheveux et d'un atroce caractère? C'est ce que ne sauraient dire les Egyptiens. Ce qu'il y a de sûr, c'est qu'Osiris ayant inventé la charrue et la culture, voulut proclamer et répandre les bienfaits de sa découverte. Mais voilà que Typhon veut s'emparer du trône, pendant qu'Osiris voyage. Or, pour éviter la rancune de son frère, il attendit son retour, et aussitôt qu'il parut, l'ambitieux personnage donna des fêtes, et surtout fit apporter avec pompe un coffre magnifique, que tous les officiers et le roi lui-même voulurent examiner de près.

» Osiris, charmé, laissa voir le désir de posséder cette merveille.

— Rien de mieux, dit Typhon. Cependant j'ai fait un vœu, et je m'en humilie devant le roi, ce vœu, je dois l'accomplir.

— Quel est-il? demanda le Pharaon, fort impatient de posséder le coffre.

— Je ne dois le donner qu'à la personne qui pourra y entrer toute entière.

— Qu'à cela ne tienne! fit Osiris... essayons...

» A peine le prince se fut-il placé dans le coffre que le traître Typhon, le refermant avec force, ordonna qu'on le jetât dans le Nil.

» Ce qui fut exécuté sur-le-champ.

» Grande douleur et larmoyantes exclamations d'Isis!

» *Horus*, le fils de ce couple infortuné, Isis même, se mettent en quête du coffre si malheureusement occupé par un Pharaon.

» Or, de jeunes pâtres disent à cette dernière, que le fleuve a charrié vers Byblos quelque chose qui brillait. A Byblos, des lavandières la consolent, et lui disent d'espérer. En retour de ces bontés, Isis, qui ne devinait rien, donne le don de la divination aux pâtres, et aux lavandières, la faculté de répandre, par leur seule présence, une suave odeur de nard, d'ambre et d'aloës.

» Aussi, dès le soir-même, il n'est bruit au palais de Byblos que de la triste et dolente étrangère qui est si généreuse, qu'elle donne ce qu'elle n'a pas. Mandée près du gouvernant de la ville, qui ne la reconnaît pas pour sa reine, on lui confie, pour le nourrir, le royal poupard qui appelait le sein d'une femme.

» Isis n'a pas de lait, mais elle possède un petit doigt très-blanc qu'elle fait sucer à l'enfant, et, pour l'amadouer et le consoler, elle crée pour lui une couche de flammes célestes...

» Mais voici qu'une nuit, alors que tout reposait sous les lambris du palais, d'une des colonnes de l'appartement d'Isis s'échappe un mot, un seul, mais doux comme une brise...

— Osiris, mon Osiris! s'écrie soudain Isis.

— Isis, ma belle Isis! répond la colonne.

Isis n'hésite plus, elle a compris que son époux est là... Comment? elle ne saurait le dire. Néanmoins, elle se fait hirondelle et se met à voltiger sous la voûte, pendant que des langes de flammes entourent et bercent son nourrisson.

— Isis, reprend la voix, ton Osiris est là, dans cette colonne.

L'hirondelle s'arrête sur le chapiteau, et... écoute...

— Les eaux m'ont porté jusqu'à Byblos...

— Tu es donc sorti du coffre?

— Non, je suis toujours renfermé dans ce maudit cercueil...

— Mais... est-ce possible? Comment donc cela?

— Ce coffre affreux s'est arrêté sous un lotus, jeune encore, et qui grandit si vite, que, par ses propriétés absorbantes, il huma le coffre et mon corps sous son écorce. Il advint alors que le gouverneur de Byblos, dans une promenade, admirant cet arbre magnifique, parbleu! je contribuais à le rendre beau! le fit couper pour en former l'une des colonnes de son palais....

— Arrêtez! chère Stella, dis-je à la fille du Lunien, c'est assez nous dire les rêveries du cerveau malade des Egyptiens. Je sais d'ailleurs qu'Osiris est devenu le roi des enfers sous le pseudonyme de *Sérapis*, et qu'Isis, dépossédée du diadème par Horus, pour avoir pardonné à Typhon, qu'on ne revit jamais plus, trouva beau d'orner sa chevelure des cornes d'une vache dont elle coupa la tête.

» Je sais, en outre, qu'avec *Anubis*, un fils d'Isis, ayant suivi sa mère dans ses courses et représenté sous une figure de chien, les Egyptiens avaient encore pour divinités les *Cabires*, nains noirs à gros ventre, à tête monstrueuse, et armés de marteaux.

» D'où je conclus qu'il était urgent que la régénération du monde fût opérée, car, avec les Grecs croyant à Jupiter et à Junon, avec les Romains adorant Mars et Vesta, la race humaine courait à sa ruine, et les désordres honteux de la terre appelaient sans fin la vengeance du ciel.

— Oh! oui, l'univers avait besoin d'un sauveur qui, par la sagesse et l'amour opérât la transfiguration des mœurs, des idées, de la stupide religion des peuples.

» Mais quel sera ce réformateur?

» Les hommes ont tous le pressentiment de sa venue : la terre s'agite sur sa base dans l'attente de sa présence; les yeux fixés vers l'aurore, tous regardent vers l'Orient qui se dore, vers l'horizon qui blanchit. Rome, le centre des populations, elle aussi, elle plus que tous ensemble attend, car c'est à Rome que l'on souffre davantage.

» Mais encore une fois, quel sera ce sauveur?

» Toutes les nations lisent dans leurs livres, qu'un homme sortira du sein virginal d'une jeune fille pure et pieuse.

» Les druides des Gaules, ceux de la Germanie, disent qu'il naîtra d'une fleur humaine.

» Sur les rives des mers les plus éloignées, les Chinois l'attendent d'une branche chargée de boutons immaculés et odorants.

» Au Thibet, le dieu Fo, c'est le nom qu'on lui donne, doit tomber des bras d'une vierge.

» L'antique tradition du monde annonce que l'espèce humaine déchue par la faute d'une femme, trouvera dans le fruit d'une femme le germe de la rédemption désirée.

» Mon père vous a parlé, vous a montré même sur notre sphéroïde la ville d'Yerousch-al-Aïmal, vision de paix, Jérusalem, en un mot.

» Vous avez vu qu'elle avait quatre côtés. Celui d'orient regarde le torrent de Cédron, et a pour portes celles que l'on nomme des *Eaux* et *Dorée*. Elles commencent une route passant sur le Cédron et se bifurquant pour aller, l'une à Engaddi et la mer Morte ; l'autre à Jéricho et au Jourdain. Deux autres portes, celle du *Fumier*, ouvrant en face d'un dragon de bronze, qui jette l'eau par la gueule, et celle de la *Vallée*, conduisant aux pressoirs du village de Gethsémani et au jardin des Oliviers.

» Le côté du midi compte deux portes seulement: la porte des *Jardins du Roi*, qui servait aux hommes d'armes de la citadelle du Mont-Acra, et celle du *Grand-Prêtre*, qui était pour l'usage du palais.

» Le côté de l'Occident, ayant au-dessous de lui la vallée des Cadavres, ouvrait trois portes : la *Porte des Poissons*, la *Porte Judiciaire* et la *Porte Genath*.

» Enfin, sur la face du nord, on avait la porte des *Quatre Tours des Femmes*, la porte d'*Ephraïm* et celle de l'*Angle*.

» On comptait aussi treize tours, dont la première, à partir de la Porte de l'Angle, ayant le nom de *Tour Angulaire*, avait à sa suite la *Tour d'Hannanéel*, la *Haute-Tour Meah*, la *Grande-Tour*, celle de *Siloë* de *David*, la *Tour Pséphiné*, et les *Quatre Tours des Femmes*.

» Or, cette grande enceinte, percée de douze portes, couronnée de treize tours, enserrait quatre villes, la *ville Haute* ou *Cité de David*. Puis Jérusalem, ayant été agrandie, on appela *Ville Basse* ou *Fille de Sion*, le mont Moria qu'on lui joignit. De nouvelles additions ayant été faites sur le mont Calvaire et le mont Bézétha, les nouveaux quartiers reçurent les noms, l'un de *Seconde Ville*, l'autre de *Nouvelle Ville*.

» Je ne vous dirai pas que cette ville effaçait Babylone, Ninive, Memphis, Thèbes, Athènes, Corinthe, Rome... Non. Rien n'est plus sinistre, au contraire, que le plateau qu'elle occupe, que les vallées qui l'entourent. Ce n'est pas que les habitants manquent, au contraire : la population s'agite tumultueusement et bourdonne du lever du soleil à son coucher. Mais cette ville, à l'avance est maudite, car, elle revient sur l'horizon, là-bas, et vous allez le voir de vos yeux...

Elle sera déicide : elle tuera son Dieu.

— Voyons, Stella, ma fille bien-aimée, dit Mikaël, dont le visage s'assombrissait à son tour, n'ajoute rien de plus. Je sais que le souvenir seul de ce drame terrible, dont je fus témoin du haut de notre satellite, te brise le cœur, et je devine que d'en faire le tableau serait pour toi un supplice. Laisse-moi donc parler...

— Mes amis, dis-je à mon tour, je suis chrétien : c'est vous rappeler que tout ce qui touche à la venue du Rédempteur du monde, dont vous voulez m'entretenir, m'est connu, et que souvent mes yeux ont versé des larmes brûlantes au récit des souffrances de l'Homme-Dieu. Epargnez-vous donc une peinture qui ne peut que nous émouvoir tous... Cependant, je l'avoue,... la vérité des scènes que vous m'avez mises sous les yeux me donnent... le désir de voir aussi,... la grande scène de la rédemption de l'humanité...

» Je dirai plus : Jérusalem est un de ces noms sacrés que toute oreille humaine n'entend qu'avec un frémissement de l'âme; que toute bouche humaine ne prononce qu'avec un tremblement du corps. Invoqué par le vieillard, courbé sur sa tombe; chanté par l'harmonie; dit par l'histoire; balbutié par l'enfant, ce nom mystérieux éveille soudain de si touchants souvenirs, une si terrible et si douce pensée, qu'il suffit de prononcer le nom de Jérusalem, pour éprouver aussitôt le besoin de pleurer, le désir de s'agenouiller, et le bonheur d'adorer.

— C'est bien cela, monsieur le Français, reprit Stella. Mais sachez que, comme vous, les infidèles tressaillent à ce nom de Jérusalem. Ils se gardent bien de le prononcer comme un mot vulgaire. En l'entendant, ils courbent la tête. On devine que pour eux il est plein de mystères, et qu'il a ses retentissements.

» — Silence! fit Mikaël,... voici Jérusalem, la Jérusalem de votre Sauveur!

Stella, Mikaël et moi, nous nous prosternâmes soudain,... le cœur serré,... l'âme oppressée,... le regard plein de larmes...

J'avais devant moi la ville fondée par Melchisédech; enlevée par David aux Jébuséens, mille quarante-sept ans avant Jésus-Christ; prise, reprise par les rois de Perse et d'Égypte, par les Romains, et souvent

Ecce-Homo

détruite. Et cependant ce n'était qu'une cité peu vaste, perchée sur le penchant occidental d'un plateau qui couronne le groupe des montagnes de Judée. Ne recevant le tribut d'aucun fleuve, n'ayant autour de soi que de chétives vallées, possédant à peine quelques sentiers creusés difficilement dans un terrain ingrat, rocheux, serpentant avec peine aux flancs de collines inaccessibles, jamais on n'aurait pu supposer que cette ville deviendrait la capitale d'un empire.

Elle était là devant moi, sous mes yeux, cette cité sainte : je voyais son mont Acra, celui de Sion ; la colline de Moria, et le Calvaire sacré, teints de cette brume transparente que produit la lumière limpide et réverbérée de l'atmosphère d'Orient.

Du sommet de la citadelle qui couvre le Sion, au-dessus duquel nos aérostats se balançaient, le regard plongeait sur la sinistre et abrupte vallée de Josaphat. Quelques filets d'eau, suintant de la source de Siloë, glissaient au fond d'un ravin, en passant sous des bosquets d'arbustes rabougris, gris comme le sol; car le gris est la couleur dominante du paysage de Jérusalem. A l'opposite de la ville, par-delà la vallée, des roches énormes se dressaient à pic comme de noires dunes. On voyait encore les bouches béantes d'anciens tombeaux, creusés dans leurs assises. Alors, en laissant l'œil glisser sur la pente du sol, vers le nord, l'horizon me montrait les montagnes arides et nébuleuses de Jéricho. A une plus grande distance je voyais étinceler la mer Morte, dont les eaux offraient la pesanteur et le reflet d'un étain fondu. Les dentelures des collines d'Arabie l'entouraient. Puis, en rappelant le regard sur la vallée opposée à celle de Josaphat, on trouvait celle dite des Cadavres parce qu'on y enterrait les morts. Elle était plus lugubre encore : le Gihon montrait bien quelques filets d'eau, comme le Cédron dans la vallée de Josaphat, mais ce n'était pas le moment des pluies, et ces deux torrents étaient desséchés. Les aigles et les vautours des pics décharnés de Judée voltigeaient au-dessus de certains abîmes servant de voierie : on reconnaissait sur les rampes desséchées les grandes ombres de leurs ailes quand ils volaient. Puis ici, là, c'étaient quelques figuiers sans verdure, dorés par le sable, paraissant être une production de même essence que le roc qui le portait. Ailleurs, erraient quelques bêtes fauves, au poil hérissé, qui semblaient hurler en disparaissant entre les mamelons de pierres grises.

Tel était le cadre qui entourait Jérusalem, sous mes yeux : cadre triste et grave, mais solennel. Je reconnaissais les tours, les portes, les palais, le temple, et tout ce que j'avais vu déjà de la Jérusalem de Salomon, telle que me l'avait déjà montrée Mikaël; mais elle avait subi des changements; des mutilations se faisaient voir en mille endroits; on voyait que la main des Nabuchodonosor, des Pharaons, des Antiochus, avaient passé sur ses enceintes, ses tours et ses maisons; on retrouvait le temple, mais singulièrement défiguré ; et on pouvait lire partout les malédictions de Dieu sur cette ville quand elle était infidèle. Mais, sous Salomon, je l'avais vue pleine de mouvement, d'animation, de vie; on allait, on venait, on se livrait à mille travaux; le sang coulait avec énergie dans tous les cœurs. En ce moment, ses rues étaient tristes, mornes, muettes; une suprême mélancolie planait sur ses places, sur ses carrefours, ses maisons, ses murailles, ses collines, ses vallées... La mort était là!...

— C'est donc ici qu'a chanté David, que Jérémie s'est lamenté, et que mon Jésus, Dieu, roi et homme, a racheté l'humanité vaincue ! m'écriai-je.

— Mon ami, fit Mikaël, en plaçant sa main sur mon bras, on parle peu ici ; on pleure et on adore. Vous êtes ébloui non pas de la splendeur, mais de l'ineffable souffrance qui couvre toute la nature, et vous ne voyez pas, là-bas, le calvaire...

— Dieu ! m'écriai-je...

Il est de ces choses mystérieuses et terribles, que ne peuvent rendre ni la bouche ni la plume, mes chers lecteurs...

Je renonce à vous dire ce que je vis...

C'était tout le drame de la crucifixion !

Le jardin des Oliviers était à ma droite, sur le chemin de Jéricho ; non loin de la Porte des Eaux se trouvait le palais d'Hérode ; derrière le temple, la maison du gouverneur Pontius Pilatus ; hors des murs, au sud, près du palais de David, la maison de Caïphe ; or, c'était là le royal chemin qu'avait suivi le Rédempteur, pour revenir au palais de Pontius Pilatus entendre la sentence qui le condamnait à mourir.

Au jardin des Oliviers, il y avait du sang de son front sacré ; au palais de Caïphe, le grand-prêtre, il y avait du sang de ses mains serrées par des cordes ; la cour du roi Hérode avait du sang de ses pieds blessés par la marche ; au prétoire du Romain Pilatus, il y avait du sang que la couronne d'épines avait fait jaillir de sa tête ; mais il y avait du sang surtout à une colonne placée au-dessous du Xistus, sorte de pont du haut duquel les gouverneurs romains haranguaient le peuple, et qui reliait le palais à la citadelle Antonia. C'était à cette colonne que le Sauveur, fixé par des courroies, avait été flagellé d'une façon si cruelle, que des lambeaux de sa chair couvraient le sol, et qu'il avait plu du sang tout autour. Et c'était du haut du Xistus, que, présenté au peuple en l'état où l'avait mis sa flagellation, Pontius Pilatus avait crié :

— *Ecce homo !* voilà l'homme !

A quoi le peuple avait répondu, comme un chakal qui rugit :

— Qu'il soit crucifié ! qu'il soit crucifié !

Et alors la foule s'était ruée, par la porte Judiciaire, vers la montagne chauve du Calvaire...

Et là, on avait crucifié l'Homme-Dieu, entre deux larrons !

Et c'était cette crucifixion que je voyais !...

— Stella, ma fille bien-aimée, jeune Terrien, mon ami de quelques heures, sachez que la révolte de l'orgueil contre Dieu est un crime bien grand! puisqu'il a fallu cette mort d'un juste, d'un fils de Jéhovah, pour l'expier...

» Quel deuil dans la nature, en ce jour de la mort de Jésus!

» Les sphères célestes ont cessé leurs accords; le soleil a voilé les flammes qui s'échappent de ses cratères; notre lune s'enveloppa de crêpes rouges comme le sang qui coulait sur la terre.

» Au moment où le Sauveur expira, le voile du temple se déchira, c'est vrai; les rochers se fendirent, les montagnes furent ébranlées, et les morts sortirent de leurs tombeaux, c'est encore vrai; mais, un instant, le soleil, la lune, la terre, les globes, créés de la main de Dieu, cessèrent de tourner sur leur axe; les fleuves arrêtèrent leur cours; les oiseaux de l'air demeurèrent sans mouvement; les léviathans des mers et les poissons des lacs ne nagèrent plus; dans les forêts, les bêtes sauvages furent saisies d'un tremblement; la mort domina la création...

— Oui, fit Stella d'une voix douce comme celle d'un ange, tout cela est vrai, et cette passion du libérateur fut cruelle : mais elle sauva le monde!

— Elle sauva le monde! m'écriai-je, car si Jésus expira sur la croix, il ressuscita dans sa gloire!

— Aussi la terre, les sphères, les cieux, reprirent bientôt le mouvement et la vie... reprit Mikaël.

» Jérusalem, seule, Jérusalem resta frappée de mort. Depuis ce moment fatal, dans son enceinte, autour de ses murailles, tout est silence, immobilité, désert, solitude. A peine si le voyageur y entend le bruit de ses pas! Jamais un nuage n'y traverse la voute du firmament.

— Il est rare, en effet, continua la fille du Lunien, que notre regard trouve de loin en loin quelque misérable femme, montée sur un âne, et donnant un sein tari à de pauvres enfants étiolés et brûlés du soleil.

— Où les voyants ont prophétisé les malheurs de Jérusalem, on ne rencontre plus, dit Mikaël, que des pâtres arabes, menant paître des buffles noirs parmi les buissons des collines pierreuses.

— Et c'est tout au plus, ajoutai-je, d'après ce que nous raconte M. de Lamartine, l'un de nos poètes fameux, « si quelque bédouin de Jérémie ou de Jéricho, monté sur la jument du désert, marchant au pas, sa longue lance élevée dans sa main droite, semble arpenter ces ruines, comme le génie de la destruction. »

— C'est là-bas, au sud, près de ces massifs de nopals et de térébinthes, sous lesquels se jouent de blanches colombes, qu'il avait reçu le jour, dans une étable! fit Stella; et, là-bas, vers le nord, près de Samarie, qu'il avait été élevé!

— Oui, dit Mikaël; mais, entre Bethléem et Nazareth, se trouvait Jérusalem, l'éclatant tombeau que viennent adorer les nations, en passant sous les voûtes de ses portes silencieuses, en s'étonnant de trouver ses rues vides, et ses voix... mortes.

» Maintenant, mon cher Terrien, que vous avez vu le monde avant sa rédemption, à présent que vous avez vu grandir le théâtre de la grandeur et de la puissance romaine, sous ses acteurs, plébéiens et patriciens, peuples et rois, nations et empereurs, esclaves et tyrans, voyez le monde après la rédemption de l'humanité, dit Mikaël.

Et comme la sphéroïde tournait lentement, mais tournait toujours, je vis la Judée s'éloigner avec ses lacs, ses cèdres, ses montagnes nues, ses vallées et ses villes; puis, à l'horizon, je retrouvai l'Asie-Mineure, la Grèce, l'Italie, le centre du monde connu...

Mais ce n'était plus des cités seulement que je contemplais, c'était aussi des plaines verdoyantes ou des mers agitées, des fleuves courant vers les vallées ou des monts parcourus par les hôtes des tanières... Villes, plaines, mers, fleuves, vallées, montagnes, tout était animé, tout était peuplé, tout était rempli d'hommes, de femmes, de nations, d'empereurs, d'armées, de consuls, de sénateurs, de vaisseaux, de camps, de cette vie qui révèle les passions, les troubles, les révolutions, les métamorphoses, sublimes grandeurs ou honteux abaissement des peuples.

En Egypte, je voyais une reine quitter le palais des rois Lagides, et, à défaut d'armée, vouloir lutter contre Rome par sa beauté. Petite de taille, brune de peau, cette femme ne rappelait en rien les belles formes et la fraîcheur des filles d'Athènes et de Rome; mais cet abrégé de femme était un chef-d'œuvre d'esprit et de grâces.

Une riche galère la reçoit à Alexandrie. Alors, fendant avec rapidité la mer Intérieure, elle atteint bientôt les rives du Sydnus. Elle monte aussitôt une nacelle à conque d'argent, dont la poupe est d'or, les voiles de pourpre, et les rames d'acier. Aux rameurs se joignent des joueurs de flûte et de cythares. La belle princesse, couchée sous un pavillon tissu d'or, entourée de beaux petits enfants, de jeunes filles déguisées en nymphes, appuyées les unes sur le timon, les autres sur les cordages, respirant avec ivresse les parfums que l'on brûle autour d'elle dans des cassolettes de bronze, et qui forment un nuage sur l'esquif, s'avance à la rencontre d'un guerrier dont l'armure d'or me révèle qu'il était Romain.

Alors, mobile et légère, ne semblant quitter une pose charmante que pour en prendre une autre plus molle et plus délicate, flexible et souple d'esprit comme de corps, instruite, parlant toutes les langues, entourée d'un luxe éblouissant, cette femme arrête le guerrier, le subjugue de son regard, et, lui faisant épouser sa cause, le décide à se tourner contre Rome pour lui sauver son royaume d'Egypte.

— Ne reconnaissez-vous donc pas Cléopâtre, la dernière des Lagides, celle qui a tué son époux, vaincu César par le feu de ses yeux, et qui maintenant va conduire Antoine, le triumvir romain, à sa perte?... me dit le Lunien.

— Bien! bien! Ah! c'est là Cléopâtre, répondis-je, cette déhontée Lagide, qui, en un jour de déshonneur, ayant conduit ce Romain, son

Et belle toujours sur son lit d'or.

esclave, à une partie de pêche, fit attacher sous l'eau, par l'un de ses noirs d'Ethiopie, à l'hameçon d'Antoine, un poisson salé?

— Oui, celle-là même. Mais voici, de ce côté, voguer vers le promontoire d'Actium cette longue suite de galères... Elles portent Octave, l'ennemi d'Antoine. Et vainement, pour combattre contre lui, Cléopâtre amène à Antoine huit cents vaisseaux; en vain compte-t-il sur terre deux cent mille hommes de pied et douze mille cavaliers, la mer d'Ionie voit fuir Cléopâtre avec soixante galères, et Antoine abandonner sa victoire pour la suivre en Egypte...

— Et là, croyant morte Cléopâtre, qui s'est renfermée dans un tombeau qu'elle s'est fait construire près de Canope, et où elle garde ses trésors, le pusillanime Romain se perce de son épée.

Puis, saisie par Octave, destinée au triomphe qu'elle doit orner de sa beauté, mais aussi de sa honte, Cléopâtre comprend qu'elle doit mourir.

Alors elle se fait piquer le bras par un aspic, et, morte, reste pâle et belle toujours, sur son lit d'or. Iras, une de ses femmes, est à ses pieds; Charmion, tremblante, se soutenant à peine, retient le diadème sur le front livide de Cléopâtre.

En ce moment je vois entrer un Romain.

« — Cela est beau! fait-il avec horreur.

» — Très beau! répond faiblement Charmion, et digne d'une femme issue de tant de rois... »

Puis elle tombe morte aussi...

Après l'Egypte, c'était la Grèce que je revoyais : tous les peuples qui composaient l'Hellade, tous ceux qui occupaient le Péloponèse courbaient déjà la tête sous le joug du malheur. L'influence de Rome se faisait sentir là aussi depuis long-temps.

Les derniers efforts de la ligue achéenne, sous Philopœmen, pour conserver la liberté, ne font que hâter la perte de la Grèce.

Voici les Romains qui se présentent pour renouveler la pacification

L'Album merveilleux.

de ce malheureux pays. Mais il est dit que Rome doit tout briser et détruire. Les Achéens insultent les ambassadeurs de ce peuple géant. Aussitôt les armées d'Italie envahissent la Grèce. Métellus triomphe en Locride, et Mummius, à Leucopetra.

Alors je vois monter difficilement, par un guerrier romain, la roche ardue et circulaire sur laquelle reposent les fondations de l'Acrocorinthe. Il est enveloppé d'un manteau ; un casque d'airain couvre sa tête. Lorsqu'il atteint la plate-forme de la forteresse, il s'arrête, et son regard interroge l'horizon.

Il découvre l'Hélicon; le Parnasse, avec sa double cime; les deux mers d'Egée et d'Ionie : la première, qui le sépare de l'Asie, la seconde, de l'Italie; Athènes et son Acropolis; le cap Colonne; les îles, les côtes qui se mirent dans les ondes bleues des Cyclades et des Sporades... et il demeure ravi !

Puis, à ses pieds mêmes, il avise, dans le bois du Cranée, les tombeaux de Diogène le Cynique et de l'élégante Laïs, deux personnages bien différents; plus loin, l'aqueduc superbe qui amène les eaux du lac Stymphale d'Arcadie; le gymnase le plus beau de la Grèce; le temple de Vénus, qui ne compte pas moins de mille prêtresses...; et cette belle allée, si longue, si richement bordée de pins élevés et de statues d'athlètes vainqueurs aux jeux Isthmiques qui conduit au temple de Neptune.

Alors sa tête tombe sur sa poitrine; je le vois qui laisse glisser une larme... et enfin il se dit à lui-même :

« — Je suis Mummius, le consul de Rome, et Rome le veut ! »

Aussitôt il laisse glisser à terre son manteau. Son armure d'or brille au soleil qui se couche et le fait ressembler à un homme de feu.

A ce signal, car c'était un signal, l'éclat des torches éclate dans la ville. Un incendie commence... Quel incendie! mon Dieu! Corinthe toute entière est en flammes. De ses deux ports, Leschée et Cenchrée, ce n'est qu'une fournaise. Le golfe Saronique et celui de Corinth, le golfe d'Ambracie et les deux mers sont illuminés des reflets du sinistre.

Et il faut voir le désordre de la cité : hommes, femmes, vieillards, enfants, jeunes filles, pêle-mêle se précipitent, se sauvent, s'enchevêtrent dans la chute des maisons et des édifices. C'est un aspect de désolation, de mort, de douleur qui fait peur et me contraint à fermer les yeux.

Corinthe compte cependant mille ans d'existence, et la voici qui s'abîme dans les flammes. Ses richesses sont telles, que l'activité du feu fond les métaux : l'or, l'argent, le cuivre, coulent à même dans les rues, et leur mélange produit ce merveilleux métal qui prend le nom de bronze corinthien.

— La destruction partout, toujours les calamités… voilà l'aspect que présente votre terre! me dit Stella de son grand air mélancolique. Nous vous avons fait assister à la formation des empires : soyez témoin maintenant de leur ruine. Tournez-vous de ce côté…

— Voici la mer Intérieure, l'Egypte… Ah! c'est Carthage! j'ai su sa ruine par Scipion… dis-je.

— Eh bien! c'est au même instant que Corinthe disparaissait sous le feu que Carthage tombe sous les catapultes et les balisques romaines… répond Stella…

— Oui, la mort toujours, et toujours la discorde.

— Or, sachez qu'à son premier comme à son dernier jour, cette ville peut citer ses femmes avec orgueil. Après Didon sa fondatrice, elle a eu l'épouse de Massinissa, Sophonisbe, qui reçut de ce servile allié des Romains, comme présent de nous, et but avec joie le poison qui devait la rendre libre.

Et puis, voyez, pendant qu'au moment suprême de Carthage, Asdrubal se jette aux pieds du vainqueur, lui homme! lui chef des Carthaginois! sa femme…

— Oh! ciel! se précipite dans les flammes avec ses enfants, plutôt que d'avoir part à la honteuse clémence implorée par cet indigne général… m'écriai-je.

Et à l'aspect de cette horrible catastrophe qu'il aurait voulu prévenir, en présence de l'embrâsement de Carthage, dont des soldats hâtent le progrès pour obéir aux ordres formels du sénat de Rome, je reconnais Scipion le Jeune qui, lui aussi, verse une larme non sur Carthage, mais sur sa patrie, et qui répète le vers d'Homère :

— Et Troie aussi verra sa fatale journée !

Dix-sept jours suffisent à peine pour ravager cette immense cité, et les demeures de sept cent mille individus, après ce terme, formaient encore un énorme amas de noirs débris.

— Enfin, jetez d'ici, avant de revoir l'Italie, un regard dernier tout d'admiration et de pitié sur Athènes et Sparte, me dit Mikaël, et dites-moi si vous reconnaissez la hache et le marteau qui détruisent tous ces monuments et ces trésors de l'art que vous aviez vus avec enthousiasme?

— La hache et le marteau de Rome, de Rome jalouse de la splendeur des nations! répondis-je. Là, ce n'est plus Mummius, ni Scipion, ni Pompée, ni Octave, mais c'est Sylla. Mais Sylla est Romain. Aussi puis-je dire avec je ne sais quel poète :

— Chaque peuple à son tour a brillé sur la terre !

— Voici Rome! fit Stella, qui signala cette ville comme, des dunettes d'un navire, un mousse signale la terre... Voici Rome! dit-elle une seconde fois... Puis, ainsi que Jonas criant dans Ninive : « Encore quarante jours, et la ville sera détruite! » elle dit une troisième fois : Voici Rome!

Et saisissant son peplum de lin blanc, plus blanc que la neige, elle s'enveloppa la tête de ses plis, comme pour se dérober la vue d'un odieux spectacle, et, s'asseyant dans sa conque, s'appuya sur le coude, dans la pose d'une profonde méditation.

Je l'ai dit : ce n'était plus des villes, des plaines, des sites morts, muets, inanimés, qui nous passaient sous les yeux. Au contraire, je l'ai dit aussi, nous voyons ici des légions armées s'avancer à la conquête des peuples; là, des flottes sillonner des mers; plus loin, des camps plongés dans le sommeil, mais éclairés par les fanaux de nuit. Et puis, c'était un cortége de consuls, une compagnie de jeunes romaines courant à des plaisirs, des troupeaux d'esclaves labourant péniblement des sillons, des arènes où cent mille spectateurs entassés, avaient tous les yeux fixés sur un seul point : un gladiateur rendant l'âme dans un dernier soupir. Mais cependant, plus Rome approchait, plus les flots des allants, des venants, se pressaient, se confondaient, se heurtaient.

On voyait des escadrons couverts de fer se rendre à une ville voisine de la mer pour s'y embarquer, et aller renforcer les rangs d'une armée trop peu nombreuse. On rencontrait des troupes immenses de baladins, d'histrions, de magiciens courant en hâte aux fêtes d'une ville pour ajouter à ses plaisirs, et augmenter le nombre des dupes et des badauds. On reconnaissait des hiérophantes et des flamines revenant de consulter des oracles et montrant sur leurs visages qu'ils étaient porteurs de nouvelles faciles à accommoder au goût ou aux circonstances, selon la position de ceux qui les avaient mis en campagne. On devinait à la tristesse de jeunes femmes conduites dans un *plaustrum* et vêtues d'une chlamyde qui rappelait la toilette des déesses de l'Olympe, qu'elles appartenaient à Athènes ou à Corinthe, et qu'elles arrivaient à Rome pour figurer sur les théâtres des empereurs. Des hommes coiffés de casques, ayant un simple tablier rouge sur les cuisses et une jambe chaussée d'une bottine de bronze, révélaient, à leur attitude blasée, morne, indifférente, qu'ils n'attachaient aucun prix à la vie, et qu'ils la sacrifiaient volontiers pour les plaisirs de ceux qui leur donneraient un bon dîner, après lequel ils souperaient chez Pluton.

Enfin, de ci, de là, partout, sur les routes du nord, sur celles du sud, voie latine ou voie flaminienne, c'étaient des caravanes de marchands, buvant sans façon, à la porte des tavernes, d'un vin aigre qu'on leur donnait pour vieux *merum* de Falerne ou de Massique; des groupes de colons venant de vendre aux marchés du Vélabre ou du Cirque, les produits de leurs métairies; des masses de soldats, allant au-dehors des faubourgs, chercher le repos d'un jour ou le repas plus succulent des *Popinæ*, que leur refusait la pitance militaire...

Bref, chevaux, chars, hommes d'armes, matrones en riches atours, femmes des champs en jupes courtes, valets, officiers, édiles, généraux, chameaux d'Afrique, esclaves de Gaule ou de Germanie, coursiers, nègres mâles, femmes noires, indigènes et étrangers, tel était le tohu-bohu, qui foisonnait, batifolait, se promenait, se précipitait, roulait dans tous les sens, s'éloignant de la ville, s'en rapprochant, véritable houle humaine, vagues de chair et de sang, flots moutonneux de mille passions ardentes.

C'est que c'en était fait de la république de Rome.

Ainsi que les rois avaient mis deux cent quarante-quatre ans à préparer la république, de même, à son tour, la république avait employé quatre cent soixante-sept ans à préparer l'empire.

Vers l'an 63 avant Jésus-Christ, alors que Catilina conspirait, que Cicéron parlait, que Pompée grandissait, que Sylla proscrivait, que Crassus s'enrichissait, que Marius vieillissait, on avait commencé, dans Rome, à remarquer un jeune homme du nom de Jules César. Débauché, perdu de dettes et d'honneur, prodigue à outrance, il ne s'en disait pas moins issu de Vénus et du roi Ancus Martius.

Pour son début sur la scène politique, il avait formé secrètement un triumvirat; puis subitement s'était partagé le monde avec Crassus et Pompée. César avait pris la Gaule Cisalpine; Pompée, l'Italie; Crassus, les armées pour courir sus aux Parthes.

Il était donc parti pour son gouvernement. Ses collègues riaient de ce jeune homme, dont les excès avaient déjà flétri la beauté. Son corps amaigri, sa peau blanche et maladive, sa constitution dégradée, semblaient le rendre peu redoutable. Mais sous ses manières efféminées le libertin cachait un cœur martial.

Aussi, quel ne fut pas l'étonnement de Rome lorsqu'un jour on entendit, au réveil, raconter au Forum que César, le gouverneur de la Gaule Cisalpine, venait de conquérir la Gaule Transalpine, de s'emparer de Lutetia, simple hameau fortifié, habité par des pêcheurs parisiens, Gesoriacum (1), Durocortorum (2), Bibracte (3), Senones (4), Autricum (5), Genabum (6), Avaricum (7), la plus grande et la plus belle ville de la Gaule, Lemovices (8), Tolosa (9), célèbre par ses temples et ses lacs sacrés, Burdigula (10), et triomphé d'Arioviste, de Vercingétorix, rasé Alésia, Gergovie (11), passé la mer de Bretagne, vaincu les Galls, les Kymrys, les Scots, les Angles et les Rhètes, dans la Calédonie, la Grande-Bretagne et l'Hybernie, rompu avec Pompée, passé le Rubicon; qu'il marchait sur Rome, qu'il entrait dans la ville...

Et il y entrait, en effet, par une porte, pendant que, par la porte opposée, Pompée, le sénat et la noblesse prenaient la fuite.

Alors il se met à la poursuite de l'ami devenu son ennemi; l'atteint à Dyrrachium, entouré de rois, de princes, est presque battu par lui, prend sa revanche à Pharsale, le 20 juin 48, et arrive en Egypte pour voir Pompée massacré par d'indignes meurtriers.

Aussitôt il vole en Asie, bat Pharnau, fils du grand Mithridate, et écrit au sénat, qui s'est raillé :

« *Veni — Vidi — Vici !* »

Puis il repart pour l'Afrique; écrase, à Thapsus, Métellus Scipion, Pétréius, Caton d'Utique, qui se couche, lit le Dialogue de Platon sur l'immortalité de l'âme, et se perce de son épée; Juba, roi de Numidie; de là rentre à Rome, monté sur un char traîné par quatre chevaux

---

(1) Boulogne. — (2) Reims. — (3) Autun. — (4) Sens. — (5) Chartres. — (6) Orléans. — (7) Bourges. — (8) Limoges. — (9) Toulouse. — (10) Bordeaux. — (11) Clermont-Ferrand.

blancs, reçoit les honneurs stupides d'un sénat avili, est nommé dictateur, voit sa statue placée sur un quadrige en face de Jupiter, et lit cette inscription :

« *A César, demi-dieu !* »

Alors il partage trois cent millions (deux mille huit cent vingt-deux couronnes d'or) à ses soldats; des terres aux vétérans; au peuple, du blé, de l'huile, cent deniers par tête, et la remise d'une année de loyer; donne des fêtes inimaginables, des repas fantastiques, des combats où figurent cent mille gladiateurs, des boucheries dont des milliers d'animaux féroces font les frais, des batailles navales dans le Champ-de-Mars, changé en lac; enfin se montre dans le Forum couronné de fleurs; est reconduit à sa demeure à la lueur de merveilleux candélabres portés par quarante éléphants.

Tout après, le voici qui s'élance vers l'Espagne contre Cnéius et Sextus Pompée. Il les joint dans la Bétique, et les immole à Munda...

Mais, pendant qu'il est absent, on conspire à Rome.

Au bas de la statue de Brutus, on lit, un soir :

« *Puisses-tu revivre !* »

Et au bas de celle de César :

« *Brutus, pour avoir chassé les rois, est devenu consul !!*
« *César, pour avoir chassé les consuls, est devenu roi !!* »

Ce titre de roi met les Romains en fureur.

A peine rentré dans Rome, César est assassiné. C'est un Brutus qui le poignarde. Il meurt aux pieds de la statue de Pompée, percé de vingt-trois coups.

Mais pour cela Rome n'échappe pas à la domination.

Voici qu'un bûcher a été construit au Champ-de-Mars. Le corps de César y est porté sur un lit d'ivoire. La foule est immense, et pleure, mort, celui dont elle ne voulait plus vivant. Alors un orateur se présente : c'est Marc-Antoine. Il tend les mains vers le Capitole, et, s'adressant au sénat :

« — Je suis prêt à venger César, s'écrie-t-il ; mais je vous demande votre appui ! »

En même temps il découvre le corps du dictateur et montre sa robe déchirée et sanglante.

Le peuple se contient à peine...

Tout-à-coup, un homme élève au-dessus du lit funéraire une effigie en cire, marquée de vingt-trois blessures, dont plusieurs atteignent le visage. Aussitôt on brise les tables, les bancs ; on entasse tout ce que l'on trouve sous la main ; on improvise un autre bûcher dans lequel les femmes jettent leurs ornements ; les vieux soldats, leurs armes ; les jeunes, leurs couronnes militaires ; et enfin, la colère croissant toujours, on prend des tisons enflammés pour aller incendier les maisons de Brutus et des autres meurtriers.

Le résultat de cette journée devait profiter à quelqu'un.

Voici venir en Italie un tout jeune homme de dix-neuf ans, petit, délicat, souvent malade, d'un caractère timide, parlant avec peine, peu courageux ; mais plein de ruse, d'adresse et d'audace. Sa naissance n'a rien d'illustre : son aïeul avait été vendeur de cordes.

Mais il était neveu et héritier de César.

Il avait nom Octave. Il le change en celui de Jules-César Octave, accepte la succession de son oncle, et réclame des trésors pour acquitter les legs du dictateur.

On lui rit au nez. Jules-César Octave ne se déconcerte pas ; au contraire. Mettant en vente les biens de son oncle, les siens propres, il célèbre des jeux en l'honneur de César, et lui élève une statue dans le temple de Vénus. Le jeune étranger, par ces moyens, se gagne si vite tous les cœurs, qu'il est nommé consul. Il se fait triumvir avec Antoine et Lepidus. Alors d'affreuses proscriptions ont lieu. Cicéron en est la première victime. Redire les horreurs dont Rome et l'Italie furent témoins serait affreux; car on noya la république dans le sang, et l'empire fut proclamé après la bataille d'Actium, qui sacrifiait Antoine, Cléopâtre, et tous les ennemis d'Octave.

C'était à ce moment que je revoyais l'image de la ville impériale, de Rome, la cité d'Octave-Auguste, la reine du monde.

IX.

CARICATURES.

Revue des empereurs. — Où l'on peut rire. — Où l'on doit pleurer. — Où l'on rougit. — Passions et vertus. — Pourquoi les dieux s'en vont. — Régénération. — Mouvement des peuples. — Tumultus Gallicus. — Qui voit trembler Rome. — Où l'empire est mis en vente. — Désordre et confusion. — Espoir d'avenir. — Triomphe de la croix. — Gloire et religion. — Résurrection du monde.

— Que les hommes sont bizarres! fit Mikaël en riant de ce rire que vous savez. La façon dont Octave s'empare de l'empire, me rappelle le procédé d'escamotage que révélait un des coryphées du socialisme, en France, à la révolution de 1848...

— L'escamotage du pouvoir par un coup de main? dis-je.

— Précisément; toutes les révolutions se ressemblent. Il y a toujours les dupes et les dupeurs. C'est une affaire de prestidigitation.

Alors, d'une voix sardonique et stridente, mon Lunien se prit à dire, pendant que je plongeais mon regard sur Rome, où je voyais parader les héros nommés, et arriver tout ce que décrivait Mikaël :

— Vous allez voir mons Octave se faisant donner le nom d'Auguste, qui sera désormais le titre des empereurs. Puis, pour la forme, et afin de n'avoir pas, à son tour, le sort de César, voyez-le réunir le sénat, et lui déclarer qu'il veut abdiquer. Il s'attend bien au coup de théâtre qui suit : voyez quel tableau touchant! Les sénateurs l'entourent, le pressent. On le conjure de garder toujours les rênes de l'état, d'en guider le char. Auguste se laisse donc aller : il se sacrifie, et... n'abdique pas. Mais, à la moindre ornière, il revient à son idée d'abdication, qu'il tient suspendue sur la tête des sénateurs, comme une épée de Damoclès. Si bien que, d'ornières à abdications et d'abdications à ornières, vous voyez Auguste sur le trône jusqu'à sa... culbute finale, qui a lieu en l'an 14 de Jésus-Christ.

» Regardez-le; il est à Nôle, sur son lit de mort. Il demande une glace, se fait parer avec beaucoup de soin, et s'écrie, en face de ses courtisans :

— N'ai-je pas bien joué mon rôle? Applaudissez donc, la pièce est finie!

— Oh! les lâches qui vont au-devant de la servitude!

» C'est par ce mot que Tibère inaugure, lui, son règne sur les Romains.

» Il va tenir ce qu'il promet. Voyez quelle longue file d'ombres blanches, enveloppées de suaires rouges, part du trône impérial, et disparait dans d'horribles gémonies! Ce sont les ombres de Germanicus, de Pison, de Séjan, et de cent autres qui périssent par la corde, le poison, le poignard, l'eau, le feu.

» Et ce brillant séjour de Caprée, de combien de fêtes et de meurtres n'est-il pas le théâtre? Quelles délices et quelles tortures on y invente!

» La mort n'en vient pas moins saisir Tibère, Auguste quand même, par la main de Macron, le préfet du prétoire, qui étouffe le monstre.

« — Je voudrais laisser au peuple un serpent pour le dévorer, et au monde un Phaëton pour l'embraser ! »

» Telle est la dernière parole de Tibère, en parlant de son successeur...

» Caïus Caligula, le disciple d'un aussi bon maître, remplit son vœu.

» Suivez-le, pour juger le héros par ses œuvres. C'est lui que vous voyez dans des écuries, plus somptueuses qu'une basilique, essayant à son cheval favori la pourpre des consuls. Car Caligula veut faire un consul de son cheval. Il lui a déjà décerné le pontificat ! Aussi la bonne bête se laisse faire ; la folie de son maître lui plaît ; elle boit dans des coupes d'or, elle mange dans des bassins d'argent, elle se baigne dans des cuves d'ivoires, et, quand elle passe sur le Forum, elle y peut voir sa statue, et le temple dans lequel on rend à son image des honneurs divins.

» Le magnifique et digne cortége qui l'entoure ! Pantomimes, gladiateurs, funambules, saltimbanques, voilà les courtisans de ce Caligula !

» N'ayez pas peur... Ce sont des sénateurs qui crient, parce qu'on les fouette ; et on les fouette, parce qu'ils ont éternué devant Sa Majesté... les insolents !

» Là-bas ? Ce sont les arènes. On y a tué tant d'esclaves, pour le plaisir du prince, que les victimes manquent ! Horreur ! dites-vous. Vous vous y ferez, mon cher. Tenez, pour vous y habituer, le voilà qui fait jeter aux bêtes féroces des centaines de spectateurs...

« — Qu'on leur coupe la langue, crie-t-il, cela les fera taire...

» Plût aux dieux que les Romains n'aient qu'une seule tête, ajoute-t-il, il suffirait d'un revers de sabre pour l'abattre ! »

» Tibère avait amassé sept cent millions, le naïf ! Caligula les convertit en ponts sur la mer, en barques d'argent, décorées de pierreries et de fleurs.

» Car il aime les fleurs, le doux souverain. Mais il aime aussi que, pendant ses repas, on égorge devant lui quelques douzaines de jeunes garçons, de jeunes filles. Cela lui donne de l'appétit.

« — Frappe bien, dit-il au bourreau, et de façon qu'ils se sentent mourir. »

» Le lâche ! Si le ciel est serein, il défie la foudre; mais si le tonnerre gronde, il cligne de l'œil et se blottit sous sa couche.

» En 41, Chéréa tue ce misérable dans son palais.

— Mais c'est donc le même refrain pour tous! dis-je à Mikaël. On étouffe celui-ci, on étrangle celui-là... on...

— Le crime ne doit-il pas être puni par le crime? fait Mikaël.

» Donc, pendant que Petite-Botte, car tel est le sens de Caligula, est encore chaud, ses soldats, en furetant, en chaffriolant, avisent, derrière une tapisserie, une sorte de nigaud, efflanqué, chauve, boiteux, la taille déviée, qui tremble de tous ses membres.

» C'est Claude, le frère de Germanicus, une des victimes de Tibère.

» Ils le saluent et proclament empereur.

» Claude, voyez-le, prend la chose au sérieux, reçoit le serment de ses gardes, et promet un droit d'avènement aux soldats.

» Alors, comme il fait le fier sous la pourpre impériale, le pauvre fils d'Antonia, que cette brave mère appelait une *ébauche*, une *sottise de la nature!*....... Il a pourtant écrit des livres, le cher empereur : l'un sur les Etrusques, l'autre sur l'histoire de sa patrie.

» Néanmoins, voyez comme Narcisse et Pallas, ses affranchis, dirigent les affaires ! Voyez comme Messaline, sa première femme, comme Agrippine, sa seconde épouse, tiennent en laisse le faible Claude.

» Il aime les champignons, le gourmand ! Aussi, remarquez bien ce plat succulent qu'on lui sert au sortir du bain. C'est Locusta qui l'a préparé, et quelle habile cuisinière que Locusta ! En voulez-vous la preuve? Regardez... En vérité, le piment dont elle s'est servie ne serait-il pas un poison? On le croirait, tant sont violentes et terribles les convulsions du pauvre niais. N'est-ce peut-être qu'une mauvaise digestion? Ah! voilà le médecin Xénophon;... assurément son art facilitera le vomissement... Mais, c'est une plume qu'il lui glisse dans la gorge... et cette plume est chargée du... poison le plus subtil...

» Il meurt, l'infortuné... Et de quatre...

» Zinn! zinn! Boum! boum boum!

» Approchez tous, messieurs et mesdames, le spectacle est dans toute sa beauté : la reprrrrrésentation est merveilleuse... On ne paie qu'en sortant,... venez tous, petits et grands...

» D'abord cet encens qui fume sur les autels, ces statues que l'on décore dans les temples, c'est en l'honneur de Claude.

» On a fait un dieu du trépassé...

» Puis, eh! cela devient intéressant.... c'est bien Agrippine, c'est elle qui, tout à l'heure pressait le médecin de hâter la mort de Claude; maintenant, vaincue par la douleur, elle laisse couler ses larmes, crie, implore... C'est vraiment une adroite princesse, car ce tableau lugubre n'a d'autre but que de permettre d'achever la mise en scène d'un règne nouveau.

» Saluez, saluez tous...

» Les portes du palais s'ouvrent, le préfet des Prétoriens s'avance, Burrhus, le sage précepteur Burrhus le suit; Sénèque, le grave Sénèque l'accompagne ; viennent ensuite des légions de hérauts, d'officiers subalternes, de femmes en vêtements de cour, de sénateurs en toge, de courtisans...

» Tous précèdent le nouvel empereur, qui se nomme Néron!

» Pour son début, à peine a-t-il reçu les hommages de la foule, à peine est-il proclamé roi, souverain, auguste, qu'on met sous ses yeux une sentence de mort.

— Dieux! s'écrie-t-il, en levant au ciel un œil rouge, dieux! que je voudrais ne pas savoir écrire...

» Et il signe cependant..

— Vous êtes un grand César! dit le sénat, en courbant l'échine.

— Attendez que je mérite vos éloges! répond-il.

» Attendez, en effet : vous n'attendrez pas long-temps.

» Un festin se prépare : quelle richesse dans ce triclinium; que de vases d'or, de patères, d'amphores, de hanaps, d'urnes d'or! Et les mets,... pauvres galas de France et de Navarre! Maigres couverts de la vorace Albion! que vous êtes mesquins à côté des dîners de Néron. Les convives se présentent : ils sont nombreux, j'espère. Britannicus est du nombre. Il est tant aimé... des soldats, ce Britannicus! Tout-à-coup, ce tendre fils de Claude tombe sans voix et demi-mort... On court, on s'empresse,... il en est qui se sauvent : l'agonie leur fait peur. C'est une cruelle agonie, en effet, car Britannicus meurt...

» Néron, lui, nonchalamment étendu sur son lit, continue son repas et fait honneur aux vins d'Espagne. Ils sont si bons, les jambons des Cantabres, et si savoureux les vins de Lucentum, surtout mis au frais dans les buires de Sagonte!

» Et puis, voyez-vous cet homme qui, pendant la nuit, court les tripots et les tavernes, déguisé en esclave, pillant les marchands, jetant les citoyens dans les égouts, brisant les statues et enfonçant les portes! C'est Néron.

» Voyez-vous Anicétus, le préfet de la flotte, montrant le jeu d'une galère à soupape, qui, à un moment donné, s'ouvrira sur les flots, et laissera tomber dans les abîmes de l'Océan... ceux dont on voudra se débarrasser ?

— Qu'on saisisse ma mère, et que ce soit par elle que l'on essaie l'efficacité de cet appareil! dit une voix.

» Cette voix est celle de Néron.

» Agrippine échappe à la mort et se sauve à la nage. Le fils est prévenu de la fuite de sa mère. Anicétus est mandé au palais. Un bras lui montre que la fugitive doit être poignardée.

» Ce bras est celui de Néron.

» Mais n'est ce pas une torche qui met ici, là, partout, le feu, la flamme, l'incendie aux nombreux quartiers de Rome? Ciel! la ville tout entière disparait dans l'immense embrasement qu'allume ce flambeau fanatique.

» Cette torche est celle de Néron.

» Et sur cette tour, qui donc se délecte du grandiose spectacle de la mer de feu qui embrase, consume, fait écrouler et ruine la capitale des mondes? Quelle est cette ombre rougie par le brasier, qui chante un poème, et, se drapant dans une toge d'acteur, s'écrie :

« — Que c'est beau ! De ce merveilleux incendie j'accuserai les Chrétiens, et nous aurons du sang, du sang jeune et chaud!

» Cette ombre, cette voix, c'est encore Néron !

» Et passant du meurtre d'Octavie à de criminelles complaisances pour Poppée; de sa première femme, morte, à sa seconde femme, vivante, cet homme qui chante, danse, galoppe sur des chameaux, se tient en équilibre sur la tête des éléphants, et se donne en spectacle à ses esclaves; cet homme qui fait dorer en entier le théâtre Pompée, pour y débuter en vil acteur; qui pêche avec des filets d'or et de pourpre; ne voyage qu'avec des mules ferrées d'argent et des courriers vêtus de pourpre, ornés de colliers; cet homme qui, en un seul festin, dépense en parfums de rose plus de quatre millions de sesterces; cet homme se vautre dans le sang chrétien, il le flaire, il le boit; il couvre de peaux de bêtes fauves les disciples du Christ, et les fait dévorer par ses molosses; il les enduit de matières inflammables, et quand le jour cesse de luire, les fait brûler en guise de candélabres. Et lui-même, alors, vêtu en cocher, exécute des passes de carrousel, à la lueur de cette illumination sans égale.

» Oh! ne riez pas! ne pleurez pas non plus! Poppée, elle, l'épouse bien-aimée, a plaisanté le farouche acteur, et elle reçoit, voyez-la, un si terrible coup de pied dans le ventre, qu'elle en meurt, la païenne!...

L'Album merveilleux.

» Pendant que la pourpre romaine s'avilit à ce point, regardez! La Gaule se soulève. Vindex pousse le cri du *Tumultus Gallicus*. Cinquante mille Bretons prennent les armes de leur côté. En Orient même, les Parthes et les Arméniens se révoltent. Néron part. Ses troupes, composées de baladins, de musiciens, de gens armés de lyres, de flûtes, de masques et d'échasses, charment les Grecs frivoles, les Grecs adulateurs. Aussi, Néron fait abattre les statues des vainqueurs d'Olympie, et la sienne les remplace.

» Alors, ne soyez pas ébloui! Le voici qui approche de Rome : on renverse un pan de muraille devant son char de triomphe. Il porte une casaque parsemée d'étoiles d'or et d'argent. Sa tête est ombragée de la couronne d'olivier sauvage, et sa main balance une branche de laurier pythien. Autour de son char se presse une foule nombreuse : Elle chante la gloire du triomphateur, et, jetant sur son passage des parfums, des fleurs et des rubans, elle se prosterne. On porte devant lui mille huit cents couronnes, qui sont ornées du nom des jeux et du genre de combat qui l'ont rendu vainqueur.

» Aussi lui érige-t-on une statue qui le représente en musicien, et s'abstient-il de parler aux soldats de crainte de gâter sa voix.

» Mais voici qu'on proclame Galba... et Néron n'est pas mort! C'est donc encore un escamotage?

» Vraiment, oui. Oh! voyez un peu comme Néron se sauve, l'illustre triomphateur! Les frayeurs de la mort l'arrachent à ses plaisirs... quatre affranchis l'accompagnent. Bientôt on découvre les murs blancs d'une villa toute entourée de citronniers en fleurs. Il s'abrite sous un de leurs massifs. On l'exhorte alors à en finir...

« — Mieux vaut la mort, lui dit-on, que d'être reconduit vivant à Rome!

» — Mourir! répondit-il, mourir! un artiste comme moi! »

» Mais des pas de chevaux se font entendre... Ce sont les cavaliers qui viennent le saisir et le livrer à un supplice infamant.

« — Allons ! dit-il, l'heure est venue... »

» Et il s'enfonce son épée dans la gorge.

» C'était en 68 ; et en 69, voici déjà que les prétoriens, qui ont mis à la place de Néron, le dernier de la postérité d'Auguste, un vieillard qu'ils ont pris à leur guise, l'opulent Galba, s'en fatiguent, le massacrent, et proclament Othon.

» Othon !

« — Qu'est-ce qu'Othon ? » s'écrient les légions de Germanie en sortant des épaisses forêts qui bordent le Danube.

» Et elles proclament Vitellius...

» Deux empereurs d'un coup. Evidemment une bataille doit suivre. Elle a lieu à Bedriac, entre Crémone et Mantoue. Othon et Vitellius sont là, voyez-les... mais ils ne se battent pas... Diavolo ! une flèche vous a bien vite percé la poitrine, et Vitellius fait si bon usage de son estomac !

» Son armée triomphe ; Othon se tue.

« — Le corps d'un ennemi mort sent toujours bon ! » dit Vitellius, qui se promène sur le champ de carnage parmi les cadavres déjà putréfiés.

» C'était un glouton, que le noble sire. Il passe ses jours à table, il y passe ses nuits. Combien est vaste cet estomac impérial ? nul ne saurait le dire. Moi, messieurs et mesdames, en historien véridique, je soulèverai le coin de cette draperie, et je vous dirai d'observer...

— Mais il se fait... vomir !... m'écriai-je.

— Afin de mieux manger de nouveau. C'est un charmant petit procédé à l'usage des Romains... continue Mikaël.

» Il règne huit mois, le vorace, et il dévore pour sa consommation personnelle deux cent millions de votre monnaie de France, mon cher Terrien.

» Hélas ! il est couché sous les ombrages d'Aricie, et digère, comme ces vils animaux qui gisent engourdis sur leur pâture, lorsqu'on lui annonce que Vespasien, nouvel empereur proclamé, a pris Rome et arrive...

» Vitellius ne peut que se réfugier chez... le portier, où on le surprend tout agité. On l'amène à Rome; on le promène dans les rues les mains attachées derrière le dos; on le livre aux outrages de la population, qui ne s'en refuse pas; et, le soir venu, on le décapite aux Gémonies...

» Zinn ! zinn ! Boum ! boum ! boum !

» Romains, ouvrez vos bourses, c'est l'argent qu'aime celui-là... Il en veut de toutes mains, il en veut de toutes gens, il en veut de tous moyens, et, pour en avoir, il invente... les vespasiennes...

» A Paris, Terrien, les vôtres ne coûtent rien; à Rome, on paie pour en user !

» Mais le Gaulois Civilis fait entendre un terrible *Tumultus Gallicus*. Et puis, les Parthes répondent par un écho formidable. Les Juifs, de leur côté, se soulèvent.

» Vespasien sent bouillonner en lui le courage des Flaviens, sa famille. Il se lève : Civilis meurt; les Parthes reculent; Jérusalem, la ville maudite, est prise, après avoir perdu onze cent mille Juifs...

» Eponine et Sabinus, jeunes époux gaulois, vaincus dans votre révolte, et cachés dans les grottes rocheuses d'où s'échappe la Marne avant de passer à Andomatunum, pays des Lingous, sortez de votre retraite, où neuf années vous avez abrité votre jeunesse, votre beauté, votre famille, et venez...

» Infortunés ! des soldats romains les découvrent. On les conduit à Rome enchaînés... Et là, Vespasien verse une larme sur leur malheur; mais, en même temps, les envoie... à la mort !

» Pour lui aussi la mort vient...

« — Je sens que je deviens dieu ! » dit-il en riant à la pensée des honneurs que vont lui rendre les Romains.

» Puis, faisant signe à ses officiers de le soulever, à l'heure suprême :

« — Il faut qu'un empereur meure debout ! » dit-il.

— Arrêtez, Mikaël, m'écriai-je en ce moment, et laissez-moi contempler un instant cet affreux et admirable spectacle.

Je reconnais Naples, voici son golfe splendide; je retrouve là Portici. C'est bien le Vésuve que je vois; mais il s'était fermé aux éruptions volcaniques : les troupeaux paissaient sur son cratère fermé depuis long-temps déjà; et il soulève avec furie les aspérités qui le couvrent; la fumée s'échappe par mille crevasses; de sourdes détonations ébranlent le sol; c'en est fait, une bouche nouvelle est ouverte, l'éruption se produit. Voyez cette flamme, ces tourbillons de lave, ce fleuve de feu qui s'échappe; toute la campagne en est inondée. Naples, le golfe, les collines, Portici, Herculanum, Pompéia, sont teints de ses reflets lugubres. C'est horrible ; mais c'est beau... Et cette lave liquide, qui presse ses flots dévorants, se dirige vers les vallées que ces villages occupent... Des monceaux de cendre obscurcissent l'air, et le vent les pousse vers les mêmes points. Jamais plus les pauvres habitants de ces villas ne reverront la lumière du jour. Ils vont être enterrés vifs. Les ruines, la désolation, le feu, l'obscurité, la mort... Mais vraiment c'est un spectacle atroce...

— Et ce n'est que la représentation de ce grand drame du 1er novembre de l'an 79 ! reprend Mikaël. Le Vésuve, mystère impénétrable des secrets de Dieu, va brûler pendant dix siècles...

— Ciel ! mais c'est un homme qui s'achemine vers le cratère ?

— Oui, un Romain, Pline l'Ancien, le fameux naturaliste.

— O mon Dieu ! mais il descend dans la gueule enflammée du volcan. Sa curiosité lui sera fatale... Sortira-t-il de là jamais ?

— Jamais ! fit Mikaël.

» Mais revenez à Titus, le successeur et le fils de Vespasien; car je le vois, lui, le cruel et débauché personnage, qui congédie les mimes et les favoris pour s'entourer d'hommes de mérite. Voudrait-il faire mentir les présages de ses premières années ?

» Eh bien ! oui, je l'avoue. Il n'a eu aujourd'hui nulle faveur à donner, et le voilà qui s'écrie :

« — Mes amis, j'ai perdu ma journée. »

» Mais il était trop bon pour son époque. Il se met au bain en un moment de fièvre et meurt tout-à-coup.

» Remarquez bien celui qui prend sa place. D'abord il n'est pas pur du reproche d'avoir empoisonné Titus ; mais ensuite sachez que, jeune homme, il s'amusait à percer des mouches avec un poinçon d'or. Il est vrai qu'il admet à sa table et traite ses convives avec bienveillance ; mais, le lendemain, il les envoie au supplice.

» Arènes, colysées, cirques de l'empire, ouvrez-vous tous, et montrez les terribles supplices que, par son ordre, vous imposez aux chrétiens.

» Voyons : que lui veut cet homme qui lui présente un mémoire ? Ah ! le tuer tout bonnement pendant qu'il le lit...

» Noble empereur ! il avait nom Domitien.

» Voici Nerva qui lui succède, messieurs et mesdames. Il est vieux et faible. Aussi Trajan le remplace bien vite.

— Vous n'allez dire aucun mal de ce prince ? demandai-je à Mikaël.

— Jugez-le vous-même, mon cher ; avant, laissez-moi parler.

» Il entre à pied dans Rome, serre la main, baise même ceux qui le félicitent. Il cherche à rendre à l'empire sa splendeur passée. Vous pouvez même le voir diminuant les impôts, construisant des ponts, des ports, des routes, élevant un cirque, une bibliothèque, et la colonne de marbre blanc sur laquelle on sculpte ses exploits contre les Daces ; compte parmi ses nobles amis Pline le Jeune...

— Vous voyez bien, mon cher Lunien...

— Mais aussi, continue imperturbablement Mikaël, dans son intérieur permet mille désordres, se livre à l'odieux amour du vin, et persécute les chrétiens, qu'il livre aux bêtes, aux chevalets, aux grils ardents, aux chaudières de poix, aux flammes et à mille morts...

» Il meurt de sa mort naturelle, au moins, et reçoit, le premier dans Rome, les honneurs de la sépulture.

Alors, toujours sous les paroles et l'accent sarcastique de Mikaël, je vois passer le successeur de Trajan, Adrien. Il me semble tout à la fois plein de grandeur et de petitesse. Sans doute je reconnais les merveilleux ouvrages dont il dote l'empire, les monuments qu'il élève partout, jusque dans les Gaules : les arènes de Nîmes; la colonne d'Epaminondas, à Mantinée; le temple de Jupiter-Olympien, à Athènes; et, à Rome, ce tombeau splendide connu sous le nom de môle Adrien, et, plus tard, sous celui de château Saint-Ange; mais aussi je lui vois mener une vie licencieuse dans son palais, et associer à l'empire un ignoble favori.

Puis c'est Antonin, né dans les Gaules, à Nîmes, qui le remplace sur le trône. C'est avec bonheur que je le trouve dotant sa patrie de sa Maison-Carrée, ses temples, ses aqueducs. Hélas! parce qu'il est bon, sa vie dure peu. On le pleure à sa mort. C'est faire en peu de mots son éloge.

En 161, Marc-Aurèle, son gendre, lui succède. C'est un philosophe.

« — Que les Etats seraient florissants si les philosophes gouvernaient! » avait-il dit avant de monter sur le trône.

Mais son règne donne un démenti à ses paroles.

La peste d'abord jonche le sol de cadavres.

Un débordement du Tibre jette la terreur dans l'Italie centrale.

La guerre s'allume sur tous les points.

Les Marcomans, les Germains, les Suèves, les Vandales, les Alains, peuples du nord, inconnus jusqu'à cette heure, commencent à menacer l'empire, qu'ils convoitent.

C'est un spectacle effrayant de voir ainsi toute l'Europe, et les Parthes dans l'Asie, faire trembler le monde. Le ciel se prononce en faveur de

Marc-Aurèle, grâce à l'une de ses légions, la *légion fulminante*, toute composée de chrétiens.

Et cependant, sous nos yeux, le sang des disciples de Jésus coulait dans toutes ses provinces par l'ordre de l'empereur.

Jamais homme, pétri de crimes et d'infamies, n'égala le monstre qui nous apparait alors sous le nom de Commode.

Ce Commode succède à Marc-Aurèle. C'est un bourreau qui remplace un philosophe; mais quel bourreau ! Doué de la taille et de la force d'un gladiateur, il abat un éléphant d'un seul coup; il tue cinq hippopotames à la fois; il immole cent lions avec cent javelots. Il se fait appeler Hercule. Il ôte à la statue du soleil la tête de ce dieu et la remplace par la sienne.

Ses crimes sont tels, les supplices qu'il invente font tant horreur, qu'on verse à pleins bords du poison au monstre; mais son tempérament athlétique résiste. Il faut qu'un géant vienne l'étouffer dans ses bras et l'étrangler pour s'assurer de sa mort.

Puis c'est à un vieillard, Pertinax, fils d'un charbonnier d'Alba-Pompeïa, que l'on donne la pourpre impériale.

Puis on la lui arrache toute souillée de fange, et les soldats du prétoire la portent sur les remparts de la ville.

Que vont-ils donc faire? mon Dieu !

L'un d'eux montre ce riche manteau flétri qui a déjà tué tant de corps, et le secouant au-dessus de la foule :

« — L'empire à l'enchère ! » fait-il.

Deux acheteurs se présentent. L'un, Sulpicianus, offre cinq mille drachmes par tête de prétorien. L'autre, Didius Julianus, promet six mille deux cent cinquante.

« — Adjugé ! crie la soldatesque.

Didius Julianus est proclamé. On le conduit au palais au milieu des injures, des imprécations et des pierres.

Oh ! que Stella fit bien de se voiler le visage !

Bientôt l'Africain Septime Sévère, de Leptis, jette Didius dans la boue et se saisit de son sceptre.

Enfant, ce Septime rassemblait les enfants de son âge, leur distribuait des haches et des faisceaux, montait sur un tribunal, et rendait la justice.

Fait empereur, il se trouve face à face avec des compétiteurs, et recule... Réduit à fuir chez les Parthes, il est pris et tué.

Après lui paraît, en 211, Bassien-Caracalla.

Enfant aussi, on le voyait fondre en larmes quand on exposait aux bêtes un pauvre condamné.

Fait empereur, il débute par un meurtre : il tue son frère Geta. Aussitôt les supplices et les tortures commencent. Il fait tomber les plus illustres têtes. Il se montre sans pudeur aux yeux de la foule ébahie. Son or n'est que du plomb. Tout-à-coup il se prend d'une belle passion pour Alexandre le Grand, et l'imite jusque dans ses idées de conquêtes.

Pauvre conquérant ! Vêtu de la casaque que lui avait donnée la Gaule, et qui le fait appeler Caracalla, il n'a d'autres triomphes que les huées dérisoires dont on l'accompagne.

Il meurt égorgé sur un grand chemin, près d'Edesse, en Asie, le royal bouffon, et nul ne le pleure, je vous jure !

Alors c'est Macrin qui règne sur le monde. Il avait l'oreille percée, parce qu'il est d'origine mauresque. Mais sa fortune rapide l'avait signalé aux légions, qui le choisissent.

Son étoile s'éteint bien vite.

Il est près d'Emèse, sous les palmiers de Syrie, un temple rutilant d'or que les nations ont élevé à la gloire du soleil. Parmi les prêtres qui desservent ce temple se trouve un jeune adulte qui compte à peine treize printemps, et que les ris et les grâces ont orné de leurs faveurs. Quand il se montrait, aux jours de fêtes, couvert de sa blanche tunique, la taille serrée d'une ceinture de pourpre, la dalmatique décorée de perles et de rubis, tous les regards se tournaient vers lui. Volontiers on l'eût pris pour le blanc Cupidon, tant son regard était doux, sa bouche rose, son air candide et naïf. Les soldats accouraient pour le voir, les matrones pour l'entendre, les jeunes filles pour trouver une des fleurs tombées de sa couronne.

Et puis, on le disait fils de Caracalla. Il se nommait Elagabale ou Soleil.

Duas le camp, son nom devint Héliogabale.

Un jour, Julia Mœsa, sa grand'mère, sœur de Julia Domna, la femme de Septime Sévère, dit en riant à des centurions :

— Saluez donc votre petit Auguste !

— Qu'il soit Auguste et qu'il devienne notre empereur ! dirent les légions, et ce qui fut dit fut fait...

Macrin arrivait : on lui livra bataille; les habitants d'Archélaüs le livrèrent au bourreau : Héliogabale fut proclamé.

Stella, voilez-vous le visage et les yeux d'un triple tissu!

Ce prêtre si doux, si pur, si naïf, arrive aussitôt à Rome. Il avait avec lui son Dieu. C'était une pierre noire et informe. Le jeune souverain de dix-sept ans, vêtu d'une robe d'or et de soie, couvert de bracelets et de colliers, les sourcils et la figure peints en blanc et en noir, n'a rien de romain. Tantôt il se montre en Cybèle, tantôt en Bacchus. Les lis et les roses jonchent son palais : on sème sous ses pas la poudre d'or et d'argent; les diamants et les émeraudes, les topazes et les améthistes couvrent ses membres efféminés.

Tout ceci semble neuf, et amuse beaucoup le peuple.

Et puis il est si étonnant dans ses originalités, si bon dans ses excentricités!

Il invite, à certains jours, huit borgnes, huit sourds, huit manchots, et les fait asseoir à une table somptueuse. Puis tout-à-coup, il met en face d'eux des lions, des tigres, des hyènes, des léopards. Grand assaut

Arc Constantin

de terreur : figurez-vous-le avec cent autres plaisanteries, sans compter les meurtres ; telle est la vie d'Héliogabale.

Lui qui aimait tant les parfums, les fleurs, les plaisirs efféminés, voilà qu'en une émeute, le bel empereur se réfugie d'effroi dans le lieu... le plus sale du camp!... Il y est pris et massacré ; et, afin de laver son cadavre, on le jette dans le Tibre, avec une pierre énorme en guise de collier.

— Savez-vous bien, dis-je à mon guide en interrompant ma revue, que l'influence dont la venue du Christ devait doter la terre, tarde bien à se faire sentir...

— Pauvre Terrien! me répond Mikaël, que vous jugez toujours les choses par les yeux charnels! vous êtes dans l'erreur. D'abord Jésus-Christ n'était pas venu donner la paix au monde, mais le glaive. C'est vous dire de suite qu'il ne voulait pas faire de la terre une région où allaient couler le lait et le miel. Il n'avait eu d'autre but que d'étouffer le paganisme en détrônant les idoles, et de donner aux âmes une religion d'espérance et d'amour, et un chemin difficile, mais terminé par le ciel.

» Or, depuis le grand drame du Calvaire, il y a deux mondes : le monde païen et le monde chrétien.

» Vous ne voyez encore et toujours que le premier : laissez-moi soulever le voile, et vous montrer un instant le second.

» Savez-vous bien, mon cher, que dans cette grande ville de Rome, sous les plate-formes de ces maisons, au plus profond de ces palais même, dans la maison d'or des empereurs, il y a un grand nombre de créatures qui ont ouvert les yeux à la lumière, abandonné les faux dieux, dépouillé la vieille nature pour revêtir la nouvelle, et, pleins de foi en Jésus, pratiquent ses sacrements après avoir adopté ses dogmes? Les légions des Césars ont des chrétiens. La garde prétorienne a ses chrétiens. Les officiers du prince, les chambellans, les échansons, les généraux, ont leurs chrétiens. Le sénat et le corps même des hiérophantes ont des chrétiens. Les courtisans les comptent par centaines. Les femmes, à la cour, à la ville, dans les faubourgs, à la campagne, ont des chrétiennes, et Dieu sait si elles sont ferventes.

» Seulement, comme les empereurs sont des tigres altérés de sang, et que la religion nouvelle n'exige pas que l'on joue sa vie sans motif, comme les édits impériaux font une guerre acharnée à tout ce qui porte la croix du Sauveur, c'est dans le cœur, c'est dans les ténèbres, dans le silence et dans la certitude d'un prochain avenir plus heureux, que les chrétiens vivent en observant la loi du Christ et en l'adorant.

» Ainsi à Rome, en Italie, en Asie, en Afrique, et puis, au nord, dans la Gaule, à Lyon, par exemple, à Bordeaux, à Nîmes, à Autun et dans cent villes déjà, les chrétiens cachés sont plus nombreux que les idolâtres, et les chrétiens connus ont donné leur vie dans les arènes et les champs de Mars. Ai-je besoin de citer les Ignace, les Potin, les Denis, les Blandine, les Perpétue et mille autres, que l'on honore comme les heureux martyrs de Jésus?

» Ah! la révolution que cause le christianisme dans le monde est, au contraire, si grande, quoique sourde, que les idoles de pierre, de bois, de marbre et d'or, tremblent dans leurs temples. Les empereurs devinent qu'autour d'eux les populations changent. Les hommes sentent que l'air se fait plus pur. Les esclaves, tout en conservant leurs manilles de fer, jugent que l'heure de leur rédemption est venue, et qu'ils peuvent dresser la tête et la lever vers le ciel.

» Et si nous pouvions descendre dans ces catacombes, dans ces sombres hypogées que cachent le Vatican, les voies Portuensis, Salaria et même l'Appia, vous trouveriez une ville souterraine avec ses grandes et petites rues, ses places et ses carrefours taillés dans le roc à plusieurs étages, mais aussi ses sanctuaires et ses temples sacrés, ignorés du vulgaire, respectés même des sbires impériaux, où se réunissent des armées de chrétiens, sénateurs, prêtres, soldats, esclaves, femmes, jeunes filles, hommes de tout âge et de toute condition, femmes de tout rang et de toute nation, et cela dans des agapes chrétiennes, pour prendre part aux mystères de la religion qu'institua Jésus.

» D'ailleurs, tenez, regardez : voici Alexandre Sévère qui a succédé à l'indigne Héliogabale, n'est-ce pas ? Eh bien ! guidé par les conseils de sa mère Mammée, qui est chrétienne, il casse tous les actes de ses prédécesseurs. Il chasse la pierre noire d'Emèse, et les autres divinités partagent son exil. Or, il en excepte le Christ, et lui fait donner place au Capitole...

» Au Capitole ! comprenez-vous la portée de ce décret ?

» Aussi, nulle main mieux que la sienne ne serait capable d'arrêter la décadence de l'empire, si l'empire pouvait être arraché à sa ruine.

» Mais la guerre l'appelle partout, car le monde se soulève contre Rome ; et, s'il triomphe des Parthes, dont il détruit sept cents éléphants, mille chars de bataille et cent vingt mille cavaliers, il tombe victime de la discipline à l'endroit du soldat, dans son camp, près de Mayence, en Germanie, en 235.

En effet, je voyais une grande agitation sur la terre. Elle semblait remuée comme par un immense tremblement.

Et d'abord un géant s'emparait du sceptre de Sévère.

Ce géant était Maximin. Il était d'une taille si merveilleuse, que les bracelets de sa femme lui servaient d'anneaux. D'un seul coup de poing il brisait les dents à un cheval. Il mangeait à ses repas quarante livres de viande et buvait trente pintes de vin. Il était Goth par son père, Alain par sa mère.

Un jour que Sévère donnait une fête à ses soldats, le pâtre Maximin, appelé par la curiosité, terrassa seize guerriers de suite dans une lutte, suivit sans broncher le cheval de l'empereur mis au galop, culbuta sept autres légionnaires qui, le croyant épuisé, s'offrirent à combattre, et fit sa fortune par sa belle humeur.

Hélas ! à peine empereur, je vis défiler des chariots de riches, de nobles, de sénateurs de Rome et de toute l'Italie qu'on lui conduisait à son camp de Pannonie, pour y être crucifiés sous ses yeux ou jetés aux bêtes.

» — Je ne veux commander qu'à des esclaves! disait-il.

On ne lui en laisse pas le temps.

Les deux Gordiens père et fils lui succèdent. On les force de se tuer.

Maxime et Balbin les remplacent; les sénateurs les poignardent.

Gordien III survient, et, plus heureux, relève l'honneur du peuple romain.

— Reconnaissez-vous là-bas cette tribu nombreuse, pleine de vaillance et d'audace que pourchasse le tribun Aurélien? me dit Mikaël.

— Non, répondis-je modestement.

— Ce sont vos ancêtres, les Francs, mon cher! dit Mikaël.

— Vrai, je n'ai pas lieu dès lors de m'enorgueillir de mon origine. Les Francs sont loin de valoir... les Français.

— Voici Gordien qui meurt dans une sédition, et nous sommes en 244.

» L'Arabe Julien, à peine couronné, meurt dans une bataille.

» Puis Décius, un terrible ennemi des chrétiens, à le juger par les tortures dont je suis témoin, lutte contre les Goths, les Hérules, les Burgundes, et d'autres barbares qui gardent les frontières.

» Ensuite Gallus, en 251, Emilien, en 253, Valérien, en 254, Gallien, en 260, Claude II, en 268, tour à tour battent ou sont battus; car l'empire plus que jamais est menacé.

— Mais quelle est cette reine, qui, le bras nu, le casque en tête, le glaive à la main, chevauche là-bas, près de la belle ville de Palmyre, jetée comme une splendide oasis au milieu des sables de Syrie? demandai-je au Lunien.

— La reine Zénobie, me répondit-il, l'une des descendantes de Cléopâtre. Ne s'est-elle pas mis en tête de régner sur l'Italie? Elle a même préparé déjà le char qu'elle réserve pour son entrée triomphale dans la capitale du monde...

— Elle y entre aussi, voyez, Mikaël; car c'est bien Zénobie que je retrouve là... mais c'est pour orner le triomphe de son vainqueur! Pauvre reine! c'est bien le cas de dire que l'homme propose...

— Et que Dieu dispose. Zénobie a été vaincue par Aurélien, proclamé empereur en 270. Mais, après le triomphe, on donne à la reine de Syrie une maison de campagne près de Tibur; et, à la fin du IVe siècle, on y retrouvera encore sa postérité.

» Encore les Francs! Les voici qui passent le Rhin... Sont-ils donc laids avec leurs cheveux peints en rouge et retroussés sur le sommet de leur tête, avec leurs longues moustaches qui pendent comme deux queues de chaque côté du nez, avec leurs spencers de peau de mouton noire! Mais aussi combien terrible est leur framée et redoutable leur francisque! Ils se pressent comme un ouragan et clament comme la tempête.

» On se hâte de nommer Tacite empereur, à la place d'Aurélien, mort dans un complot; mais Tacite était un vieillard. On l'égorge tout d'abord.

» Alors son sceptre est confié à Probus, fils d'un jardinier de Sirmium. C'était un brave. Il refoule les Goths, les Sarmates, les Francs et les Allemands; il transporte en Orient plusieurs tribus germaniques. Puis il fait régner la paix, l'agriculture, le calme et le bonheur. C'était trop beau pour les légions : elles l'immolent.

Carus, en 282, Carin et Numérien, en 283, puis Dioclétien, la tête, et Maximin-Hercule, le bras, en 285, viennent, les premiers, se couvrir de perles, s'entourer de bouffons, dormir sur des couches de roses; les seconds, répandre à flots le sang chrétien, et fixer à Nicomédie le siége de l'empire.

— Pauvre Rome! cesses-tu donc, sans mot dire, de régner sur le monde! dis-je avec emphase.

— Rome est la ville éternelle, me répond Mikaël, se faisant l'écho de mes pensées. Au lieu des empereurs, le vicaire du Christ sur la terre ne va-t-il pas y planter sa croix ?

» Après l'infâme Galerius, et après Constance Chlore, en 303, c'est-à-dire après la dilapidation des peuples par celui là, et une ère de gloire et de bonheur pour les nations par celui-ci, viennent Maximin II, Constantin le Grand, Maxence et Licinius : quatre empereurs pour un trône ! Une guerre terrible doit nécessairement éclater. Mais l'un d'eux était chrétien, et je le vois endormi sur le lit dressé dans sa tente, lorsqu'une croix lumineuse lui apparait avec cette légende :

In hoc signo vinces ! (1)

» De ce moment Constantin ne doute plus du succès. A la place des aigles romaines et des insignes idolatriques qui marchent à la tête des légions, il substitue un magnifique étendard, étincelant d'or et de pierreries, en forme de croix, surmonté du monogramme du Christ, dans une couronne d'or.

» Il appelle cet étendard son *labarum*, et il court à l'ennemi. Ses soldats, portant la croix sur leur bouclier, s'avancent jusqu'au pont Milvius, à Rome même ; et, délivré d'un coup de main, Constantin reste seul maître de l'empire, en 323.

» Son but alors se révèle dans toutes ses actions : faire de l'empire une vaste monarchie ; créer des titres de ducs, de comtes, de vice-rois ; apporter partout des améliorations, telle est la tâche qu'il remplit. Puis, se faisant baptiser à Nicomédie, par l'évêque Eusèbe, il meurt et va recevoir sa récompense de Dieu.

» Alors l'empire est divisé.

---

(1) Tu vaincras par ce signe.

» Constantin II, Constant Ier, Constance, règnent, se battent l'un contre l'autre, et ne voient pas assez que les barbares veillent et préparent de mauvais desseins.

» Puis voici venir Julien, l'apostat Julien, en 361.

» Il est petit et laid. C'est un philosophe, et, comme tel, il met sa gloire à avoir des ongles noirs longs d'un demi-pied et à sentir sa barbe touffue agitée par la vermine qui court comme les bêtes dans les taillis.

» Or, comme il avait été chrétien, qu'il avait reçu le baptême, et qu'il était philosophe, il chassa la religion du Christ mise en honneur par Constantin, et rappela Jupiter, Pluton, Neptune, Mars, etc.

» Cela faisait honneur à ses lumières.

» Aussi, des Gaules obligé de courir chez les Perses, toujours en guerre avec l'empire, il est blessé dans une bataille, et, voyant le sang s'échapper de sa blessure et appeler la mort, il le reçoit dans ses mains, et, le lançant vers le ciel avec un regard de fureur, il s'écrie :

— Galiléen, tu as vaincu !

— Oui, mon Dieu, vous aviez vaincu ; car, vous êtes le Dieu terrible, quand on vous offense ! fit Mikaël, en se prosternant pour adorer.

Puis, après que j'eus suivi son exemple, car je voyais aussi le bras vengeur de l'Éternel dans toute cette série de faits qui se succédaient, Mikaël reprit :

— Jovien le remplace : mais il signe un traité honteux avec les Perses, et on l'étrangle dans son lit.

» Aussitôt Valentinien Ier est élu à Nicée ; il s'adjoint son frère Valens, auquel il donne l'Orient comme souveraineté, et va régner en Occident, à Lutèce, petite ville de Gaule, embellie par Julien. De là, il défend ses frontières contre les Franks, les Bretons et les Maures, c'est-à-dire, à l'est, à l'ouest, et au sud.

» Mais, pendant que Valens gouverne sagement son empire d'Orient, les Huns, tribus innombrables, venues de l'Asie, passent le Danube, et viennent demander des terres aux Romains. Fritigern les commande.

L'Album merveilleux. 13

Huns et Romains se rencontrent près d'Andrinople, et l'armée romaine est anéantie, en même temps que Valens périt dans les flammes.

» Gratien, Valentinien II et Maxime règnent ensuite.

» Puis, apparaît Théodose le Grand.

» Le voici qui divise décidément l'empire romain en empire d'Orient et empire d'Occident.

Mais à peine ai-je vu le tableau de cette importante transformation, que tout s'efface à mes yeux.

— Ce sont d'affreux nuages de poussière que vous voyez charger l'horizon, me répond Mikaël. Des armées de millions de barbares réduisent le sol en poudre sous leurs pas, et la menace, l'oppression, l'envahissement, pèsent sur le monde ancien.

» C'est ainsi que, dans les décrets de Dieu, quand les peuples ont usé leur vitalité dans le crime et le désordre, ces peuples tombent pour ne plus se relever, et les nations succèdent aux nations, les hommes barbares aux hommes trop civilisés.

» Donc, la fin de la vieille civilisation est venue. Encore quelques mouvements de peuples, et tout, s'écroulant dans le monde, sera renouvelé. Rome recevra la punition de sa tyrannie et de ses excès en tous genres.

» Quel enseignement pour l'avenir!

» En vain, le paganisme se débat contre la mort. L'or du Capitole est noir de vétusté; les araignées encombrent les autels des faux dieux; les idoles n'ont plus que les hiboux pour adorateurs.

» Mais, le peuple, les grands, les rois, courent aux catacombes. C'est un peuple nouveau, sorti du vieux peuple pourri; ce sont des personnages illustres qui rougissent de leurs ancêtres gangrenés; ce sont des empereurs qui foulent aux pieds les foudres de Jupiter pour adorer la croix... Le sang des martyrs n'a pas inutilement coulé. La semence produit une riche moisson. Il faut donc des peuples nouveaux, pour une religion nouvelle. Car le christianisme a marché dans l'ombre et le silence, et l'heure d'une ère nouvelle a sonné...

X.

EGLOGUES ET BUCOLIQUES.

Fixés rapides. — Une manse gauloise. — La druidesse Hyva. — Le brenn. — Un champ de mai. — Elèves des Sarronides. — Pantomime. — Dangers de la Gaule. — Un sanctuaire à la belle étoile. — Le bûcher du sacrifice. — La vierge de Sen. — Les prisonniers du Burgh. — Une cloche de monastère. — La délivrance. — Les conquêtes de Jésus. — Fin de la pastorale.

— N'est-ce pas assez pour vous, mon cher Terrien, me dit Mikaël, qui, à mon attitude et à mon regard, jugea que j'attendais la suite de tous ces événements, n'est-ce pas assez pour vous d'avoir vu le portrait en pied des douze Césars :

» Jules, avec sa figure pleine, ses yeux noirs et pleins de feu;

» Auguste, avec ses cheveux châtains, ses petites oreilles et ses dents absentes;

» Tibère, avec ses gros yeux de bœuf à fleur de tête;

» Caligula, au front large et menaçant, coiffé d'une chevelure hérissée, et se terminant par un visage hideux;

» Claude, majestueux au repos, repoussant à l'heure de la colère ;

» Néron, affable, gracieux, ayant des yeux bleus, qui chatoyaient, et un doux visage qui souriait, l'hypocrite !

» Galba, au nez d'aigle et au crâne chauve ;

» Othon, sans barbe et chétif ;

» Vitellius, au teint bouffi et bourgeonné par l'orgie ;

» Vespasien, tout brillant de santé ;

» Titus, imposant et gracieux ;

» Domitien, aux traits anguleux, durs et farouches ?

» N'est-ce pas assez pour vous d'avoir vu les infamies de leurs successeurs ? Que voulez-vous connaître de plus ? Parce que vous avez vu commencer l'agonie du peuple romain, ce grand tyran du monde, seriez-vous donc désireux d'entendre le râle de ce colosse expirant ? La présence d'un cadavre corrompu, couvert d'une immonde sanie, aurait-elle pour vous quelques charmes ? Ou bien, seriez-vous désireux, après la chute des grandes nations idolâtres, Assyriens, Perses, Mèdes, Egyptiens, Grecs et Romains, d'assister à la venue des envoyés du ciel, conduits par le grand fléau de Dieu, voulant purger la terre ?

» Parlez ; faites-vous servir... Toutefois, écoutez :

» Vous venez de le voir, l'univers tout entier est devenu province romaine. Le monde est le jouet du colosse romain, qui lui prend son or, sa substance et sa vie. Il n'y a plus qu'un maître, Rome, et qu'un valet, l'empire ! Mais, précisément parce que l'orgueil, l'avarice, la sensualité, toutes les passions dévorent ce tyran suprême, il tombe dans le mépris, dans la haine, dans la suspicion de tous. A travers les trous de sa toge usée par la débauche, on voit que l'ogre n'est pas repu de ses orgies, et qu'il s'est amaigri, tout au contraire, dans ses excès ; on devine qu'il a perdu sa force et ses moyens ; que le crétinisme a remplacé l'intelligence, et la faiblesse, la vaillance ; aussi tout un monde nouveau se prépare-t-il à fondre sur ce vieux géant épuisé pour le jeter bas, et se partager ses dépouilles.

» C'est ce qui va se passer bientôt. C'est alors que l'on verra la substitution des peuples chrétiens aux peuples idolâtres; des nations barbares, aux nations civilisées. C'est alors qu'il se fera une ère nouvelle, selon le Christ, non point parfaite; il n'y a rien de parfait sur terre : mais tout au moins composée d'éléments nouveaux, dont le Christ sera l'âme et la vie.

» Mais auparavant, regardez ce qui passait à cette époque dans cette partie de votre Europe, que l'on nomme les Gaules.

» D'autant plus que ces églogues champêtres et ces bucoliques gauloises vous remettront, par leurs scènes poétiques et pleines de fraîcheur, les yeux autant que l'esprit et le cœur... fit Stella, qui se débarrassait enfin la tête du long peplum judaïque, dont elle s'était enveloppée par pudeur.

En effet, une pastorale digne des premiers âges s'offrait à mon regard dans une vaste contrée, boisée d'une part, en prairies et en culture de l'autre, délicieusement arrosée par de longs cours d'eaux, et dorée par les feux éblouissants d'un doux soleil d'automne.

Sur la lisière d'une forêt aux arbres touffus et chargés de glands, je voyais une grande hutte, construite en forme de ruche, et divisée en plusieurs compartiments. La salle commune, prise dans le centre de l'habitation, n'avait pour siéges que de grossiers madriers, assujettis le long des murailles. De jour, ces madriers étaient des bancs; la nuit, à l'aide de paille, ils devenaient des lits. Au-dessus de la cheminée rustique, des mains de chasseurs avaient placé des cornes de buffles sauvages et de cerfs, et des armes de guerre ou de chasse, angons, spaths, arcs et flèches. Sur une sorte de dressoir étaient étalés des patères qui me semblaient bien être des crânes humains, cerclés de cuivre ou d'argent, et des amphores aux flancs rebondis. Le sol était caché par des nattes de jagliaux et de glaïcals. Une table était dressée devant la porte, grande ouverte, et déjà des mets, qui semblaient fumer encore, étaient livrés à l'appétit de quelques hommes et des jeunes femmes de la case. Plusieurs étaient vêtus de la pénula de maître, ou bien encore de la chlamyde, tandis que d'autres, couverts de capes brunes, d'exomides ou de sayes, révélaient qu'ils étaient serfs.

Ils en étaient aux calmes chansons du soir, que la saillie gauloise affectionnait, lorsque, s'approchant d'un pas majestueux, apparaissait une grande et belle jeune fille, le front ceint d'un bandeau de verveine nouvellement cueillie; la taille pudiquement voilée dans une fine tunique de lin, blanche comme les frimats, cent fois plissée sous le sein, et laissant voir, nus et purs, des bras aussi fermes que l'albâtre; les pieds modestement chaussés de simples sandales d'écorce.

Elle tenait une branche de gui à la main, et, portant à sa ceinture de bronze une serpe d'or, elle souriait avec aménité aux convives, et semblait leur dire quelque bonne nouvelle, car les gens de la chaumière lui souriaient.

En effet, c'était une invitation à un Champ-de-Mai, qui devait se tenir le lendemain, sur les mousses de la clairière du bois, et les druides envoyaient prévenir les Gaulois par l'une des vierges de l'île de Sen, la belle Hyva, la prêtresse de Thuela; le soir, de grandes cérémonies devaient suivre le Champ-de-Mai, et appeler l'attention des dieux sur la Gaule.

L'aube avait blanchi les cieux, les rayons d'or du matin avaient percé la nue, et le soleil s'était levé radieux, que déjà les pelouses de la clairière se couvraient de vénérables Gaulois, de jeunes hommes, tous vêtus des larges braies d'usage, et du hoqueton à capuce, qui, serré à la taille, annonçait la blouse qui en provient. Les femmes, elles aussi, blanches comme le lait des génisses, leurs cheveux blonds enroulés sur leurs têtes, et coquettement parées de leurs plus belles robes, descendant à mi-jambes, arrivaient aussi : car, chez les Gaulois, les femmes, mères des hommes et sources des générations, prenaient part aux conseils publics. On y voyait venir sur leurs chevaux de labour, devenus des étalons de voyage, des guerriers de tout âge, leurs sayes bordées de fourrures ou chamarrées de broderies d'or et d'argent; les bottines de cuir fauve aux pieds, et le skamosax à la ceinture. Plusieurs avaient leurs cheveux relevés au sommet de la tête, et fixés par une agrafe, de manière qu'ils retombassent comme une crinière ombrageant toute la tête ; mais le plus grand nombre avait le chef coiffé d'un haut casque, surmonté des ailes d'un oiseau de proie; la poitrine défendue par des lames de fer agencées à l'aide de courroies de buffle, et les jambes protégées de même par de larges lanières de cuir.

Lorsque tous les guerriers furent épars, attendant l'ouverture du conseil, et que les membres de la tribu gauloise semblèrent à peu près au complet, sur le signe d'un druide, le buccin de quelques jeunes hommes, la trompe de guerre, le bugle gaulois, le cor des Romains, et un tambour de cuivre, composé de clochettes attachées l'une à l'autre, commencèrent le chant de *Diane*, chant militaire conservé jusqu'à nos jours, pour le réveil des camps ou des quartiers militaires.

Puis, après le champ de guerre, les bardes s'approchèrent, leurs cythares à la main. Les bardes étaient les poètes des Gaulois, et vêtus d'une longue robe, le front ceint d'une couronne de chêne, les yeux levés vers les nuages, qui leur prêtaient d'éloquentes inspirations, joignant leurs accords aux frémissements du feuillage, ou bien au souffle impétueux des autans, ils chantaient quelque hymne de guerre qui exaltait le courage des guerriers, ou modulaient le triomphe de la paix qui disposaient leurs cœurs à la joie.

Ce que fait entendre celui-ci, je ne saurais le dire : sans doute c'étaient les bienfaits de l'agriculture; car selon qu'il montrait dans la plaine, au loin, des jougs de taureaux attelés à la charrue et qu'aiguillonnait un colon; selon qu'il désignait du doigt la prairie qui s'étendait sur les rampes d'un vert mamelon, que surmontait un long burgh gaulois, et dont des groupes de jeunes filles éparpillaient au soleil la riche fenaison ; selon qu'il signalait les maisonnettes éparses sur la lisière des bois et formant ici village, avec leurs toits en cônes ; là, métairie, avec leurs granges appuyées aux cabanes, et leurs étables d'où s'échappaient de plaintifs bêlements, leurs yeux rayonnaient de jouissance et de plaisir pur et naïf.

Mikaël prit enfin la parole pour me dire :

— Au centre de l'assemblée se tient le Brenn de la tribu. Mais à l'une des extrémités se montre aussi le collége des druides, vêtus de leurs longues robes blanches, la barbe flottant sur la poitrine, les cheveux au vent, captivés toutefois par une guirlande de fleurs. Avec eux étaient les sarronides, leurs élèves, enlevés à l'amour de leurs mères dès le berceau, et destinés à servir d'aruspices ou à exercer la suprême sacrificature. Sous la direction de leurs maîtres, déjà ces jeunes clers avaient appris l'art de connaitre l'avenir par le vol des oiseaux, la marche des astres, ou les palpitations des entrailles des victimes; déjà leur main s'était exercée à manier la hache et le scalpel des immolations, afin de leur rendre familiers les cris déchirants des victimes, l'étude des mouvements et des regards des animaux égorgés; déjà leurs doigts s'étaient posés sur les lèvres béantes des plaies qu'avaient faites leurs couteaux... Aussi, pour cette triste science, ne fallait-il pas moins de vingt années d'exercices et de leçons, car ils devaient savoir par cœur et sans broncher toute la doctrine druidique, qui ne contenait pas moins de vingt mille vers !

» Pauvres jeunes lévites, s'ils semblaient tristes et mélancoliques, ce n'était pas sans motifs, certes! N'exigeait-on pas d'eux qu'ils vécussent dans les profondeurs des bois, couchant pendant la nuit dans des grottes humides, passant leurs jours dans des souterrains inaccessibles, répétant les vers druidiques dans leurs mornes solitudes, ou herborisant à jeun et pieds-nus le merveilleux samolus, le sésage bienfaisant, la verveine aux effets magiques, et en cherchant, pour les mystères sacrés, les œufs de vipères ou de serpents.

» Tout au plus, à certains jours, leur permet-on de dépouiller leur blanche chlamyde, bordée de pourpre, et de revêtir une courte tunique qui leur descend à peine aux genoux. Alors la taille ceinte d'une écharpe, et divisés en groupes, d'une main vibrant le spath d'acier, et de l'autre se protégeant d'un bouclier d'argent, limbé d'or, au son des fifres et des flûtes champêtres, essaient-ils de former des chœurs, en frappant à tour de rôle l'arme de leurs frères. D'autres fois, ce sont des lances qu'ils fixent en terre, et qu'ils traversent d'une autre lance placée horizontalement sur leurs pointes. Alors c'est à qui franchira le plus lestement cette barrière. Ou bien encore, à l'aide de leurs frondes, ils s'essaient à qui atteindra le but fixé, qui n'est autre souvent qu'une informe statue, qu'ils ont pétrie de leurs mains avec la fange des marais.

— Voyez-vous bien ce vieux druide qui s'est approché d'un tertre qui domine la foule, et qui se tient debout comme un prédicateur inspiré? me demande Stella.

— Sans doute, répondis-je. Et ce serait œuvre de bonté de votre part, chère Lunienne, de me dire ce qu'il semble débiter aux Gaulois assemblés...

— Ecoutez, fait Stella, dont le visage s'illumine comme d'un esprit prophétique, et qui prend la pose du vieillard :

« —Des Romains sont venus en nos contrées, et nos contrées sont devenues leurs biens. Mais s'ils ont triomphé de nos corps, ils n'ont pas vaincu nos âmes. Nos âmes sont plus libres que jamais. Elles voient même ce que ne voient pas nos vainqueurs, c'est que la gangrène du vice et la sanie de la débauche rongent ce grand colosse qui a dominé le monde, le colosse romain.

» Vainement ils ont voulu nous imposer leurs dieux, et dans Lutèce, notre grande ville, vainement ils ont élevé des autels et des statues à leurs divinités, Jupiter, Junon, Mars, Neptune, Pluton, Vénus, Minerve, Hercule, et bien d'autres. Leurs dieux les laissent périr, car ce sont des dieux morts.

» Mais nos dieux, à nous, vivent, et ils vivent pour triompher.

» Pendant que la Gaule courbe la tête sous le joug, le Romain s'étiole, s'éteint, et s'atrophie sous le vice.

» Bientôt nous relèverons la tête sous l'influence de la céleste vertu.

» Une fois nos ennemis complètement tués par leurs immondes passions, nous relèverons la tête, et nous triompherons à notre tour.

» Ainsi le veut *Hésus*, l'ancien des âges ;

» Ainsi le veut *Aïboll*, l'infini ;

» Ainsi le veut *Beal*, le sage *Atheithin*; *Griann*, notre astre lumineux, notre chaleureux soleil ;

» Ainsi le veut *Tuitheas*, le dieu de la mort ; *Teutatès*, le chef de la destruction ;

» Ainsi, nous le voulons tous, nous, druides, sarronides, semnothées, silodures et bardes, tous prêtres de *Dis*, l'Etre suprême qui commande à Hésus, à Aïboll, à Atheithin, à Griann, à Thuiteas ou Teutatès ;

» Ainsi, vous le voulez, Brenn, qui commandez à notre tribu, et vous, Gaulois et Gauloises, qui lui obéissez.

» Nous le voulons ! sont supposés crier les membres du Champ-de-Mai... ajoute Stella.

—Mais, continue Mikaël, voici que, sur un petit cheval des montagnes, là-bas, arrive, tout blanc de l'écume de son coursier, une torche à la main, un courrier des Gaulois du centre des Gaules et des frontières de l'est.

» Aussitôt tous les regards se portent vers lui. L'effroi se peint sur le visage des femmes, la curiosité sur le visage des jeunes hommes, et, sur la face des vieillards, une morne et sage attente.

» Le courrier montre les lointains horizons... Quelque grand événement se passe de ces côtés. Seraient-ce encore les Romains qui viendraient, avec des chaînes, faire de nouveaux esclaves, comme jadis Jules César ?

» Seraient-ce des missionnaires à longue robe noire, armés de la croix, qui, maîtres déjà d'une grande partie des âmes de la Gaule, et ayant vaincu les dieux des druides, viendraient en ces contrées répandre les semences de la nouvelle religion du Christ, qui fit tant de merveilles ; mais que l'on repousse, parce qu'ainsi le veut Dis, le grand dieu suprême des druides ?

» Non. Le grand mot est dit, et l'agitation est à son comble au Champ-de-Mai.

» Ce mot, le voici :

» Par-delà le Rhin, ce grand fleuve qui ferme la Gaule, et dans toutes les forêts de la Germanie, qui forment les limites de ce pays si prospère encore, malgré la présence des Romains, se pressent de nombreuses armées de sauvages, de peuples hideux, qui débordent, qui débordent sans fin, et qui vont franchir le fleuve pour inonder de leurs flots ravageurs la Gaule, l'Italie, l'Espagne, les mondes du soleil couchant !

» Jugez, cher Terrien, quelle anxiété cette nouvelle terrible répand dans tous les esprits !...

» Aussi, voici que déjà l'ombre des peupliers s'étend dans la plaine, voici que les reflets du jour désertent la clairière ; et après que le brenn et les druides se sont entretenus avec le messager venu sur son petit cheval des montagnes, le vieillard étend la main pour imposer silence aux Gaulois, qui, divisés par bandes, causent et s'agitent sous l'impression des bruits qui sont l'objet de leurs entretiens.

» Il annonce que, pour appeler les dieux du ciel au secours des dangers de la terre, de grandes supplications seront faites le soir même, au lever de la lune, dans le temple sacré que se sont choisi les divinités tutélaires des Gaulois.

» Il ajoute que l'on va veiller sur le salut de la Gaule; mais qu'aussitôt que le danger paraîtra, de grands feux seront allumés sur le sommet de toutes les collines. Ce sera le signal que tous les guerriers doivent se réunir en armes pour aller à la rencontre de l'ennemi, et lui opposer une barrière que le Rhin aura été impuissant à former!

Or, de l'autre côté du burgh que nous voyions s'élever tout-à-l'heure sur un des mamelons de la plaine, voici qu'apparaît, sur la sphéroïde, qui tourne toujours, une vaste lande formant un immense carrefour, auquel aboutissent de nombreux sentiers, dont les principaux correspondent aux quatre points cardinaux. Là, sur le sol ingrat, où poussent de maigres bruyères et des églantiers sauvages, on voit sortir de terre de hautes pierres frustes telles que la nature les a formées, qui sont debout comme des obélisques, et si nombreuses qu'elles produisent une enceinte de colonnes... On dirait qu'il y eut là jadis un temple, et que l'inclémence des saisons ayant ruiné la voûte et les murailles de l'édifice, les colonnes seules sont restées. Au centre, et comme au foyer ou sanctuaire de cette enceinte, se montre une autre pierre, plate, celle-là, mais gigantesque dans sa forme, et qui est comme l'autel de ce temple. Des rigoles ont été creusées sur cette vaste roche, et des parties rouges indiquent que, récemment encore, elle a été teinte d'une liqueur vermeille, sang d'animaux peut-être, vin de la vigne, ou sang de l'homme. Tout autour on voit que le sol a été foulé, et que les pieds ont mélangé à la terre le sang ou le vin qui ont coulé de la pierre.

Ces pierres se nomment *men-hir*, *dol-men*, *peul-wan* ou *crom-lechs*.

Comme pour se mettre en harmonie avec la tristesse des habitants de Gaule, la nuit, qui est venue, est loin d'être sereine comme le jour qui a précédé. Avec les ombres du soir le vent s'est levé, un vent âcre et violent; on voit que les arbres courbent leur ramure sous son souffle puissant. De gros nuages font retomber sur le sol des reflets gris, ternes, noirs, qui assombrissent et épouvantent.

Heureusement des lumières, rares d'abord, éparses, et comme errantes, commencent à briller parmi les bouquets d'arbustes grêles de cette sombre solitude, et leur communiquent un aspect fantastique. Puis, aux feux qui glissent se mêlent bientôt des voix éloignées, confuses, incertaines, qui se rapprochent et se communiquent. Puis, bientôt, feux et voix annoncent la présence de toute la tribu gauloise qui se réunit, répondant à l'appel suprême du grand-prêtre des druides.

Enfin, l'étrange musique du matin vient à son tour faire entendre, non plus ses sons joyeux et stridents, mais ses notes graves et sinistres qui remuent l'âme jusque dans le fond des entrailles.

Le silence se fait. La tribu, hommes, femmes, jeunes hommes et jeunes filles, enfants et vieillards, sont présents.

Alors une voix lugubre, mais vibrante, s'écrie :

« — Dis est là qui nous écoute; Hœsus est à ses côtés; Teutatès a ouvert ses bras. Dis, Hœsus et Teutatès veulent des expiations... Pour sauver la Gaule, il faut des victimes !

Un frémissement court dans l'assemblée.

Soudain la lune sort sa face brillante d'un massif d'énormes nuages, et on voit, avec des formes moins fantastiques, ceux qui composent ce mystérieux conciliabule.

Ici, c'est le collége des druides tout en robes blanches.

A leur gauche sont les légions des jeunes élèves des sarronides.

A leur droite les longues bandes de jeunes vierges, toutes en voiles blancs, avec les couronnes de verveine.

Là, le brenn et tout le peuple en masse compacte.

Alors, les regards levés aux cieux, les cheveux flottant sur ses épaules, sa robe blanche traînant sur les bruyères, l'une des vierges de l'île de

Sen, la belle Hyva, parut en face des druides et du brenn, et, promenant sur eux ses yeux brillants :

« — Pour le salut de la Gaule, je veux mourir, moi ! Je sais que mon sang sera d'une agréable odeur à Dis, à Hœsus et à Teutatès. Seulement, pour que ma mort achète la victoire sur nos nouveaux ennemis, d'autres doivent mourir avec moi. Il est ici, parmi ceux que nous nommons nos frères, des Gaulois qui, traîtres à leurs anciennes divinités, ont prêté l'oreille aux séductions des missionnaires en robe noire qui prêchent la nouvelle doctrine du Christ. Si vous voulez faire un sacrifice agréable à nos dieux, c'est, avec ma vie, de leur offrir la vie de ces Gaulois infidèles. J'ai dit... »

Un sourd murmure parcourut l'assemblée.

« — Qu'il soit fait ainsi ! » s'écrièrent les druides et le brenn.

Aussitôt on prépara un bûcher en face de la pierre plate des immolations, et, sur ce bûcher, la jeune Hyva, allègre et joyeuse, monta soudain. Seulement elle était plus pâle encore, et la lune, qui éclairait son visage, y laissait voir un frémissement imperceptible que l'énergie de la jeune fille cherchait à vaincre.

En même temps on dressait, de l'autre côté de la pierre, une énorme statue d'osier en l'honneur de Teutatès. Dans cette statue devaient être enfermés ceux des Gaulois infidèles à la religion druidique, et cet holocauste allait être livré aux flammes. Mais quelles seraient ces victimes? Hyva n'avait nommé personne, et, certes ! personne ne se présentait.

Cependant une foule de femmes et de jeunes hommes jetaient dans le bûcher d'Hyva des lettres, des gâteaux, des petits pains de beurre, des rayons de miel ; et, en précipitant parmi le bois ces richesses culinaires, et surtout les lettres écrites sur une sorte de papyrus, ils disaient :

« — Lorsque tu vas retrouver ma mère dans les mondes inconnus,

Hyva, remets-lui cette lettre qui la rassurera sur mon sort et lui dira que je suis toujours digne d'elle !

« — Offre ce miel à mon vieux père, quand tu le rencontreras assis sur les sentiers du long voyage. Qu'il sache que le lait et le miel ne nous font pas défaut...

« — Présente à ma sœur ce gâteau frais et odorant. Elle les aimait tant sur terre ! Au moins là-bas sera-t-elle heureuse de voir que nous pensons à elle. »

Les recommandations étaient terminées. Un des druides, impassible comme une statue, se tint auprès du bûcher, une torche flamboyante à la main. Des fougères sèches avaient été entassées dans l'un des angles du monceau de bois. Le druide regarda la vierge de Sen. Celle-ci comprit.

« — A Dis, à Hœsus, à Teutatès mon corps et ma vie ! » fit-elle ; et, détachant la faucille d'or qui pendait à sa ceinture, elle en appliqua la pointe sur son cœur, et soudain un jet de sang inonda la robe blanche de la victime. Elle tomba ; mais elle ne tomba pas sur le bois sec ; déjà la flamme s'élevait du bûcher, et ce fut dans les flots d'une rousse fumée et dans les ardeurs d'un feu dévorant qui s'élançait pétillant que la pauvre enfant fut ensevelie.

Seulement, du sein de l'horrible bûcher, sa voix, déjà étouffée par la douleur, s'écria :

« — Cyrnac et tous les siens sont les infidèles qui doivent mourir avec moi !

« — La prophétesse a parlé ! firent les druides. C'est Cyrnac et les siens qui doivent mourir... Sus à Cyrnac... »

Il se fit un grand mouvement dans la multitude qui encombrait les abords du bûcher en combustion. En vain se répandait une affreuse odeur de chair brûlée ; en vain pétillait le feu et s'épandait la fumée... Les Gaulois, interdits un instant par la terreur d'être désignés par la voix de la druidesse, se sentant respirer à l'aise depuis qu'ils voyaient que les victimes étaient connues, n'en étaient que plus âpres et plus féroces à donner main-forte à la volonté divine qui demandait des hosties sacrées...

Aussi bientôt, après une courte lutte, fit-on paraître devant le collége des druides et le brenn, d'abord un Gaulois aux membres vigoureux et forts, au visage énergique et mâle; mais aussi sa jeune femme, Cyria, trois fils jeunes et beaux, et trois filles à la fleur de l'âge, toutes tremblantes, et cachant leurs visages émus dans le sein de leur mère.

On voulut lier les mains de Cyrnac. Mais il s'écria d'une voix si ferme :

« — Arrière ! celui qui peut mourir pour son Dieu, pour Jésus, le Sauveur des hommes, n'a pas de lâcheté dans le cœur, et sait quitter la vie !

» — Traître ! infidèle ! ennemi de Dis, » répondit-on de toutes parts...

Cyrnac ne répondit pas. Il réunit autour de lui sa femme et ses enfants, et leur dit :

« — Prions ! »

Et le silence se fit ; car on voulut entendre leur prière.

« — Notre Père, qui êtes aux cieux, que votre nom soit sanctifié; que votre règne arrive; que votre volonté soit faite sur la terre comme au ciel; donnez-nous notre pain de chaque jour ; et pardonnez-nous nos offenses comme nous les pardonnons à ceux qui ont mal fait vis-à-vis de nous. Ne nous laissez pas succomber à la tentation ; mais délivrez-nous du mal. Ainsi soit-il.

Cette prière parut faite par des voix d'anges.

Tous les cœurs des Gaulois furent émus. Il n'y eut pas jusqu'à l'âme des druides qui se souleva dans leur poitrine, sous la céleste influence de ces mots sacrés venus de Dieu. Aussi le brenn s'écria-t-il :

« — Nos dieux ont eu un sacrifice cette nuit... n'est-ce pas assez pour cette fois. Remettons à demain l'immolation de ces autres victimes. Jusque-là, les cachots de mon burgh, là-haut, seront bien assez grands et assez solides pour renfermer et garder cette proie ! Ici, soldats de Teutatès, conduisez au burgh la famille Cyrnac; et nous tous, Gaulois, préparons-nous à revenir demain à la même heure sur cette lande : nous aurons de nouveaux conseils à émettre, et une nouvelle expiation à faire. »

Il fut fait selon la parole du chef.

Cependant la lune s'était cachée; et alors que la foule des Gaulois retournait à ses manses, en se félicitant du courage d'Hyva et du bonheur d'avoir échappé à la mort, voici que le vent souffle avec plus de violence et fait gémir les grands arbres de la plaine; l'orage, suspendu depuis long-temps sur les têtes, éclate; la foudre roule en grondant; la pluie tombe par nappes, et plus une étoile ne brille aux cieux. Alors gravissait le sentier qui conduisait au burgh du brenn la troupe choisie qui avait la garde de la famille Cyrnac. Mais ces hommes, comme les autres Gaulois, ont été ébranlés par la céleste influence de la divine prière qu'ils ont entendue. A peine veillent-ils sur leurs prisonniers; au contraire, marchant à l'arrière, ils causent entre eux de leurs druides; ils parlent surtout de l'horreur que leur inspirent ces sacrifices de créatures humaines, et, se relâchant de toute dureté vis-à-vis de leurs captifs :

« — Fuyez ! fuyez ! disent-ils à Cyrnac; nous dirons que les dieux vous ont enlevé dans un tourbillon de tonnerre et de feu...

» — Fuir ! Jamais Cyrnac ne peut consentir à une lâcheté ! répond le Gaulois. Je suis chrétien ! c'est vous dire que je suis plus brave encore qu'aux jours où j'adorais Dis, Hœsus et Teutatès...

» — Alors, si vous ne voulez fuir pour vous, du moins fuyez pour épargner à cette femme faible et délicate, à ces enfants chéris, les horreurs d'une abominable supplice ! » répondent les gardes.

Cyrnac sent ému son cœur de père. Il regarde Cyria, que souille la pluie; il regarde ses enfants, dont les pauvres membres glissent sur le sol détrempé, et répond :

» — Fuir, jamais ! Mais, non loin de cette forêt, il est un monastère fondé depuis peu par les missionnaires de Jésus. Puisque vous nous laissez libres, nous allons nous y rendre. Mais souvenez-vous, si jamais le désir de connaître mon nouveau Dieu vient à votre cœur, que c'est là que vous trouverez Cyrnac, et qu'il pourra vous y révéler les grandeurs et l'amour d'un Dieu qui ne demande point la mort de ceux qui veulent être ses adorateurs. »

Aussitôt Cyrnac s'éloigne, aidant à la faiblesse de sa femme, et encourageant le troupeau de ses enfants, plus allègres depuis qu'ils comprennent qu'ils ne vont pas à la prison. La terre, sous leurs pas, n'est plus qu'une fange immonde; mais qu'importe ? ils échappent à la mort. Ils marchent; et, malgré le froid, la sueur coule de leurs fronts, baigne tout leur corps, et, perçant leurs vêtements, se mêle à l'eau du ciel. Tout-à-coup, comme si le ciel eût eu pitié de leur fatigue, un son vibrant et d'une douce harmonie vient frapper leurs oreilles...

« — Qu'est-ce cela, père ? disent naïvement les enfants en se retournant vers Cyrnac.

» — La cloche du monastère, répond-il.

» — Qu'est-ce qu'une cloche, père ? disent plus naïvement encore les pauvres enfants harassés.

» — La voix de Dieu, qui vous appelle et vous ouvre ses bras; le chant du ciel, qui vous crie d'espérer; le dernier bruit du désert, qui vous annonce qu'une nouvelle famille vous attend; et que désormais vous êtes à l'abri de toute peine dans le sein de l'amour et au foyer de la charité... » fit Cyrnac haletant et heureux d'arracher les siens au triste sort qui leur était réservé.

Cependant le son de la cloche devenait plus distinct; il se rapprochait; et bientôt, à la sortie de la forêt, dans l'ombre de la nuit épaisse, nos voyageurs peuvent distinguer la masse noire d'un nouvel édifice.

C'est le monastère de Sainte-Marie.

Cyrnac arrive : sa main, tremblante de joie, saisit le lourd marteau qui tient à la haute porte du couvent, et l'agite bruyamment. La porte s'ouvre aussitôt, comme si la famille exilée eût été attendue. C'est que la charité des apôtres du Christ veillait, attendait toujours.

Aussitôt nos voyageurs sont reçus dans la salle commune, et, sans qu'il soit nécessaire que Mikaël me continue les explications des aspects de la sphéroïde lunaire, je reconnais bien vite les disciples de Jésus.

Ils sont là, empressés, inquiets, agités du bonheur de porter secours à des créatures humaines. Couverts de la cape du pauvre, décorée du pallium, signe de leur mission sacrée, proclamant leur indigence et leur humilité, ils ne conservent autour de la tête qu'une humble couronne de cheveux, se dépouillant avec joie du centre de cette chevelure, dont la longueur flottante est l'indice de la puissance et de la noblesse chez les barbares. Et leur demeure elle-même apparaît simple comme leurs vêtements. Ils dressent une table, mais elle est d'une admirable frugalité; et si les enfants de Cyrnac s'y assoient, ils n'y trouvent que des mets fournis par la nature, et nullement préparés par l'art.

Je vous laisse à penser quelle est leur joie !

Toutefois, Cyrnac raconte l'aventure de la nuit. Pour toute réponse, les Pères lui font voir, en lui montrant l'horizon, que, nonobstant les sacrifices humains des Gaulois et leur projet de prendre les armes, tout l'est de la Gaule est envahi déjà.

En effet, la sphéroïde, en tournant, me révèle de nouveaux aspects. Et quels aspects, grand Dieu ! Jamais mon œil d'homme n'a vu d'aussi étranges spectacles que ceux qui me sont réservés en ce moment.

Fallait-il donc que ces calmes et paisibles sites de la Gaule, heureuse, bientôt plus heureuse encore sous la nouvelle loi du Christ que sous l'autocratie des druides, fussent troublés par l'arrivée d'hôtes nouveaux et devinssent leur proie, comme ils l'avaient été déjà des Romains? Hélas! il est dit qu'il n'y a rien de stable sur terre, et que toutes les joies seront courtes, comme toutes les douleurs souvent répétées!

XI.

PORTRAITS NOUVEAUX.

Invasion des Barbares. — Les Chinois et leur culte. — Cause du débordement des peuples d'Asie. — Thoulu-Khan. — Défilé de sauvages. — Les Franks fashionnables. — Une cuve en fusion. — Assaut de laideur. — Théogonie scandinave. — Le Walhalla, élysée des braves. — Odin et son coursier. — Le géant Kymmer. — Les sables de l'Océan se faisant hommes.

—Mon cher Terrien, vous qui êtes ami du beau, me dit alors Stella, faites-vous pendant une heure observateur du laid... Mais il est indispensable que vous digériez la vue de cet immonde défilé de sauvages, que l'Asie toute entière, et le nord de l'Europe, envoient à votre Occident, comme une formidable avalanche humaine, ou une infernale invasion de diables sortis de l'enfer. Réjouissez-vous du reste, vous n'avez ici que la représentation de ce qui fut une horrible réalité. Et puis d'ailleurs, en fils bien né, laissez parler votre cœur, car après tout, dans cette formidable masse d'affreuses peuplades, il en est, je n'en doute pas, qu'il vous sera doux à plus d'un titre de contempler, car ce sont vos pères, les auteurs de vos jours, les nobles Franks... Dam! peut-être bien que votre amour propre ne sera pas précisément flatté, cela, je me l'explique. Mais que voulez-vous? On voit des pères camus, louches, brèche-dents, boiteux et bancals, qui ont de charmants enfants... Vous supposerez que vous êtes un produit de cette sorte, voilà tout... ajouta malicieusement ma spirituelle compagne.

— Mais au moins, sans prendre autant plaisir à me déchirer l'épiderme, répondis-je, faites-moi connaître les causes d'un pareil débordement. Cent fois j'ai entendu parler de cette invasion de barbares, qui a substitué un monde nouveau à l'ancien monde des Assyriens, Perses, Egyptiens, Grecs et Romains. Mais, d'où venaient ces peuples nouveaux, quels étaient-ils? que venaient-ils faire? quel est le mot de cette affreuse énigme qui sort de terre des millions de sauvages!

— Dans la partie la plus reculée vers l'est de l'Asie, répondit Stella, se trouve un peuple presque aussi vieux que le monde.

» Ce sont les Chinois.

» Ils ne couvrent pas moins de deux cent vingt mille lieues de surface. Cette race indigène habite ce pays depuis le déluge. Ils dérivent de la même souche que les Hébreux et les Arabes.

» Leurs prétentions s'égarent à ce point, à l'endroit de Noé, qu'ils le désignent comme leur premier roi et le fondateur de leur empire.

» Quoique faisant partie des premières nations du monde, les Chinois n'ont pas eu dans les arts et les sciences les mêmes progrès que les Chaldéens, les Assyriens et les Egyptiens. C'est seulement sous Confucius, cinq cents ans avant Jésus-Christ, qu'ils paraissent avancer dans la civilisation.

» Dans la nuit religieuse de ce peuple, Confucius fut le premier qui essaya d'établir quelques dogmes. Il fait reconnaître l'existence d'un Etre unique et supérieur, sous le nom *Tien*. Toutefois, il ne défend pas d'une manière absolue d'honorer les dieux qui ont des attributions particulières. Ainsi, *Phélo* est le dieu du sel. Sa fête a lieu en juin, et tout le peuple, monté sur les jonques nationales, sillonne la mer en tout sens pour en trouver. *Ti-Kang* préside aux enfers, et a sous ses ordres cinq juges et huit ministres. Pour redevenir pur, il suffit de prier mille fois devant son autel, de faire des dons à ses pagodes et d'enrichir ses *bonzes* ou prêtres. *Tsoui-Kouan* est le dieu de la mer, et l'un des personnages de la Trinité chinoise ou Tien. La déesse de la Lune, *Tchangno*, a donné son nom aux fins sourcils taillés en arc qui distinguent les belles Chinoises.

» Les Chinois ont aussi divinisé les héros, les empereurs et même les hommes fameux dans les sciences et dans les arts. Ainsi Qoanti-Gong, leur premier empereur, est devenu un dieu. Ils lui ont élevé une idole d'une hauteur colossale. A ses côtés se trouve toujours l'écuyer Lin-Tchéou. L'inventeur de la porcelaine, simple ouvrier, a aussi les honneurs de la divinité. Désespéré de ne pas réussir assez vite dans un travail, l'infortuné se précipita dans une fournaise brûlante. Son corps, fondu soudain, devint du caolin, matière à porcelaine.

» Enfin, les Chinois croient aux Esprits, qu'ils nomment les *Geï*, et aux bons génies, qu'ils appellent *Xin* ou *Tchin*. Ils ont même des divinités allégoriques, telles que *Djosic*, célèbre idole qui préside aux voyages. Java possède sa statue. Chaque soir, on brûle sous son nez une feuille de papier argenté.

— Mais, ma chère Stella, quel chemin prenez-vous donc pour me conduire à l'invasion des Barbares... dis-je en ricanant. M'est avis que dans la lune, comme sur la terre, on connaît le chemin des écoliers.

— Prenez patience, Monsieur, et vous verrez que je suis plus à mon sujet que vous ne pensez. Avant de vous en donner la preuve, et puisque nous parlons religion chinoise, laissez-moi vous dire un seul mot de la Mythologie japonaise. Elle a aussi son enseignement : ne serait-ce que celui du grand miroir qui, pour tout ornement, décore leurs temples. Savez-vous bien ce qu'il signifie, cher Terrien?

— Non, vraiment...

— Il est l'emblême de la pureté du cœur de l'homme. L'homme doit être comme un miroir...

— L'idée n'est pas trop mauvaise...

— Vous trouvez? Donc les divinités du Japon se nomment *Kamis*. Le *sintoïsme* ou religion prescrit beaucoup de pratiques superstitieuses et autorise les pèlerinages, les confréries, les couvents.

» Le grand Pontife, appelé *Daïri*, est aussi vénéré que le Lama, dont nous avons parlé.

» Le plus grand de leurs dieux est *Ten-Sio-Dai-Tsin*. On ne peut l'implorer que par l'entremise des divinités secondaires. Il a un temple magnifique à Yédo. On y voit son idole avec ses deux chiens *Koma* et *Inou*.

» *Topan* préside aux orages et au tonnerre.

» *Maristin* est le dieu de la guerre.

» *Jebicon* commande aux flots et aux vents.

» *Iabouski* est le chef des maladies.

» *Iène* règne sur les âmes des jeunes mariés et des vieillards.

» *Jemma* est le roi des enfers, et son temple est à Bungo.

» Enfin, *Amida*, le dieu suprême des cieux et des régions de la félicité, est le sauveur et le médiateur des hommes. Il s'est incarné, et sous la forme humaine il a racheté bien des créatures. Bref, il s'est tué, parce que la mort était sans pouvoir sur lui.

— En vérité, cette dernière divinité est une copie de notre Incarnation du Verbe.... dis-je à Stella.

«— C'était ce que je voulais vous faire conclure; et cela prouve que les fausses théogonies sont généralement des contrefaçons maladroites de votre véritable religion.

» Maintenant revenons aux Barbares.

» Les Chinois avaient et ont encore pour voisins les Tatars. Les Tatars et les Chinois sont perpétuellement en guerre. Ces derniers ont dû leur céder même une portion de leur empire, et courber la tête sous le joug de leur domination. Mais voici que monte sur le trône un Tatar, plus remuant que tous ceux qui avaient régné jusqu'alors.

— Il a nom Thoulu-Khan. Il se trouve bientôt trop à l'étroit dans les régions qu'il possède. Aussi prend-il le char de guerre, le casque de guerre, le sabre de guerre; et le voilà qui s'agite si fort et si bien pour étendre ses conquêtes, que les peuples du pôle, pressés dans leurs régions par le mouvement d'oscillation qu'il imprime aux contrées Boréennes, se refoulent, à travers les steppes du nord, et débordent des extrémités de l'Asie, sur les pays limitrophes. La terreur force les nations qu'ils pressent à reculer à leur tour. C'est alors une commotion des plus violentes qui s'étend à l'Asie centrale; de l'Asie centrale reflue sur 'Asie occidentale, pénètre en Europe, et porte ses flots dévastateurs jusque dans les forêts de la Germanie et sur les bords du Rhin.

» Or, tous ces peuples, ainsi mis en mouvement par l'effroi d'abord et la nécessité, prennent bientôt goût à cette vie nomade d'incursions, de rapines et de larronneries.

» Plus ils se rapprochent de l'Europe, plus ils entendent parler d'un grand peuple, qui a des vêtements d'or, des armes d'or, des meubles d'or, des palais d'or.

» Plus ils se rapprochent de l'Europe, plus ils trouvent que le soleil est chaud, la terre féconde, les sites riants, la nature pittoresque.

» Plus ils se rapprochent de l'Europe, plus ils voient qu'à l'inverse des contrées qu'ils quittent, et où ils avaient peur, ce sont eux maintenant qui sèment l'épouvante et l'effroi.

» Plus ils se rapprochent de l'Europe, et plus ils pêchent abondamment le poisson dans les rivières; plus ils tuent le gibier dans de giboyeuses forêts; plus ils cueillent de fruits dorés sur les arbres, plus ils se délectent dans de bonnes maisons, de jolies villes bien bâties.

» Faites-les donc reculer désormais.

» Toutefois il se fait un temps d'arrêt en Germanie.

» Ils apprennent là, que déjà, avant eux, les Cimbres et les Teutons, ont quitté, comme ils font, leurs terres de Scandinavie, et par masses compactes se sont jetés sur l'Italie, la région de l'or, des fruits et du soleil. Mais on leur dit qu'alors ils ont rencontré sur leur chemin les armées de ce peuple, aux vêtements d'or, aux armures d'or, aux meubles d'or, aux palais d'or, à savoir du peuple romain; et que le général qui commandait ces armées, Marius, a si cruellement pourfendu les Cimbres et les Teutons, que leurs cadavres engraissent les plaines d'Aquæ Sextiæ, et du nord de l'Italie.

» Aussi se prennent-ils à réfléchir.

» D'autre part, ils rencontrent, assises sur les rivages du Rhin, et animées des mêmes intentions, les nations germaines des Chérusques, des Cattes, des Chamaves, des Frisons, des Bructères, et d'autres, confédérées sous le nom de Franks ou hommes libres.

» Autre motif de délibération.

» Faudra-t-il donc passer sur le dos de ces Franks, ces Franks se laisseront-ils faire? Et pourtant, en étudiant ces Franks, et le beau butin qu'ils ont déjà fait sur les Romains, les conquêtes qu'ils méditent méritent bien une bataille. Eblouis de la beauté des esclaves faits sur les Romains, de la somptuosité des étoffes prises aux Romains, de l'éclat des meubles ravis aux Romains, il ne sera pas trop payer que d'user de violence, pour pénétrer dans ces régions fortunées de l'Occident.

» D'autre part, les Franks, serrés par l'odieux voisinage des Barbares, qui les poussent, se décident à franchir le Rhin et à monter vers le nord de la Gaule...

» Le passage devient libre dès-lors. Aussi quel mouvement soudain, quelle agitation, quel désordre!

» Pauvre Gaule! Regardez, cher Terrien, comme vont la fouler les pieds sauvages de ces nations barbares!

» Deux grands courants s'établissent dans cette formidable avalanche :

celui des Franks, qui vont au nord de la Gaule, et celui des autres nations, qui vont chercher gîte au sud.

» Notre sphéroïde vous les montre, regardez...

Je regardais, en effet, mais anéanti, terrifié, livré à l'épouvante.

Parés de la fourrure des ours et des sangliers des forêts, ces Barbares m'apparaissaient comme des armées de hideux animaux. Leur taille est serrée par une tunique étroite et courte de pelleteries à longs poils; la couleur d'une mer orageuse brille dans leurs yeux. Leur chevelure est blonde, mais ils la teignent d'une liqueur rouge et sanglante. On leur croirait des mufles de dogues et de loups, car ils laissent croître les poils de leurs lèvres. Leur main droite est armée d'une lourde francisque, hache à deux tranchants affilés; de la gauche ils portent un bouclier qu'ils agitent comme une roue rapide. Quelques-uns sont armés d'un angon, sorte de dard à deux fers recourbés, et ils attachent à leur ceinture une massue de bois dur ou de fer qu'ils nomment framée. Leur armée ne s'avance jamais qu'en cône, terrible triangle de glaives étincelants, de corps couverts de peaux et demi-nus, inébranlable pyramide. Leurs cavaliers sont coiffés de casques, décorés de gueules ouvertes de serpents ou de chacals; leurs boucliers sont blancs; des corselets de fer les enveloppent, protégeant leurs poitrines; ils ont au bras un anneau, symbole de leur vaillance future.

— Ce sont les Franks, cela! me dit Mikaël... Ce sont là vos chers ancêtres, ceux qui ont donné le jour à vos frères et à vous-même, ceux qui ont fondé votre vaste empire...

— Convenez, fit Stella avec ironie, que si ces braves Franks apparaissaient tels que vous les voyez à l'horizon de Paris, comme ils apparurent jadis à l'horizon de la Gaule, en 429, leur aspect ferait bien vite déserter vos rues et vos boulevards, déguerpir au loin vos belles dames et vos tendres dandys, qui, tous, ne trouveraient pas de coins assez obscurs, et de caves assez profondes pour se cacher.

— Or, c'est un peu l'effet que vous produisites, continua Mikaël, sur les doux, les paisibles et pacifiques Gaulois, vous autres Franks, tatoués de rouge et de bleu ; Franks à la chevelure teinte au carmin ; Franks aux spencers et aux caracos de peaux noires de buffles et de chèvres sauvages.

» En les voyant de notre Lune, nous nous sommes sentis tous frissonner d'horreur et de dégoût. Ah! c'est qu'ils n'avaient rien d'attrayant ni de gracieux, vos chers ancêtres, mon mignon! Figurez-vous, ce tableau aidant, qu'ils réunissaient tout ce qui peut se rencontrer de grotesque, de bizarre, d'excentrique et de plus féroce dans les coutumes des sauvages. C'étaient tout à la fois des petits hommes maigres et basanés, ou des espèces de géants aux yeux verts, à la chevelure lavée dans la chaux, frottée de beurre rance ou aspersiée de cendres de frêne. Les uns nus, ornés de colliers, de bracelets de fer, pour tout vêtement ; les autres, couverts de sayons, de braies, de tuniques bigarrées. D'autres encore, le menton et l'occiput rasés, mais peinturés de vert ou de blanc, offraient de si effrayantes grimaces, que c'était à frémir.

— Mais, je remarque que les Franks ne sont pas encore les plus hideux, dis-je à Mikaël, avec une certaine satisfaction.

— Non, c'est vrai : le courant qui descend vers le Sud montre de plus horribles types. Voyez les défiler, tous ces monstres vomis par l'Asie; attirés par la renommée des richesses de Rome, devenue le coffre-fort de l'univers; appelés par la douceur de votre climat; invités par les merveilles que l'on débitait sur les cités de l'Occident, bien autrement agréables à habiter que des tentes de peaux de bêtes placées sur des carrioles; séduits par le luxe des Romaines, qu'ils ambitionnent pour leurs femmes ; affriandés enfin par le plaisir même de dompter ces grands dompteurs...

» Et, puisque vous avez été assez curieux pour vouloir juger la laideur proverbiale des Alains, des Suèves, des Marcomans, des Hérules, des Huns, des Goths, des Gépides, des Sarmates, des Burgundes, des

Allemands, des Vandales, venus qui sur des charrettes, qui sur des cavales, des onagres, des buffles, des dromadaires, voire même des éléphants, et cela des points les plus reculés de la Scythie, de la Tartarie, des profondeurs des contrées couvertes de frimats ; ne perdez pas un coup-d'œil de cette affreuse vision, qui ressemble à un cauchemar, et lisez sur tous ces fronts les inexprimables passions qui bouillonnant dans le sang de ces caractères égoïstes et sauvages.

Je regardais en effet, les cheveux hérissés, la pâleur de l'effroi sur le visage, et je voyais des millions d'hommes, nombreux comme les sables de la mer, s'agitant dans les vastes plaines de la Germanie, franchissant en deux sens contraires le grand fleuve du Rhin, et entrant en vainqueurs dans la Gaule tremblante au bruit de leurs pas. Des chars et des chevaux, du bétail et des basternes, des soldats et des esclaves, des femmes et des vieillards, des tentes debout et des monceaux de bagages, se présentaient à l'œil, pêle-mêle, dans un désordre, dans une confusion qui reproduisaient le cahos. On jugeait que le bruit, les cris, les hennissements, le cliquetis des armes, le rauque murmure des trompes, le roulement des chars, les mugissements des troupeaux, la voix des chefs, les glapissements des enfants, avaient dû former un infernal accompagnement à cette vague étourdissante, à cette marée montante, à ce débordement de chair humaine. On voyait que les oiseaux s'enfuyaient, effrayés ; les arbres tremblaient, comme secoués par un vent de tempête ; les montagnes paraissaient s'agiter sous le poids des hommes, et de la terre s'élevait un nuage impur qui voilait le mouvement de cette indescriptible cohue. Mais enfin, cette masse animée, confuse, hurlant, se poussant, se heurtant, s'ébranlait... et, comme un serpent gigantesque, cherchant issue à sa course furibonde, défilait vers le Sud, en un long repli, et s'entassait en une large procession qui tournait une montagne.

C'étaient d'abord les Suèves.

Ils avaient de larges braies et de longs sayons de peaux. Hauts de stature, les yeux verts, la chevelure teinte d'une couleur blanchâtre, ils avaient plaisir, comme les femmes, à se décorer de colliers, d'anneaux de fer et de bracelets d'or.

C'étaient les Hérules.

La moitié de leur chevelure était rasée. Presque tous portaient des massues de bois, des maillets de fer, des frondes, des lanières de cuir terminées par des harpons, des flèches armées d'os pointus.

C'étaient les Quades.

Ils s'avançaient, montés sur de hauts dextriers, bardés de fer, ou enfourchant de laides et chétives cavales. Leurs corps étaient tatoués de bleu, de rouge, de noir. Leur cou semblait énorme, comme celui des taureaux. Pour ajouter à leurs charmes naturels, ils se déchiquetaient les joues, qui ne montraient que plaies béantes ou cicatrices boursouflées.

C'étaient les Rugiens.

Leur visage noirci, sans barbe, plat, effrayait tout d'abord. Ils étalaient, sur leurs épaules, leurs cheveux tressés, qui pendaient comme une horrible auréole de hideux serpents.

A leur suite, cheminaient des chariots, sur lesquels s'ébattaient des femmes, sans voiles, des enfants, sales et fétides, toute la lignée de ces sauvages, digne progéniture de tels pères.

C'étaient les Alains.

Montés sur de vieux dromadaires, ils avaient, en guise de manteaux, des peaux tannées d'hommes, les peaux de leurs ennemis, auxquelles pendaient la tête desséchée des cadavres.

C'étaient les Vandales.

Leurs faces, talladées, présentaient l'aspect d'écailles livides, surmontées de crêtes rouges, qu'ils s'étaient attachées par le moyen d'opérations douloureuses. Ces barbares se précipitaient sur leurs ennemis, le glaive au poing, et collant leurs lèvres aux blessures qu'ils faisaient, ils en suçaient le sang.

C'étaient les Burgundes.

Ils coupaient cruellement les mamelles des femmes, et se préparaient ainsi des festins qu'ils trouvaient délicieux. Saisissaient-ils un ennemi? sans retard, ils lui fendaient la poitrine haletante, et, d'une main féroce, lui arrachaient le cœur, qu'ils dévoraient avidement.

C'étaient les Marcomans.

Plus poétiques que leurs frères, ces peuples recueillaient avec amour les brises du soir et les murmures des flots, et alors ils croyaient entendre le frémissement du char du soleil se plongeant, pour éteindre ses feux, dans les ondes de l'Océan.

C'étaient les Goths, les Visigoths, les Ostrogoths.

Porteurs de riches carquois, ils y renfermaient les pierres, blanches ou noires, symboles de leurs bons ou mauvais jours.

C'étaient les Kymris, les Saxons.

Ils mettaient des colliers et des couronnes d'ambre à leurs femmes ; mais, pour eux, ils portaient les chevelures de leurs ennemis qu'ils avaient scalpés dans le désordre de la mêlée.

Tous ces peuples étaient de race teutonique, et devaient former la nouvelle race germanique, dont l'Allemagne allait leur offrir villes, campagnes, lacs et forêts.

Puis les autres tribus qui survenaient étaient de race sarmatique, roxolane ou moscovite, et allaient produire la nouvelle race slave, qui allait dominer dans la partie orientale de la même Allemagne.

C'étaient les Sarmates, Russes futurs.

Leurs jeunes filles ne se mariaient qu'après avoir tué un ennemi de leurs mains. Ils s'avançaient sur de rapides traîneaux, que tiraient des chiens vigoureux.

C'étaient les Croates, qui délaissaient les neiges du Caucase, pour tenter la fortune dans les plaines fertiles de l'Europe ;

C'étaient les Massagètes, qui déclarent les sentiments de leur cœur, en fixant leur carquois au char de la beauté qu'ils préfèrent ;

C'étaient les Transes, pleurant sur les enfants qui naissent ;

C'étaient les Venèdes, qui dorment sur le tombeau de leurs pères, afin de s'inspirer de leurs sages conseils ;

C'étaient les Gépides ;

C'étaient les Bohêmes.

— Or, tous ces peuples ont des croyances, cher Terrien... me dit Stella, qui me toucha l'épaule, comme pour me rappeler de ma muette contemplation. Vous plaît-il d'entendre ce qu'étaient les rêveries de ces hommes, à l'endroit de leurs dieux?

» Ecoutez :

» Avant que le monde fût créé, il n'existait que deux divinités, dont l'une, appelée le *Père universel*, habitait un palais de lumière et de feu, tandis que l'autre, sous le nom de *Sutur le Noir*, était renfermée dans les enfers, séjour des ténèbres, où coulaient plusieurs fleuves, bouillonnants et empoisonnés.

» Entre le palais de feu et la demeure des ténèbres, s'étendait un vide immense, qui n'était autre que l'abîme.

» Survint le géant *Ymer*, qui, dans cette région toute de frimas, ayant faim, ne trouva rien de mieux à sa disposition qu'une vache merveilleuse, dont les mamelles faisaient couler quatre grands fleuves de lait. Ymer alors devint père d'une race de géants.

» Cependant la vache, en léchant des rochers couverts de givre et de sel, fit pousser des cheveux d'homme à ces pierres, et il en sortit un magnifique jeune homme, *Bure*, qui, de son côté, procréa *Bore*.

» Or, les fils de Bore tuèrent Ymer.

» En tombant dans l'abîme, son cadavre forma la terre ; son sang, la mer ; ses os, les montagnes ; ses cheveux, les arbres ; et les rochers, ses dents.

» Son crâne devint la voûte du ciel, soutenue par quatre nains ; et sa cervelle produisit les nuages.

» De ses sourcils, on fit une citadelle qui s'appela *Midgard*, ou la ville du milieu.

» Alors *Odin*, fils de Bore, construisit un pont lumineux, de trois couleurs, pour monter au ciel, où, aidé de ses frères, il se bâtit des villes, et, comme les fils d'Ymer étaient à craindre, *Hiemdal* fut chargé par lui de garder le pont.

» Cet Hiemdal avait l'oreille si fine, qu'il entendait l'herbe croître dans les prairies, et pousser la laine sur le dos des brebis.

» En outre, pour plus de sûreté, son épée flamboyait, et il avait à la main une trompette qui frappait, de ses sons aigus, les quatre coins du monde.

» Cependant Odin, ses frères et leurs femmes travaillaient dans le ciel. Je ne vous dirai pas les merveilles qu'ils produisaient en meubles, en étoffes, en ustensiles d'or, d'argent, de pierreries ; je ne vous énumérerai pas les glaives et les armures qu'ils fabriquèrent. Je dirai seulement qu'ils se réunissaient par fois sous le frêne *Ygdrasil*, dont le feuillage s'étendait sur le globe, comme un gigantesque parasol.

» Trois fées, *Urda*, *Verandi* et *Skulda*, c'est-à-dire le passé, le présent et l'avenir, arrosaient perpétuellement ce frêne, d'une fontaine qui coulait à sa racine.

» La plus belle des villes du ciel était *Asgared*, bâtie toute en argent, et elle était la résidence de *Frigga*, la femme d'Odin, et la plus belle des déesses, et de *Thor*, son fils, le plus terrible des dieux.

» Non loin de là s'élevait le *Walhalla*, palais splendide, ayant cinq cent quarante portes, résidence des guerriers morts sur le théâtre des batailles, et destinés à composer l'armée céleste d'Odin, le père des combats...

— C'était l'Élysée des braves... dis-je à Mikaël.

« — Précisément. Or, chaque matin, dès qu'un coq éternel avait crié son koquerico! les cinq cent quarante portes s'ouvraient, et les guerriers, couverts de leurs armures, se livraient de formidables assauts, dans lesquels ils s'écharpaient avec bonheur. Mais, dès que l'heure du repas tintait dans l'air, chacun de ces grognards remontait à cheval, comme s'il n'eût pas eu horions et blessures; rentrait au Walhalla, buvait bien, mangeait mieux, et savourait le banquet servi par les trois *Walkiries*.

» Pendant qu'ils dépeçaient de la sorte un merveilleux sanglier, toujours renaissant, deux corbeaux disaient à Odin les nouvelles de la terre. A l'aide de caractères mystérieux, qu'il appela *runes*, Odin gravait leurs récits sur les rochers de la Scandinavie...

— Mais alors, dis-je encore, en interrompant Mikaël, ce sont ces caractères runiques que j'ai retrouvés, moi, dans un voyage que je fis en Suède et en Norwège, sur de grises et monstrueuses roches toutes tapissées de lichens et de mousses?

— C'est à n'en pas douter, mon cher, continua Mikaël.

» Maintenant je ne vous dissimule pas qu'il y aurait beaucoup de choses à vous dire sur le cheval d'Odin, porté par huit pieds, et gratifié du nom de *Sleipner*, ce qui veut dire *éclair*.

» Je ne parlerai pas non plus de *Loke*, un polisson de dieu, si méchant, que ne trouvant pas de déesse qui voulût de lui, il enleva une géante, de leurs ennemis, appelée *Angerbode*, c'est-à-dire, messagère de malheur. De cette union naquirent trois monstres, le loup *Fenris*, le serpent *Midgard*, et la mort, qui fut nommée *Héla*.

— Hélas!

— Pas de calambourgs, Monsieur... *Tyr*, un des dieux, voulut enchaîner le loup, qui était gros comme un éléphant. Le loup joua le bon apôtre et se laissa faire. Mais à peine enchaîné, muselé, entravé, le gredin gonfla ses muscles, et tout l'attirail de fer tomba brisé comme du verre.

» Alors des génies noirs donnèrent à Tyr une nouvelle paire de chaînes, mais fines et souples comme de la soie.

» — Venez, mon petit, venez, fit Tyr au loup...

» — Je te reconnais, chéri! répondit le loup.»

» Puis, riant dans sa barbe, et assuré de rompre ses menottes, le loup, qui était assez bon garçon, prêta ses pattes aux chaînes, à la condition que Tyr tiendrait sa main dans sa gueule pendant l'opération du ferrement.

» Tyr hésita bien un peu, mais il y allait de son honneur, les autres dieux étaient là! Et ils riaient! ils riaient.

» Donc, il mit sa main, pendant que l'on garrottait le loup. Infortuné! sa bonne foi le rendit prisonnier pour jamais!

— Et la main de Tyr! demandai-je.

— Fut tranchée d'un seul coup de dent, mon cher Terrien.

— Alors il resta manchot?

— Evidemment. Je passe également sous silence les voyages de Thor. Cependant il est bon que vous sachiez qu'il cheminait, en vrai gentlemann, dans un fort bel équipage, attelé de deux boucs de bois, ayant des freins d'argent, et ces boucs, quoique de bois, allaient bien... comme la foudre.

» Il avait pour compagnon de voyage une massue...

— Une massue?... m'écriai-je.

— Une massue... mais quelle massue! Quand le dieu Thor avait faim, cette massue se changeait en un gigot succulent...

— Que de gens voudraient porter avec eux une pareille ressource, et pouvoir changer leur gourdin en un mets savoureux!

— Le dieu Thor eut de singulières aventures avec *Thialfe* et *Raska*. Le gant du géant Kymmer fournit un autre épisode à ce voyage. Vous les lirez, si bon vous semble. Mais il serait par trop long de vous parler de la grandeur d'*Utgard;* du chat couleur de feu; de la lutte de Thor contre Héla; du rêve de *Baldor;* de la déesse *Nanna;* de *Gna* la messagère, de Hermold l'agile; de Nifflcim ; de la porte de *Nastrond ;* de l'enfer et de ses pleurs sans fin : je laisse toutes ces richesses de l'imagination scandinave à vos études terriennes, lorsque vous voudrez les approfondir.

— Alors vous ne me parlez pas nos plus de leurs scaldes? Heureusement nos ménestrels et nos trouvères ou troubadours me révèlent suffisamment le genre de leurs poésies. Du reste, je reconnais dans ces rêveries des Scandinaves, de grands rapports avec la Mythologie des Perses...

— Très-bien ! fit Mikaël. Je jouis de vous trouver si juste appréciateur des choses. Aussi devez-vous reconnaître que cette religion scandinave, qu'avec les autres barbares que vous voyez, vos pères, les Franks, apportaient en Europe aux pauvres Gaulois, avec lesquels ils allaient se mélanger après les avoir domptés, était bien un peu indigeste. Qu'en dites-vous?

— Surtout pour des cerveaux fatigués déjà par les sanglants mystères de Hæsus et de Teutatès, ou les fictions énervantes des divinités grecques et romaines... répondis-je.

— Aussi, les Gaulois regrettèrent presque les Romains, dont cependant le joug les avait bien endoloris.

— Dites, mon père, que quelqu'un veillait du haut du ciel, et que nonobstant cette confusion de langues et de divinités, sur ce sol même de l'Europe, et avec ces nations sauvages, mais neuves, il allait se faire une transformation qui prouvait la grandeur et la puissance du Créateur des mondes... fit Stella.

» Ce quelqu'un, c'était Dieu!

— C'est que, quand Dieu veut châtier les hommes coupables, reprit Mikaël, il envoie d'autres hommes qu'il arme d'un pouvoir particulier, et, les déchaînant, il leur dit comme à ces barbares :

— Allez, foulez tout aux pieds; que votre colère nivelle le sol, et que sur les traces de votre passage on ne recueille ni l'épi des moissons, ni la tuile de la moindre chaumière. Soyez le vent de la colère du Seigneur!

Et, comme absorbé dans la contemplation de toutes les choses étranges que je voyais passer sous mes yeux, présentées par la merveilleuse sphéroïde, je perdais mon regard dans cette immense inondation de barbares, débusquant de tous les points de l'Est; de ce déluge vivant envahissant notre hémisphère, et ne répondais pas à Mikaël. Il continua :

—Oui, regardez tous ces hommes fameux, que le bras de Dieu armait de son pouvoir pour punir et châtier les hommes coupables ; contemplez comment, au lieu d'un cataclysme de tempêtes et d'ouragan, propre à renouveler la surface de la terre en la balayant, il envoie des flots humains, des vagues d'hommes, et des trombes de guerriers, pour effacer les races vivantes, et remplacer ce peuple vieilli dans l'iniquité et le crime, par des nations barbares, c'est vrai, mais neuves et aptes à recevoir une semence féconde; et admirez comme, dans les desseins éternels du Tout-Puissant, rien ne se fait que par sa volonté d'abord, mais aussi rien n'arrive qui ne soit amené pour le bien général de l'humanité et de l'enseignement de l'homme, la première des créatures...

Et je regardais, en effet, cette marche infinie, aussi effrayante que si chaque grain de sable des Océans, se faisant homme soudainement, cette armée infinie se mettait en mouvement.

Soudain, je m'écriai :

— Qu'il est long, ce défilé des Barbares !

» Je croyais qu'il touchait à sa fin, et voici que de nouveaux peuples s'ébranlent, et se mettent en mouvement dans cette vaste cuve où bouillonnent ces flots de chair humaine.

» Mais quel est ce nouveau peuple?

» Et, à la tête de ce nouveau peuple, quel est ce nouveau guerrier?....

— Ah ! ah ! il mérite bien une attention particulière, celui-là... dit Mikaël, triomphalement...

» Ce peuple ? c'est le peuple des Huns !

» Et ce guerrier ? c'est Attila, le fléau de Dieu !

XII.

TRANSFORMATION DES TYPES.

Le fléau de Dieu. — Théodose et Attila. — La vierge de Nanterre. — L'heure finale. — Alaric. — Un fleuve pour tombeau. — Les grandes images. — La France et ses héros. — L'Angleterre et ses grands hommes. — L'Allemagne et ses empereurs. — A quel propos la Russie met Mikaël en fureur... — Merveilleuses métamorphoses. — Monde nouveau et nouveau monde. — Poésie américaine. — Autre Mythologie. — Drames chez les Aztèques.

Or, voici ce que je voyais.

Dans les plaines situées entre le Danube et le Theiss, j'apercevais un édifice de bois, entouré de plusieurs portiques, de cours immenses, et fortifié d'épaisses palissades. Le maître de ce palais rustique était robuste et lourd, à tête grosse, à larges épaules, aux yeux enfoncés dans leur orbite, offrant le vrai type des futurs Kalmouks, ses descendants.

Cet homme, qui se promenait devant le palais de bois dont je parle, qui croisait les bras sur sa poitrine, qui laissait ses officiers se tordre à l'aise dans leurs salutations empressées et serviles, cet homme était Attila.

On le surnommait lui-même le fléau de Dieu!

Sa démarche était arrogante, et ses manières impérieuses. Afin d'ajouter à l'effroi de ceux qui l'approchaient, il se plaisait à faire rouler ses petits yeux sous ses épaisses paupières noires, et l'aborder en tremblant était une flatterie qui ne manquait pas son effet. Jusqu'alors il s'était baigné dans le sang : aussi se trouvait-il le souverain seigneur des Pannoniens, des Sarmates, des Roxolans, des Venèdes, des Lombards, des Ostrogoths, des Avares, et de vingt autres peuples qui lui baisaient les pieds.

Le roi des Gépides, Ardaric; les rois ostrogots, Wladimir et Théodomir, étaient les courtisans assidus de ce despote du désert, et Théodoric II, l'empereur d'Orient, lui payait un tribut. Ses relations s'étendaient jusqu'aux frontières des Sines ou Chinois. Après avoir tué son frère Bléda, qui occupait avec lui le trône des Rugilas, leur oncle, Attila, le fléau de Dieu, avait commencé son règne par subjuguer les Tatars-Geougen. Puis, affermissant sa domination sur les Slaves et les Germains, il s'était allié à Genséric, le chef des Vandales, et avait été battre l'ivraie à travers les campagnes romaines. A son approche, plus terrible et plus véhémente que celle d'un torrent, l'Illyrie, la Dardanie, la Thrace, avaient tremblé. Ce n'était pas à tort. Il ne laissa pas pierre sur pierre à son passage : il réduisit en cendres soixante-douze cités. De Pydna aux Thermopyles, il ne fit qu'un amas de décombres. S'il épargna Constantinople, ce ne fut qu'après avoir humilié et rançonné son lâche empereur.

On vit, en ces jours de décadence, Théodose II envoyer le consul Maximin et l'historien Priscus, demander pardon à Attila d'un prétendu complot tramé contre ses jours. Assis sur un escabeau, la main posée sur le glaive des batailles, le roi des Huns reçut les ambassadeurs romains dans son pavillon, autour duquel un sérail de princesses captives brodaient les tuniques et les manteaux de ses guerriers.

— C'était un grand homme que cet Attila, reprit alors Mikaël. Vos hommes de l'histoire, mon cher Terrien, ont beau le déprécier et en faire un vrai barbare... Attila comprenait son rôle, et il joua parfaitement la mission qu'il se disait donnée par le ciel.

» Du fond de sa ville de bois, au centre des herbages de la Pannonie, écoutez-le dire, sans morgue et sans orgueil :

« — Je ne sais lequel de mes deux bras je dois étendre pour saisir l'empire d'Orient ou l'empire d'Occident, et si j'arracherai de la terre Rome ou Constantinople... »

» Aussi c'est en ces termes qu'il envoyait ses lieutenants dénoncer la guerre aux empereurs de Byzance et de Rome :

« — Attila, ton maitre et le mien, t'ordonne de préparer un palais pour le recevoir... »

» Le voyez-vous ce terrible fléau, se jeter en furieux sur votre Gaule ? Metz est détruite ; Troyes va subir le même sort. Mais le Christ est venu sur terre : il députe, au tigre féroce, le doux Salvien, le modeste Prosper, l'humble Paulin, et l'intrépide Lupus.

» La croix à la main, les saints pasteurs arrachent au Tatar le salut de leur ville et des campagnes qui l'entourent.

» Jésus triomphe du brigand. Il en triomphe encore, près de Lutèce, par la vertu d'une vierge, Geneviève de Nanterre.

» Alors, de ruine en ruine, chassé par les prodiges, Attila court sus à Orléans. Là encore un vicaire du Sauveur, par son héroïsme et la croix, délivre la ville, et pousse le ravageur vers les plaines de Châlons. Aussitôt s'engage cette terrible bataille où, contre les innombrables hordes d'Attila, la victoire se déclare en faveur des phalanges franques, commandées par Mérovée, des escadrons romains, dirigés par Aétius, et des troupes de Visigoths, que conduit Théodoric.

» Attila, de dépit, quitte la Gaule, après d'horribles massacres : il ravage tout sur son passage, en s'écriant :

« — Là où mon cheval a passé, l'herbe ne repousse plus. »

» Bientôt il atteint Rome. Mais, une dernière fois, un prêtre du Christ, le pape saint Léon, désarme le conquérant, qui retourne en Pannonie, où il meurt...

— Hélas! la mort, la mort, toujours! C'est la fin du pâtre solitaire comme du dominateur des mondes... dis-je, en coupant court à la dissertation historique de Mikaël.

Mais il ne s'arrêta pas pour si peu.

— Attila n'est pas la seule grande image que nous offre cette invasion des barbares, qui vont créer un monde nouveau sur les ruines de l'ancien.

» Contemplez, à son tour, le roi des Visigoths, Alaric.

» Il était le plus humain de cette armée de conquérants; mais la mésintelligence qui régnait entre les successeurs de Théodose le Grand, lui ouvre les portes de l'Italie. Par l'entremise de Stilicon, il conclut bien un traité avec Honorius, d'après lequel il doit entrer en Epire, et, de là, attaquer Arcadius, avec les troupes de Stilicon; mais, cet arrangement n'ayant pas eu de suite, Alaric demande un dédommagement, et Honorius lui promet quatre mille livres pesant d'or. Après le paiement des quatre cent huit premières livres, Honorius enfreint le traité. Aussitôt Alaric entre de vive force en Italie et investit Rome, qui ne se rachète du sac qui la menace que par le paiement de cinq mille livres d'or, trente mille livres d'argent, quatre mille tuniques de soie, trois mille pièces de drap écarlate, et trois mille livres de poivre...

— De poivre! Il y avait une épigramme là-dessous, j'imagine?

— Epigramme ou non, le barbare était plus digne que le prince civilisé. Pour manquer toujours à ses dires, Honorius vit trois fois sa ville de Rome assiégée par Alaric. Enfin, en 410, ils la pillent, en incendient une partie, et dévastent ses plus beaux monuments. Toutefois, la modération d'Alaric le rend encore plus grand. Il ordonne d'épargner les églises et tous ceux qui se seront réfugiés dans leur enceinte.

— C'est ainsi que Rome, cette reine déchue de l'univers entier, qu'elle a dominé, éprouve, par droit de représailles, ce que tant de villes, de pays et de peuples avaient souffert d'elle, aux temps de sa grandeur et de sa puissance.

— Oui; car toutes les immenses richesses qu'elle avait conquises, dans les trois parties du monde, et accumulées dans ses murs, pendant l'espace de mille ans, devinrent, en un jour, la proie des barbares. Alaric quitta Rome au bout de dix jours, dans le dessein de conquérir la Sicile et l'Afrique. En effet, il dévaste d'abord la Campanie, la Calabre et l'Apulie. Mais la main de Dieu tombe sur lui, à l'heure la plus propice pour ses projets, et la mort le surprend, à Cosenza, en 410. Et, sur notre sphéroïde, vous pouvez voir l'histoire de ses funérailles.

Je voyais, en effet, bon nombre de prisonniers, chargés de chaînes, qui, sous le fouet des Visigoths, détournaient à grand'peine le cours du fleuve Busento, et lui creusaient un nouveau lit. Et, quand ce travail était achevé, dans le lit du fleuve détourné, les mêmes prisonniers enfouissaient le cercueil d'Alaric. Mais ce n'était pas un cercueil ordinaire : il était d'or; et ce premier cercueil d'or était renfermé dans un autre cercueil d'argent, qui, à son tour, était enclos dans un cercueil de plomb... Et, pour que le grand guerrier pût jouir, dans l'autre monde, des trésors qu'il avait gagnés pendant sa vie, il était couché sur un lit de diamants, de rubis, d'émeraudes, de topazes, de lapis-lazzulis, de perles, et de mille choses précieuses. Puis, pour le servir dans les mondes inconnus, on égorgea son cheval sur sa tombe humide; on immola tous les prisonniers qui avaient travaillé à détourner le lit du Busento, afin que nul ne pût révéler le secret de sa sépulture, et que le lieu de son repos demeurât constamment ignoré. Enfin, pour que la mort et la terre gardassent à jamais leur proie, le fleuve fut rappelé dans son lit, et on effaça jusqu'aux moindres traces du nouveau cours qu'un moment on l'avait contraint à prendre.

— Si bien, que jamais la sépulture ne fut violée? demandai-je.

— Jamais! fit Mikaël.

— Et on ignore toujours où repose le terrible Alaric?

— Toujours! ajouta le Lunien.

— Alors Rome dut respirer... dis-je à mon guide.

— Autant de temps qu'il lui en fallait pour faire de splendides réjouissances à l'occasion de cette mort inespérée. Mais les barbares avaient appris le chemin de Rome avec Alaric, en même temps qu'ils devinaient l'impuissance et la faiblesse de cette ancienne maîtresse du monde.

» Que vous dirai-je maintenant de Fritigern, qui passe le Danube avec la permission de Valens, pour s'établir dans ses contrées?

» D'Athanaric, son successeur, que Théodose le Grand repousse au-delà du fleuve, et contraint à venir à Constantinople signer un traité de paix?

» De Wideric, qui s'établit en Thrace avec les Ostrogoths, et se convertit à l'arianisme, par l'influence de l'évêque Uphilas?

» De Radagaise, autre chef des Goths, qui fond sur l'Italie avec deux cent mille barbares de diverses nations teutoniques, qu'écrase Stilicon?

» De Gundicaire, qui, avec les Burgundes, se fixe entre l'Aar et le Jura, et s'y fait une patrie?

» De Godigisèle, d'Hermanaric et de Respendiate, qui, en 409 envahissent l'Espagne, avec leurs hordes sauvages?

» De Genséric, chef des Vandales, qui, appelé par le général romain Boniface, comte d'Afrique, pour nuire à Aétius, le patrice impérial, s'empare de toute l'Afrique romaine, à l'exception de Carthage?

» De Théodoric, qui fait de Toulouse sa capitale, et s'établit dans cette belle partie des Gaules qui avoisine les Pyrénées et l'Océan-Atlantique?

» De Ricimer, chef des Suèves, qui, par ses intrigues plus que par ses victoires, affaiblit l'empire romain jusqu'à faire des empereurs de ses créatures?

» D'Odoacre, roi des Hérules, qui met fin à l'empire d'Occident en déposant son dernier empereur, Romulus Augustule ?

» D'Amalaric et d'Athalaric, qui se partagent l'Espagne et l'Italie ?

» De Vitigès et de Totila, qui furent vaincus enfin par Bélisaire et Narsès ?

» D'Alboin, roi des Lombards, appelé par Narsès, et tué par sa femme Rosamonde, dont il avait irrité la douleur filiale, en la forçant de boire dans le crâne de son père Cunimund ?

» Des premiers rois francs, qui bientôt repoussent les barbares, purgent l'Italie, et en donnent la souveraineté temporelle aux papes, qui y avaient déjà toute l'influence morale ?

» Rien : si ce n'est que cette époque terrible devient la nuit du désordre, des troubles, de la confusion, du chaos...

— Que l'on nomme le moyen-âge, où l'ère de la transition entre les peuples anciens et les peuples modernes, qui tous naissent et sortent de cette époque fatale de substitution et d'anarchie.

— Heureusement Clovis et Charlemagne vont venir rétablir l'ordre dans l'Europe... ajouta Mikaël.

— Heureusement surtout le flambeau de l'Evangile va répandre ses rayons lumineux dans ces ténèbres épaisses qu'entretiennent mille passions grossières et vingt religions différentes tout aussi confuses... dis-je à mon tour.

» Et alors le jour se fera : car le fils de Dieu, le crucifié du Calvaire, répandra la rosée de ses miséricordes sur tous ces peuples endoloris par leurs vices, et il se fera une résurrection qui montrera tous ces barbares sortant des langes immondes de la sauvagerie, et se faisant grands par la civilisation chrétienne.

» Si bien que la Gaule va devenir France sous le grand Clovis, sous l'illustre et puissant Charlemagne, sous l'adroit Hugues-Capet, sous le magnanime Philippe-Auguste, sous le pieux Louis IX, sous le rusé

Louis XI, sous le savant François Ier, sous le populaire Henri IV, sous le majestueux Louis XIV et sous le prodigieux Napoléon Ier.

Et alors la face du monde sera renouvelée !

— Oui, mon très-cher, reprit Mikaël, la Gaule va devenir France,

» Comme la Germanie va devenir l'empire d'Allemagne, par Conrad Ier;

» Par Henri l'Oiseleur;

» Par Othon le Grand, qui soumettra la Bohême et l'Italie;

» Par Conrad le Salique;

» Par Frédéric Barberousse, qui prendra la croix avec votre noble Philippe-Auguste;

» Par Rodolphe de Hapsbourg, qui conquerra l'Autriche et la Styrie;

» Par Charles de Luxembourg, qui publiera la Bulle d'or;

» Par Maximilien et Charles-Quint, déjà roi d'Espagne;

» Par Marie-Thérèse...

— La mère de notre sainte martyre, Marie-Antoinette, archiduchesse d'Autriche et reine de France... m'empressai-je de dire...

— Chut! fit Stella... laissons là l'histoire moderne...

— C'est un triste et grave souvenir que vous évoquez là, cher Terrien; et il vous honore! reprit Mikaël, toujours prêt à la réplique. Mais il prouve que la terre est une vallée de larmes, et que, quelque chose que l'on fasse, elle aura toujours ses barbares, jusqu'à la consommation des temps...

Mais j'interrompis à mon tour Mikaël, le philosophe, pour continuer notre légende, et dire :

— Et pendant que la Gaule deviendra France et Allemagne, la Germanie,

» La Sarmatie, les Roxolans ou Russes, deviendront la Russie par les faits et gestes de Wladimir, qui appellera le christianisme dans ces régions;

» D'Iwan III, qui en chassera les Tartares;

» De Pierre le Grand, qui civilisa son peuple barbare encore, créa une puissante marine, et vainquit Charles XII, roi de Suède;

De Catherine Ire;

De…

— Halte-là, malheureux insensé…, cria Mikaël.

» Dites-nous, Monsieur, que la Grande-Bretagne deviendra l'Angleterre, par Egbert le Saxon;

» Par les Edouards;

» Par Canut le Grand;

» Par Guillaume le Conquérant, qui, de simple duc de Normandie, se fit roi des Iles-Britanniques, à la suite de la bataille d'Hastings;

» Par Henri II de Plantagenet, qui sera maître d'une partie de la France, à raison de son mariage avec la fameuse Eléonore, femme de Louis VII, qui la répudiera bien imprudemment;

» Par Richard-Cœur-de-Lion, l'un des chefs de la troisième croisade;

» Par Henri V, que le honteux traité de Troyes, fait par Isabeau de Bavière, rendra possesseur de presque toute la France;

» Par Henri VI, victime de la querelle des deux Roses, Yorck et Lancastre

» Par les Tudors;

» Par les Stuarts;

» Par les Brunswicks;

» Signalez aussi, si tel est votre bon plaisir, les grands monarques de l'Espagne, Bécarède;

» Roderick;

» Pélage;

» Ferdinand le Catholique, l'époux d'Isabelle de Castille;

» Philippe II, l'inflexible successeur de Charles-Quint…

» Rappelez-nous la transformation de l'Italie;

» Dites-nous les Guelfes et les Gibelins;

» Etalez là les querelles de l'investiture des princes;

» Citez les grands pontifes qui ont illustré la tiare, après que les Hérules et les Lombards eurent été contraints de retirer leur épée devant le Pouvoir-des-Clés, appuyé des armes françaises de Pépin le Bref et de votre illustre Charlemagne...

» Exaltez les métamorphoses merveilleuses que la civilisation de l'Evangile produisit chez les Visigoths,

» Les Burgundes,

» Les Suèves,

» Les Vandales,

» Les Maures ou Sarrasins, devenus :

» Aquitains,

» Gascons,

» Bourguignons,

» Espagnols,

» Arabes et Berbers...

» Vantez-nous l'Asie du Sud muée en Turquie, et chantez sur des pipeaux rustiques la gloire de Soliman III, des Sélim, des Mohamed, des Achmet, des Mustapha, des Mahmoud et des Abdul-Méjid, en ces moments actuels...

» Parlez-nous des Etats slaves,

» De la Pologne, par exemple, dont le premier wayvode, fut le Polonien Leckh ;

» Auquel succéda le kral Prémislas ;

» Qui vit sa dynastie des Piast, fondée par un paysan de ce nom ;

» Qui eut pour premier prince chrétien, Mieczislas Ier ;

» Puis Boleslas Ier, l'Intrépide ;

» Casimir Ier, qui fut moine à Paris ;

» Boleslas III, le Victorieux ;

» Hedwige, la fille cadette de Louis le Grand, de Hongrie, par qui fut entée la race fameuse des Jagellons ;

» Vladislas VI, qui périt à la bataille de Varna;

» Sigismond Ier, le vainqueur des Russes;

» Michel Wiesnieuski;

» Stanislas Leczinski;

» Stanislas Poniatowski... et qui enfin succomba sous les coups furieux de l'autocrate russe...

» De la Bohême, dont l'origine appartient aux Boïens...

» De la Hongrie, Ungren, étrangers;

» De la Bulgarie et des Mongols, toujours nations slaves;

» Enfin, pour peu que cela vous charme, entretenez-nous des Etats scandinaves, Suède, Norwège et Danemarck;

» Avec leurs Charles;

» Leurs Ericks;

» Leurs Wlademars;

» Leurs Olaüs;

» Leurs Haquins;

» Et surtout leur Marguerite, surnommée la Sémiramis du Nord, parce qu'elle vainquit un compétiteur à Falkoping, et, par le célèbre traité de Colmar, réunit sur sa tête les trois couronnes scandinaves...

» Mais, pour et par l'honneur! ne nous parlez pas de la Russie!

— Pourquoi donc, cher Lunien? l'impartialité...

— L'impartialité?

» Ne savez-vous donc pas qu'Ivan IV est là pour vous fermer la bouche, et vous imposer silence?

» Ignorez-vous qu'il s'appelait le Terrible?

» Ne vous a-t-on pas dit que ce fut un czar farouche, impitoyable, pétri de fange et d'infamie?

» N'avez-vous pas entendu parler de son Kremlin?

» Et puis, la Russie n'a-t-elle pas eu naguères son Nicolas, qui, pour le bon plaisir de son ambition, vient de mettre l'Europe en feu, et de causer la mort d'une infinité de malheureux! Les tambours et les canons de la France et de l'Angleterre ne font-ils pas retentir à vos oreilles le nom de Sinope?

— Oui, mais à ce nom lugubre de Sinope, ont répondu les grands noms d'Alma!

d'Inkermann!

De Tracktir!

De Tchernaïa!

De Kinburn!

Et enfin la prise de Sébastopol!

— C'est égal, Terrien, ne nous parlez plus de la Russie!

» La Russie ne compte plus parmi les nations. Ce n'est plus qu'une tribu d'antropophages. Elle doit être rayée de la carte du globe. Que l'on donne son territoire au premier envahisseur, car il est dans les desseins de Dieu, le vengeur de l'opprimé, de l'effacer, je l'espère, oui, de l'effacer de la surface du monde.

— Vous êtes plus sévère à l'endroit des Russes, dans la lune, mon cher Mikaël, que nous ne le sommes sur la terre...

— Laissez les Russes à la honte de voir leur ambition déçue, fit Stella, qui intervint, et veuillez vous occuper un peu plus, mon cher Monsieur, du motif qui vous amène près de notre sphéroïde. Nous venons de vous parler du monde nouveau qui succéda à l'ancien, et, sur ce chapitre, vous me semblez suffisamment érudit. Mais il est aussi un nouveau monde, sur lequel je serais bien aise que vous jetassiez les yeux. Il pourrait vous révéler une foule de choses dont vous auriez quelque profit.

» Tenez, voici que la sphéroïde, obéissant à ma parole, ou plutôt à mon simple désir, vous apporte les aspects que je veux vous faire connaître. Vous n'avez plus qu'à regarder... Regardez donc...

Ce que je vis en ce moment, cher lecteur, ne ressemblait plus en rien à ce que j'avais contemplé jusqu'alors. C'était un tout autre spectacle, grandiose, sublime, merveilleux.

Le jour semblait se faire sur une nature sauvage et magnifique tout à la fois. J'apercevais d'énormes montagnes qui fermaient l'horizon, tout en nageant dans de douces lueurs teintes d'azur et de pourpre. Les dentelures de ces monts gigantesques, frissonnant ainsi dans de chaudes vapeurs, offraient un aspect qui ravissait, tant était ineffable la poésie du site. A gauche, sur les rampes des montagnes, et descendant jusque dans de vastes plaines, se montraient de vastes forêts vierges, d'une végétation si luxuriante, d'un feuillage bronzé si tranchant, que c'était à rester en extase. Mais, ce qui surtout charmait mon regard, c'était un vaste lac, dont les rives étaient si brillantes, que l'on eût juré que le sol qui les formait était d'argent ou d'or. De légers esquifs sillonnaient ce lac, et sur ces gracieuses gondoles, je voyais des jeunes hommes et des jeunes femmes, si beaux, si parfaits de formes, que je ne comprenais rien, en vérité, à cette ravissante vision. Mes beaux nautonniers étaient presque nus. Cependant, un vêtement de plumes éblouissantes ceignait leur taille svelte, et s'arrêtait à leurs genoux. Ils avaient au front des cercles d'or, aux bras des bracelets de même métal, à la cheville des pieds cachés dans de soyeux mocassins, d'énormes anneaux de corail et d'argent; et au cou, des colliers de toutes les pierres précieuses les plus rares. Ils animaient le lac de leurs jeux et de leurs courses nautiques, comme les plus charmants oiseaux de la création donnaient le mouvement et la vie aux bois qui entouraient une partie de ce lac.

De ce lac sortait une large rivière, aux flots bleus, aux murmures harmonieux, et, chose étrange! de distance en distance, le long du fleuve, s'élevaient des pyramides majestueuses aussi remarquables, et très-semblables à celles de l'Egypte. Et, comme le jour naissait à peine, sur la plate-forme de ces pyramides brillaient encore les flammes de feux qui allaient s'éteignant; mais qui, évidemment, avaient dû servir à éclairer la navigation pendant les ténèbres de la nuit. Cette fois, je comprenais l'utilité de pareilles pyramides; et ce fut un point bien arrêté, dès-lors dans mon esprit, qu'autrefois les pyramides de Chéops, de Cephrem et d'Asychis avaient dû avoir semblable destination sur les bords du Nil.

A droite, dans une brume d'or transparente, c'était une autre vision bien autrement prodigieuse.

Je voyais une ville, mais une ville qui ne ressemblait en rien à nos cités. De superbes palmiers en formaient la vaste enceinte. Cette enceinte était partagée par une infinité de canaux, dont l'onde à fleur de sol reflétait le luxe de leurs rivages. En effet, d'autres palmiers bordaient ces cours d'eaux, et, à une distance de quelques vingt mètres, s'élevaient de riches et somptueux palais. Certes! ces palais d'une architecture unique, admirables d'élévation, de lignes, de grandeur, n'étaient que de pauvres maisonnettes, à côté d'un nombre inouï de temples qui s'elevaient sur tous les points, mais dont la beauté, dont la forme originale, excentrique, était encore effacée par un temple si vaste et si extraordinaire, qui occupait le centre de la ville, que je ne pouvais rassasier mon regard du plaisir de le contempler.

Figurez-vous une immense pyramide, composée de cinq ou six terrasses, en retraite les unes sur les autres, et au sommet de laquelle il y avait un ou deux sanctuaires en forme de tours. Au centre de ces tours, et sur leurs sommets, je distinguais des formes humaines, mais gigantesques, énormes, immobiles, d'où je conclus que ce devait être des idoles.

Je ne me trompais pas.

Le jour s'était fait, radieux, pur, et brûlant sur cette scène sublime que j'avais sous les yeux. Aussi, je vis bientôt tout un peuple paré de ces costumes légers dont j'ai parlé, qui se rendait aux pieds du grand temple que j'avais sous les yeux. C'était un imposant spectacle que cette mosaïque vivante d'hommes et de femmes, aux pagnes pittoresques, agenouillés dans le vaste pourtour de cette pyramide, qui touchait la voûte du ciel. Mais ce fut un bien autre spectacle qui me frappa les regards.

D'un des palais les plus somptueux, des rives du plus grand canal, sortit toute une longue procession de prêtres, vêtus de blanc, de rouge, de bleu, de vert, selon le titre hiérarchique dont ils étaient revêtus; coiffés de couronnes d'or, ayant des ceintures d'or, et marchant gravement vers le temple, précédés d'une musique de tambourins, de flûtes et de trompes, d'étendards et d'oriflammes, et ayant tous en main des coupes d'or, des vases d'or, des urnes d'or, des bannières d'or, des couteaux d'or, et montant par de larges escaliers jusque sur la large plate-forme qui couronnait le temple et d'où s'élançaient les tours et les idoles monstrueuses.

A la suite de ce long défilé de prêtres, qui tous avaient un brillant soleil d'or sur la poitrine, venaient d'autres prêtres ayant des robes toutes d'or, qui portaient étendu, développé dans l'éther bleu, à l'aide de longs bâtons d'or, un large filet d'or, devant lequel toute la foule s'inclinait, courbée jusqu'à terre.

Et derrière ce vaste filet d'or, qui semblait le palladium de ce peuple, s'avançait sur un char d'or, indescriptible de richesses, traîné par des hommes vêtus d'or, et supportant un dais magnifique, de l'or le plus pur, sous lequel se prélassait un homme à splendide costume d'or, qui devait être le roi de cette nation, dont nulle part encore je n'avais vu le sosie.

Pardonnez-moi de prodiguer ainsi l'or dans mon récit : mon rôle de fidèle historien m'oblige à ne rien omettre; et l'histoire est là pour attester si je me tiens dans les règles voulues, à l'endroit de l'exactitude et de la vérité.

Donc, pendant que tout ce cortége débusquait du palais pour se rendre au temple, à l'opposite, par une route, une sorte de chaussée, creusée fort au loin, à l'opposite, dans les masses de rochers qui formaient les montagnes de l'horizon dont j'ai parlé, arrivait une armée dont j'élèverai le chiffre à quarante mille hommes, tous dans la tenue légère et originale des hommes de cette nation singulière, à savoir des pagnes de plumes. Seulement, ces guerriers avaient sur la poitrine des cuirasses, représentant le soleil; sur la tête un cercle d'or avec une autre effigie du soleil, et à la main des arcs, comme, au dos, des carquois remplis de flèches. Avez-vous souvenance de ce que j'ai pu vous dire de la *Via Appia*, à Rome, que je vous ai signalée comme la plus belle voie du monde? Eh bien! en regard de cette admirable chaussée sur laquelle s'avançait cette armée, la voie Appienne n'était plus qu'un chemin de traverse.

Hélas! comme toutes choses ont leurs revers de médaille! Au milieu de ce luxe de décors et de cette splendeur de mise en scène, voici que j'aperçus une troupe nombreuse, peut-être bien de vingt à vingt-cinq mille hommes, qui s'avançait à l'arrière, chargés de chaines, nus, flétris par la souffrance, brûlés par le soleil, épuisés par une fatigue dont je ne pouvais me rendre compte.

J'eus bientôt le mot de cette énigme.

J'ai dit qu'au sommet des terrasses superposées qui formaient le temple, des tours s'élevaient vers le ciel, et avec les tours, des idoles énormes. Ces idoles n'étaient pas seulement gigantesques, elles étaient hideuses de laideur.

Il y avait là tout un Olympe...

Je laisse parler ici Stella, qui me voyant fasciné, stupéfait, incertain de ce que je voyais, prit enfin la parole:

— Vous avez devant vous l'Amérique, qui n'est que soupçonnée, et n'est pas encore découverte, me dit-elle.

». Et de l'Amérique, vous avez devant vous le Mexique et la ville Aztèque de Tehochtitlan, qui sera bientôt Mexico. Tout autour de ce vaste bassin, dont vos yeux découvrent difficilement les limites, il y a grand nombre d'autres villes, tout aussi riches, tout aussi belles que celles qui frappent là vos regards.

» Sur ce peuple des Aztèques, règne le roi Montézuma.

» Ce pays produit l'or, comme le vôtre donne la pierre.

» Ces Aztèques ont le sabéisme pour religion ; c'est-à-dire qu'ils adorent le soleil et le feu.

» *Quetzacoak* fut le grand-prêtre et le législateur du Mexique, qui avait pour peuples les Aztèques, les Moqui, les Chapanèques, les Mayas, les Ilzacz, les Zapatèques, les Tarasques, tous confondus sous le nom d'Aztèques ou Mexicains. Ce Quetzacoak venait de l'Orient, d'un pays inconnu. Il était moins barbu et moins basané que les indigènes. Non-seulement il civilisa ce peuple par les arts, les métiers et l'agriculture, mais il leur donna aussi la religion, malheureusement fausse, du culte des Astres, dont il se disait le fils.

» Toutefois, si la religion du soleil est dominante, les dieux d'un autre ordre ne sont pas exclus.

» Ils ont le grand dieu *Théocalli*, l'Etre irrévélé.

» Ils ont *Ichconixa*, qui, avec ses quatre sœurs, *Trucapan*, *Teigon*, *Tlaco* et *Choncosti*, président aux affections.

» *Ilamàteuchtli* est la déesse de la vieillesse. Sur son autel, chaque année, on immole une femme, que l'on force à danser en présence de l'idole.

» La déesse des moissons, *Tsinthéoll*, se contente, pour offrandes, de fruits et de fleurs.

» Mais en dédommagement, les dieux sanguinaires *Gonatouzaka*, *Teskatlibochtli* et *Quetsalocalt* veulent des victimes humaines. Ce n'est pas comme chez les Grecs, par hécatombes, qu'on sacrifie les hommes à ces idoles terribles, que vous voyez se dresser sur le sommet du temple, c'est par milliers. Ainsi va-t-on égorger sous nos yeux les vingt-cinq à trente mille prisonniers que vous apercevez garrottés, à la suite de l'armée triomphante de Montézuma, qui rentre dans Mexico.

» Lorsqu'on inaugura ce temple, on ne sacrifia pas moins de soixante mille prisonniers.

— C'est horrible! et je vois que déjà le sacrifice commence! dis-je à Stella, sans crainte de l'interrompre.

» Tenez, voici le grand sacrificateur qui frappe les victimes! l'une après l'autre : on leur arrache le cœur encore palpitant, et les membres, divisés, sont offerts aux assistants.

» Et ces barques, qui tout-à-l'heure me semblaient jouer sur le lac, aux rives d'argent; mais c'était une jeune et belle esclave que l'on était allé laver dans le lac des dieux... Voici maintenant qu'on la ramène parée du plus riche costume de Quetsacoak, et on lui rend toutes sortes d'honneurs. On la force même à boire un breuvage pour soutenir son courage. Mais, hélas! on la fait monter sur la terrible plate-forme. Quelle semble faible! Pauvre enfant! oh! c'est affreux!... On vient de l'égorger...

— Oui, et son cœur est offert à la lune, pendant que l'on précipite son corps du haut du temple, au milieu des cris sauvages et des hurlements des prêtres et de la foule.

» Regardez encore.

» Voici le plus terrible des dieux, Teskatlibochtli, le vengeur des crimes, et le dispensateur de tous les fléaux. Son idole, en granit noir, parée de rubans et de plumes, couverte de chaînes et d'anneaux d'or, tient dans ses mains quatre flèches et un miroir. Portée sur un palanquin, par les prêtres, elle s'avance entourée de jeunes vestales, qui lui présentent des bassins remplis de sang humain. Voici le prêtre, armé d'un cor, qui se trouve vers les quatre parties du monde, et invite les pécheurs à la cérémonie purificatoire. Et pendant ce temps, le sang coule, et on continue l'immolation des trente mille prisonniers.

— Mais que fera-t-on de tous ces cadavres, Seigneur?

— Ils vont servir à un hideux festin auquel le roi, les prêtres et le peuple prendront tous part...

— Et sous un si beau ciel, de si abominables forfaits!

— Les crânes de tous ces infortunés seront jetés dans les souterrains du temple, et leurs ossements seront brûlés...

— Qu'il est temps que l'Evangile vienne montrer sa lumière à tous ces pauvres Aztèques, assis à l'ombre de la mort...

» Mais quelle est cette autre idole, assise sur un trône soutenu par un globe d'azur? Des deux côtés de ce globe sortent quatre bâtons, dont le bout est taillé en tête de serpent. Elle a un casque de plumes de diverses couleurs. Son visage est affreux, et deux raies bleues le traversent. Et ces vastes ailes de chauve-souris, ces pieds de chèvre, et au milieu du ventre cette tête de lion?... Tout cela est exécrable de laideur!

— C'est *Vitslibochtli,* un dieu qui déclara, par ses prêtres, qu'on devait le porter au lieu où ils trouveraient un figuier planté sur un roc. On exécuta les ordres de Vitslibochtli, et Téchochtitlan fut fondée où on trouva le figuier.

— Permettez-moi de vous dire, mon cher Lunien, ajoutai-je en m'adressant à Mikaël, que ces pyramides, ces temples, ces idoles même, et quelques hiéroglyphes que j'aperçois, me font soupçonner que les Aztèques ou Mexicains ne sont autres que des navigateurs d'Egypte ou de Phénicie, qui ont été jetés par la tempête sur ces plages inconnues qu'ils ont peuplées?

— C'est le secret de Dieu, mon bon Terrien : ce que je puis vous dire, moi, c'est que parmi les divinités aztèques, je retrouve plusieurs des types de la Grèce, de l'Asie et de l'Afrique. D'abord, ce fétiche difforme qui, au premier abord, paraît n'offrir aucune signification, n'est autre que votre Eve, la première femme dont la faute a plané sur toute sa descendance, et qui est éternellement en proie à l'affliction, depuis qu'elle a failli. Voici là une Cérès, déesse de l'abondance, et qui est épouvantablement laide...

— Oui, c'est une justice à lui rendre.

— Cette femme, qui porte deux enfants dans ses bras, fait penser à Latone errante!

» Cette autre divinité, qui presse son enfant sur son sein, n'est autre que la Vierge-Mère, celle qui a conçu sans perdre sa virginité.

» Et notez que ces pauvres Aztèques l'appellent la *Pierre précieuse du ciel!* en péruvien : *Tchaltchihuitztli.*

— Et je trouve que leur pierre précieuse du ciel est parfaitement trouvée!

— Les Aztèques ont aussi leur Bacchus; voyez-le : cette statue couchée sur le dos, les traits appesantis par l'ivresse, qui soulève péniblement sa tête et veut approcher de ses lèvres un vase qu'elle tient à deux mains, ne représente-t-elle pas, à ravir, le digne compagnon de Silène?

— Grâce au ciel! les affreux sacrifices sont consommés : c'en est fait de tant de victimes... dis-je comme respirant plus à l'aise.

Hélas! la sphéroïde tournait toujours ; et, en tournant, elle me mettait sous les yeux l'isthme de Panama, qui joignant l'Amérique-Septentrionale à l'Amérique-Méridionale, joint aussi le Mexique au Pérou. Cet isthme n'est autre qu'une longue crête de rochers, dont l'élévation est d'à peu près cent quatre-vingt-douze mètres, qui, dans sa moindre largeur, compte à peine vingt lieues. Il sert de digue aux flots de l'Atlantique, qui, sans lui, feraient irruption dans la mer Pacifique, dont les eaux sont moins élevées d'environ six mètres.

Je remarquais qu'à partir des côtes baignées par l'Atlantique, le sol de l'Amérique-Méridionale s'élève graduellement en avançant vers l'ouest. Près des bords de l'Orénoque, et au milieu des vastes solitudes auxquelles on a donné le nom de *Llanos*, l'élévation devenait brusque, rapide, et ne s'arrêtait qu'au sommet de ces montagnes colossales, dont le vent occidental semble descendre à pic dans les flots de la mer Pacifique. Ces montagnes appelées *Andes*, du mot péruvien *antis*, *cuivre* ou *cordilières*, de l'espagnol *cordel*, *corde*, s'étendaient dans toute la longueur de l'Amérique-Méridionale. La vallée de Quito m'apparaissait située à deux mille deux cent soixante-dix-huit mètres au-dessus du niveau de la mer, au milieu de rochers qui hérissent la pente occidentale des Andes. Mais je devinais que Quito devait être souvent bouleversée par d'effrayants tremblements de terre, car il était facile de voir que le sol de cette contrée presque partout est crevassé par les irruptions des feux intérieurs qui le dévorent.

Bientôt, au sommet d'un vaste plateau, nous apparut un lac de vaste étendue, dont le niveau se trouvait être celui du Pic de Ténériffe. Son bassin se montrait entouré des plus hautes montagnes, et, au centre de ce lac, dans une île, se montrait une ville plus curieuse peut-être, et tout au moins aussi étonnante que celle de Mexico.

— Voici Cuzco, me dit Stella ; voici la capitale des Incas du Pérou, la cité que fonda Manco-Capac, quand il vint avec Mama-Oello, donner des lois et la civilisation aux Péruviens disposés à l'accueillir.

» Ce furent les successeurs de Manco-Capac, qui, au nombre de dix-sept, sous le titre d'Incas, gouvernèrent le peuple. Le premier prince y apporta des lumières, qui bientôt se répandirent parmi ses sujets. Ainsi, les prêtres de Cuzco devinrent habiles en astronomie : ils dressèrent un méridien ; ils calculèrent le moment des solstices, et, par des intercalations sagement étudiées, ils convertirent l'année lunaire en année solaire.

» Ils créèrent aussi une langue, celle des Incas, qu'ils nommèrent *quil schuan*, langue sonore et flexible, privée des consonnes b, d, f, g, r, mais poétique et belle.

Pendant que parlait Stella, comme pour répondre aux indications qu'elle me donnait, la sphéroïde me montrait le sol brûlant du plateau de Cuzco, livré aux entreprises de Manco-Capac.

C'était un homme d'un type oriental, barbu et moins basané que les indigènes. Je le voyais changer tout-à-coup l'aspect de la contrée par la création de la ville qui s'élevait, comme par enchantement, du sein du lac. De magnifiques palais sortaient du sein des eaux; un temple plus merveilleux encore dominait toutes les demeures. Et, dans cette ville, comme dans toutes les autres cités qu'il fondait tout à l'entour du lac, il réunissait les tribus errantes des Péruviens, enseignait aux hommes le labour, aux femmes le tissage ; puis il traçait des routes à travers les Andes, jetait des ponts hardis sur les torrents et les fleuves, étouffait l'anthropophagie, et civilisait le nouvel empire.

Or, je voyais les murailles du temple du Soleil, lambrissées de plaques d'or. Sur le grand autel, tourné vers l'Orient, je distinguais le soleil, également d'or, mais d'une épaisseur double, d'une seule pièce, avec le visage rond, entouré de flammes. Il s'étendait d'une muraille à l'autre. Les portes étaient couvertes de lames d'or. Autour des murs régnait une plaque d'or de plus d'une aune, en forme de guirlande.

Après le temple, ce qui me semblait le plus curieux était la citadelle massive de la ville. Je ne pouvais m'expliquer le transport des pierres énormes qui entraient dans sa construction, à des distances de plusieurs lieues, et sans le secours de nos machines. Quelques-unes avaient quarante pieds de long, vingt de large et deux d'épaisseur. Cette forteresse avait une triple enceinte de murailles. Dans la troisième étaient trois tours, dont une de forme ronde, pour recevoir l'Inca. Elle était enrichie intérieurement de plaques d'or et d'argent, sur lesquelles étaient sculptés des animaux et des plantes. Des souterrains, disposés avec art, et formant une espèce de labyrinthe, unissaient les trois tours.

Aux portes même de Cuzco, commençaient deux immenses chaussées de cinq cents lieues de longueur, allant à Quito, l'autre cité des Incas, magnifique résidence également, la première par le littoral, la seconde par les montagnes. Sur le point culminant je voyais régner une terrasse avec des escaliers en pierre des deux côtés, pour reposer ceux qui portaient l'Inca, et lui permettre de porter sa vue sur le vaste horizon de ses états. De distance en distance on trouvait des arsenaux, des hospices et des temples.

Puis à Huanuco, je voyais un des palais de l'Inca et un autre temple du Soleil.

A Banos, c'était un autre temple et un autre palais, dont les pierres étaient si artistement jointes, que leur réunion était imperceptible.

Plus loin, je découvrais sur le haut de deux montagnes, de chaque côté d'une rivière, deux temples de forme circulaire et des citadelles de premier ordre.

A Pachacamac, je distinguais le magnifigue temple élevé par l'Inca Pachacuta, à Pachacamac, le créateur et le conservateur des mondes. Une foule de vierges étaient consacrées en ce lieu au service des autels.

Enfin, à Truxillo, à Caxamarca, c'étaient de nouveaux palais, de nouveaux édifices, et toujours de l'or, toujours de l'argent.

Or, au milieu de tant de somptuosités, et au sein d'une civilisation aussi heureuse en apparence, régnait, hélas! la superstition, qui, comme partout, faisait couler le sang, et égorgeait de nombreuses victimes humaines.

— *Punchao* est l'Etre suprême du Pérou, me disait Stella. La *Trimourti*, ou Trinité, qui se trouve encore là, comme chez presque toutes les nations civilisées, est formée de trois dieux. *Vizakotcha, Patchokamac* et *Mamakotcha*.

» Vous pouvez voir d'ici la statue d'*Interrapa*, qui tient la foudre d'une main, et, de l'autre, la pluie, la grêle et les autres météores.

— Oui ; mais je vois aussi que l'on immole de jeunes enfants sur son autel.

— La lune, appelée *Gilla*, a aussi ses temples...

— Mais je ne vois pas encore les Européens aborder en ces lieux demandai-je à Stella.,.

— Avant de pleurer en face du spectacle que vous attendez, répondit Stella, voyez dans le nord de l'Amérique, au centre de ces prairies, sous ces forêts vierges, et dans les plaines de l'Amérique du sud, les sauvages en pleine liberté d'existence et de vie de nature...

— Eux aussi, eux surtout adorent de fausses divinités ; ici le *Manitou*, grand esprit, Etre suprême ; là, d'autres fétiches, faits de bois, sous le nom de *Niparaïa*... continua Mikaël... Mais vous avez désiré, mon pauvre Terrien, assister à la découverte du nouveau monde par vos frères d'Europe ; soyez satisfait. Toutefois, je crois que vous ne serez pas sans rougir d'appartenir à une telle race de conquérants.

— Je suis Français, répondis-je, et les Espagnols sont les grands criminels en cette occasion...

— Laissons-le dans l'illusion, Stella... et contente-toi de lui expliquer ce qui, dans nos tableaux lunaires, ne sera pas parfaitement lucide pour son intelligence terrienne.

XIII.

LA VALLÉE DE MISÈRES.

Une fête de nuit. — Où la lune joue son rôle. — Dernière Théogonie païenne. — Chants et danses. — Le crêpe de deuil. — Incas et Caciques. — Châteaux ailés. — Cortez et Pizarre. — Explosions de tonnerres. — Ruines du Mexique. — Un lit de roses. — Les beautés du pays des Aztèques. — Horribles épouvantes. — La maladie de cœur. — Les frères ennemis. — La prison d'un Inca. — Sa rançon. — Comment meurt un roi. — Qu'est donc la terre? — Conclusion.

Il est nuit sur la sphéroïde.

Mais cette nuit des terres voisines de l'équateur est si douce, si splendidement éclairée par les étoiles qui scintillent, elle est si parfumée des douces émanations des arbres et des fleurs, qu'elle n'a rien que d'agréable et de délicieux.

Aussi tous les habitants de Cuzco sont-ils hors de leurs demeures, assis sur les plate-formes de leurs maisons, échelonnés à l'entour du temple, et formant des groupes en face d'un des cinq pavillons qui en décorent le cloître, celui de Gilla, la femme du soleil, la lune. La lune a aussi son autel, dont les pans, les portes, les murs, les lambris, sont couverts de plaques d'argent. Un radieux visage de femme, également en argent, représente l'astre des nuits.

Or, on attend son lever, le lever de la lune, qui, ce soir là, est en opposition, et dont on célèbre la fête. On en célèbre la fête, car tous les Péruviens ont des fleurs aux mains ; toutes les Péruviennes ont des guirlandes qu'elles développent. Et puis voici des chœurs de jeunes vierges qui s'avancent avec les étendards sacrés ; voici les files des prêtres qui se forment ; voici de nombreux caciques qui, des faubourgs de la ville, arrivent à l'intérieur pour honorer Gilla, et ils conduisent, à leur suite, les députations des diverses provinces de l'empire, représentées par les costumes propres à chacune de ces provinces. Enfin voici l'Inca lui-même, suivi de son fils, qui, porté sur un riche palanquin d'argent, vêtu d'une robe d'argent, couronné d'un diadème d'argent, vient saluer sa mère...

L'Inca, vous le savez, est le fils du soleil et de la lune.

En effet, de douces blancheurs, qui s'élèvent au-dessus des mornes, annoncent l'approche de la lune. Bientôt ces blancheurs deviennent plus éclatantes ; l'azur du ciel pâlit ; des flots de pourpre et d'or s'y répandent peu à peu ; la pourpre, à son tour, disparait ; l'argent seul, comme une mer brillante, inonde les plaines du ciel. L'œil attentif des Indiens observe ces gradations, et, à chaque nuance nouvelle, leur émotion s'accroît.

Soudain tous se prosternent.

C'est que le bord du disque de la lune vient de frapper leurs yeux. Voilà le disque tout entier qui rayonne, monte, apparait sur l'horizon, et, éclatant de lumière, en face même du pavillon d'argent et de l'autel qui porte son effigie, le fait rutiler comme lui-même, et salue son image, en l'inondant de ses rayons et de ses baisers.

Aussitôt une immense clameur s'échappe de toutes les poitrines. Des balcons, des terrasses, des plate-formes, des rues, des places, des cris d'amour, de respect, d'enthousiasme, se font entendre. Des

» Mais ils portent aussi une race d'hommes que l'on prendrait pour des dieux, s'ils n'étaient méchants.

» Ces guerriers terribles, aux nombre de six cents, se nomment Espagnols. Ils ont pour chefs des guerriers plus terribles qu'eux-mêmes, qui sont Cortez et Pizarre...

» Ils prétendent avoir une maladie de cœur, que l'or seul peut guérir!

» Ces inconnus montent des quadrupèdes avec lesquels ils ne font qu'un, et qui les portent avec la rapidité du vent, ici et là; la pointe de nos flèches s'émousse contre l'enveloppe de fer dont se couvrent l'homme et le cheval.

» Montézuma voulut gagner ces hommes par des présents. Il leur envoya de l'or, de l'argent, des pierres de feu, tout ce que nous pouvions avoir de plus précieux. Hélas! cet or et cet argent ne firent que les rendre plus avides, loin de nous les attirer comme amis.

» Ils ont demandé d'abord l'un des autels de notre temple du soleil : on leur accorda. L'un des deux sanctuaires de notre grand Théocalli fut abandonné à Cortez, le second chef de cette invasion. Un Christ, leur Dieu, et une vierge, la mère de leur Dieu, furent placés sur cet autel purifié, et ils y célébrèrent leur sacrifice, tout de pain blanc et d'une liqueur rouge, devant lesquels ils se prosternaient, pendant que, sur l'autel en face, nos prêtres aztèques continuaient d'égorger nos prisonniers au soleil, sur la pierre du Sang.

» Mais voilà que Cortez et Pizarre ont voulu tout notre or, tout notre argent, toutes les dépouilles de nos temples et de nos palais ; ils ont précipité nos idoles du haut des plate-formes sacrées des Théocallis; ils ont profané nos vierges, immolé nos prêtres, pillé nos demeures, battu nos soldats, chassé notre peuple, et fait prisonnier notre empereur Montézuma.

» Il paraît que, dans leur Espagne, règne un empereur du nom de Charles-Quint. Les Espagnols, après plusieurs victoires sur nos guerriers, exigent que Montézuma se déclare vassal de ce Charles-Quint. Ils en font son esclave. Ils veulent même que notre peuple mexicain s'agenouille dans nos rues devant le dernier de leurs valets. Or, comme Montézuma et ses courtisans prêtent serment, rendent hommage et donnent à Pizarre et à Cortez six cent mille marcs d'or pur, une incroyable quantité de pierreries et tout ce que possèdent ses sujets en or et en argent, nous nous soulevons tous dans l'empire, au nombre de deux cent mille hommes, et nous assiégeons les Espagnols. Montézuma, qui n'en est gardé que plus étroitement par nos ennemis, offre de se montrer à ses sujets, et de conjurer notre colère. Mais il est hué par ceux mêmes qui le vénéraient le plus. Nous ne voyons en lui qu'un lâche, un vil esclave. C'est en vain qu'il essaie de dominer le sourd murmure du flot populaire; cette voix, naguère amie, est méconnue. Des imprécations s'élèvent de toutes parts, et une grêle de flèches siffle autour de lui. Alors une pierre le blesse mortellement, et, tandis que la foule recule stupéfaite, en voyant tomber l'objet de son ancienne adoration, lui, dédaigne de supporter plus long-temps une vie devenue honteuse : il déchire l'appareil que l'on a mis sur ses blessures, refuse toute nourriture, et expire...

— N'était-ce pas le 30 juin 1520 ? demandai-je à Mikaël.

— Oui ; et le lendemain, répondit Mikaël, trois de ses fils périrent en combattant. L'aîné, Guatimozin, est soumis à une horrible torture. On le brûle à petit feu pour le forcer à déclarer où son or est caché... Mais rien ne peut arracher au patient ni aveu ni plainte. Et, comme un de ses compagnons se lamente sous les morsures du feu, l'intrépide Guatimozin lui répond à la façon des héros d'Homère :

« Et moi donc, suis-je sur un lit de roses? »

— Mais écoutez, mon cher Lunien, la fin du récit des Caciques mexicains :

— Maintenant, Inca de Cuzco, dirent-ils, nous avons été décimés, tués, égorgés, brûlés vifs, saigné des quatre membres par ces brigands espagnols. Nos femmes et nos filles n'ont pas été respectées : elles se sont enfuies; mais on les a massacrées dans nos bois. Nos guerriers engraissent de leurs cadavres les champs de bataille qu'ils ont arrosés de leur sang. Nos édifices sont rasés. Notre ville de Tchochtitlan, est devenue Mexico, c'est-à-dire que ses îlots de verdure et ses milliers de pirogues qui sillonnaient les rues du lac, sont comblés et remplis de corps morts en putréfaction. Le palais de Montézuma n'est plus qu'une ruine ; tous nos temples sont effondrés, et nos maisons dévastées; les sérails, les logements des officiers de l'empereur, les ménageries, nos riches jardins, nos bois clos de murs pour les chasses n'existent plus, et ils ont donné à son enceinte un nom espagnol.

» L'Espagnol règne sur des décombres : car les Aztèques ne sont plus un peuple !...

» Mais, Inca, nous le disons, c'est un malheur que Cuzco et Quito, les deux villes fortes du Pérou, soient divisées dans les personnes des Incas Atahualpa et Huascar... Voici venir sur votre empire péruvien, ces mêmes Espagnols sur leurs mêmes châteaux ailés, et avec leurs foudres, leurs tonnerres et leurs éclairs... A votre tour, vous allez subir leur invasion ! Nous venons vous aider de nos conseils et de nos bras... Puissions-nous être assez heureux pour anéantir ces Espagnols !

» Mais la lune nous annonce, pour vous aussi, de terribles calamités...

En effet, pendant que Mikaël achevait de me traduire le discours que les Caciques étaient supposés tenir à Atahnalpa, la sphéroïde me montrait les splendeurs du pays des Aztèques, qui allait devenir Mexique, de par les Espagnols.

Ainsi, je voyais la ville des Moqui, sur le fleuve Yaquesila, avec de somptueuses places publiques, des habitations à deux étages ornées de sculptures et de statues en bois; des temples, des tombeaux, de grands tableaux peints sur bois, des flûtes à onze tuyaux, des pirogues d'une forme et d'une grâce exquises.

Je voyais dans les solitudes de Chiapa, la grande cité de Culhuacan, maintenant Palenque, et de Thula, avec d'autres temples, d'autres tombeaux, des aqueducs, des pyramides, des bas-reliefs, de dimensions colossales, qui faisaient un si splendide effet dans le paysage, que je ne pus m'empêcher de dire :

— C'est la Thèbes américaine.

Je voyais à Otumba de superbes aqueducs, de hautes colonnes, d'énormes pyramides, Théocallis ou temples, consacrés au soleil et à la lune; des autels avec des coupoles en bois, et des statues couvertes de lames d'or.

Je voyais à Acholhnacan maintenant Tezcuco, le palais des Caciques, long de trois cents pieds, plusieurs tumuli, des pyramides de briques, et de si beaux monuments que je dis alors :

— Voici l'Athènes de l'Amérique.

Je voyais à Hocxotla des palais, d'admirables bains construits par Montézuma, et des terrasses d'un stuc plus dur et plus beau que celui de Portici et d'Herculanum.

Je voyais à Cuernavaca un retranchement militaire dit Xochicalco, de cent dix-sept mètres d'élévation, orné de figures hiéroglyphiques, parmi lesquelles je distinguais des hommes assis les jambes croisées, comme les Orientaux.

Je voyais à Papantla, ou plutôt dans son voisinage, une pyramide carrée de vingt-cinq mètres de long et de vingt de haut; élevée au milieu d'une épaisse forêt, ornée de curieux hiéroglyphes, et semblable aux Téhocallis de Otumba.

Aussi, ne pouvais-je me dissimuler qu'entre l'Egypte et le Mexique, entre ces temples et celui de Bélus à Babylone, il y avait de ces relations, de ces rapports mystérieux dont Dieu seul a le secret.

Mais, sous mes yeux, par le fait des Espagnols dévastateurs, toutes ces richesses archéologiques d'un grand empire devenaient ruines, décombres, pierres éparses, abomination, désolation.

Hélas! c'était bien une autre abomination, c'était bien une autre désolation que celles que me ramenait la sphéroïde, en me faisant voir Cuzco et le Pérou tout entier, sous le coup des sinistres nouvelles que venaient d'apporter les Caciques aztèques, des désastres de leur empire et de l'approche des Espagnols, alors que l'Inca Atahnalpa et son peuple péruvien se livraient aux joies de la fête de la Lune, pendant la nuit poétique et parfumée que je voyais naguère resplendir sous mes yeux.

— Laissez moi vous dire, reprit Mikaël, avant d'entamer ce nouveau drame, que c'est à Christophe Colomb qu'appartient incontestablement la gloire d'avoir, le premier, fait connaître l'Amérique.

» Après une longue et dangereuse navigation, le 7 octobre 1492, il découvrait l'île de Guanaham, une des îles Bahama, qu'il nomma San-Salvador, du nom du Sauveur, en qui, lui, le vrai catholique, avait foi.

» Il ne fut pas assez heureux pour donner son nom à ce nouveau continent : cet honneur fut usurpé par l'ambitieux florentin Amérigo Vespuce, qui n'y vint qu'en 1501.

» Mais alors une foule d'aventuriers se précipitèrent vers cette proie qui leur fut signalée.

» C'est ainsi que Pizarre, que nous allons voir à l'œuvre, va se ruer sur le Pérou, comme il a fait sur le Mexique, avec cette insatiable avidité qui flétrit pour jamais les Espagnols.

» D'ailleurs, jetez les yeux sur ce tableau que nous offre la sphéroïde, il parlera sur ce chapitre plus éloquemment que moi.

En effet, je voyais la terreur à son comble, dans les palais et les temples de Cuzco. Pour arracher ses trésors à la cupidité de l'Espagnol, Atahnalpa les faisait enfouir en de noirs souterrains. Les objets les plus précieux étaient précipités dans les lacs. Ainsi, je voyais lancer au fond de l'eau, dans un lac de la vallée d'Orcos, une énorme et magnifique chaîne d'or, de deux cent trente-trois mètres de longueur. Elle avait été fondue par l'ordre de l'Inca Huayna-Capac, à l'occasion de la naissance de son fils Huescar.

Nobles Incas! ils dormaient maintenant, embaumés, dans leurs cercueils de cèdre et d'or, rangés avec ordre, tout autour des autels du Soleil, dans le temple sacré. Et leurs descendants, au lieu d'hériter de leurs fabuleuses richesses, allaient être contraints de les livrer à d'ignobles flibustiers !

Ciel! quel effroi! que de clameurs! D'où vient cette affreuse épouvante?... Ah! c'est que voici les Espagnols annoncés qui s'approchent. On voit au loin leur petite armée qui chevauche au pied des montagnes, dans la direction de la ville. Ils traînent avec eux leur artillerie, dix-huit canons. Ils n'ont que quelques chevaux ; mais ce noble animal, inconnu dans la contrée, répand encore plus d'effroi que les guerriers qui les montent. Du reste, pour annoncer leur venue et jeter une panique sans égale, ils s'arrêtent par moment, et tirent le canon à intervalles réguliers. Ce bruit sinistre glace d'épouvante les Péruviens. Il suffirait de deux mille hommes résolus, pour faire reculer et rendre gorge à cette poignée de misérables. Mais ils n'osent! On a si peur d'un danger que l'on ne connaît pas ! Et puis, ces terribles fusils, ces mousquets, ces espingoles... donnent si vite la mort !

L'Inca Atachnalpa veut faire bonne contenance. Il se rend au-devant de Pizarre. Le bon Péruvien croyait voir un monstre. Tout au contraire, il rencontre un héros. L'affabilité des manières de l'Espagnol, les grâces de sa physionomie, l'élégance de sa taille, la noble audace de son langage, séduisent l'Inca

— Si vous me résistez, dit-il à Atahnalpa, sachez que le ciel m'a confié sa foudre, et qu'une fois mon épée tirée, elle mettra tout à feu et à sang.

— Mais que voulez-vous donc? répond l'Inca.

— Votre or! dit Pizarre.

— La terre en donne à tous ceux qui veulent en chercher. Pourquoi voulez-vous le nôtre? reprend l'Inca.

— Parce qu'il nous en faut beaucoup, car nous avons tous, nous, Espagnols, une horrible maladie de cœur... riposte Pizarre.

— Que fait l'or à votre maladie de cœur? demande l'Indien.

— L'or est un spécifique infaillible qui nous guérit.

— Alors vous devez être en parfaite santé, car vous en avez assez pris à l'empereur des Aztèques, à Montézuma...

— Nous n'en avons pas assez : il nous en faut davantage, nous avons besoin de tout ce que vous avez...

— Moi je vous réponds, fit avec dignité l'Inca, qu'à l'inverse de Montézuma, je ne fléchirai devant aucune de vos exigences. Venez-vous comme ennemis? Engageons la bataille. Vous présentez-vous comme amis? Recevez nos dons, mangeons à la même table, et retirez-vous ensuite.

— Ignorez-vous donc que votre sort est entre mes mains? objecte énergiquement Pizarre. Votre frère de Quito, l'Inca Huescar, m'a envoyé une ambassade pour me demander ma protection contre vous. Je n'ai que cent quarante-quatre fantassins et trente-six cavaliers; mais ces fantassins sont des dieux qui portent le tonnerre, et ces cavaliers sont des démons qui vont vous dévorer à l'aide de leurs animaux. Dites un mot de plus, et c'en est fait de vous.

— Alors, vous ne savez pas vous-même que j'ai eu la victoire sur mon frère Huescar. Il est mon captif, son armée n'existe plus.

— Regardez au loin sur cette mer... fit Pizarre, qui jugea devoir user d'astuce.

Catahualpa porta les yeux sur l'horizon de l'Océan. On voyait se rapprocher et cingler vers le Pérou les terribles châteaux ailés des Espagnols. C'était la première fois que l'Indien voyait des vaisseaux. A leur vaste étendue, l'Inca comprit que leurs flancs étaient remplis de guerriers. Il n'en était rien. Néanmoins refoulant sa terreur, il répondit à Pizarre :

— Regardez au loin sur cette vaste plaine...

Pizarre porta les yeux sur l'horizon des terres. Des flots de poussière s'élevaient du sol battu par une nombreuse armée. C'étaient les Péruviens, vainqueurs d'Huescar, qui revenaient en toute hâte pour défendre la mère-patrie.

— Je vous laisse quelques jours pour réfléchir... dit Pizarre. Ou votre or, ou la ruine de votre empire.

Hélas! Atahnalpa, courroucé, tira le glaive à ce dernier mot.

Ce fut fait en un clin-d'œil, hélas! de son avenir et de son trône!

Atahnalpa est soudain arraché à son escorte, que l'on massacre. Les Espagnols le ravissent à sa capitale, à son peuple; ils le transportent à Caxamarca. Là, on le charge de chaînes.

Alors, j'aperçus la ville de Caxamarca. Elle est bâtie sur un plateau qui domine la mer de mille quatre cent soixante-quatre toises. Au centre de la ville, je distingue un palais splendide. Aux jours de paix et de bonheur, les Incas venaient quelquefois se délasser en ce lieu. A trois milles de là, je trouve même des bains chauds qui servaient à ces princes. Et, un peu plus loin, dans les terres, une pierre taillée en forme de siége, et sur laquelle, dans ses promenades, l'Inca se reposant à certains moments de fatigue, a pris le nom de Inga-Rirpo, repos de l'Inca. Là, dans le palais de cette cité de Caxamarca, et dans une vaste chambre de ce palais, l'infortuné Atahnalpa est enfermé pendant trois mois.

Trois mois de captivité!

De l'or, de l'or! lui disait-on chaque jour, et à chaque heure du jour.

Et le pauvre Inca, conservant dans les fers une égalité d'âme qui tenait le milieu entre l'orgueil et la bassesse, commandait à son peuple du sein même des ombres de son cachot; et son peuple lui obéissait comme s'il eût été sur le trône. Aussi voyait-on survenir sans fin à

Caxamarca de fidèles amis, les uns courbés sous le poids de l'or dont ils avaient dépouillé les palais et les temples; les autres, portant dans leurs mains les grains de ce métal qu'ils avaient péniblement amassés, et dont leurs femmes et leurs enfants se paraient aux jours solennels. Sur le seuil du palais où restait le roi captif, ils quittaient leurs sandales, et baisaient la poussière de la prison. Puis, déposant leur fardeau, ils se prosternaient aux pieds de leur Inca, et les arrosaient de larmes.

C'est que l'Inca chérissait son peuple comme il en était chéri. Et, pour revoir ce peuple, pour jouir de nouveau de son bonheur, pour assister encore aux fêtes péruviennes, pour se retrouver libre sur le sol de son empire, un jour Atahnalpa n'avait pas craint de dire à ses geôliers :

—Voyez la salle de ce palais : elle est vaste et haute! Vous aimez bien l'or, l'or est tout votre vie, à vous; eh bien! si je vous emplis cette salle de ce métal si précieux pour vous, jusqu'à cette hauteur, tenez, ma propre taille, là, cinq pieds d'épaisseur, du sol à cette ligne, me rendrez-vous ma liberté d'une part? de l'autre, quitterez-vous mon empire?

A cette proposition inattendue, je remarquais les yeux des Espagnols s'injectant de tous les feux de la cupidité. Et ils portaient en hâte cette proposition à leurs chefs. Et les chefs, ardents à la curée comme leurs sbires et leurs alguazils, arrivaient rouge d'avarice.

—Nous acceptons ta proposition, Inca, répondaient-ils. Nous jurons que si tu nous remplis cette salle de l'or de ton pays, du sol à la ligne que tu viens de tracer toi-même, et nous te rendrons ta liberté d'une part, et de l'autre nous quitterons le Pérou!

Aussitôt le noble visage d'Atahnalpa s'était pris à rayonner de bonheur, sous l'influence seule de l'espérance.

Et je le contemplais avec bonheur, faisant venir près de lui ses femmes et ses enfants.

—Allez, leur disait-il en les serrant dans ses bras, allez! Dites encore à mes sujets : Atahnalpa, votre Inca chéri, demande de l'or, tout votre or, et ils m'apporteront de l'or, tout leur or... Et nous resterons pauvres ensuite, mais libres! Mais je règnerai sur eux, et ce sera pour leur bonheur.

Et les jeunes femmes de l'Inca ne craignaient pas de déchirer leurs pieds sur les cailloux des chemins ; et les enfants de l'Inca s'élançaient avec amour partout, demandant de l'or, appelant l'or. Je les voyais, légers comme l'oiseau des bois, leur taille svelte si gracieusement prise dans leurs pagnes de plumes aux mille couleurs, leurs têtes ombragées par le diadême de cuivre qui a remplacé l'or déjà, qui sollicitaient, qui demandaient, qui imploraient...

L'or venait en effet. Il venait si bien, qu'un matin la salle du palais de Cuxamalca fut remplie d'or à la hauteur fixée par l'Inca, et acceptée par les Espagnols...

— Enfin, je vais être libre! pensait Atahnalpa.

— S'il a pu remplir cette salle à une telle hauteur, c'est qu'il y a bien de l'or dans ce pays, pensaient les Espagnols.

Et pendant que l'Inca se réjouissait, et faisait reposer ses femmes et ses enfants, en leur disant :

— Au premier soleil, celui de demain sans doute, mes chaînes tomberont, et, avec vous, je retournerai à Cuzco !

Pendant cette illusion de bonheur, dis-je, je suivais de l'œil les chefs des Espagnols. Ils étaient réunis en conseil et délibéraient. Il s'agissait pour eux de tenir leur parole, comme l'indien Atahnalpa avait tenu la sienne.

Et Pizarre parlait. Il parlait avec éloquence, comme un homme qui n'est pas étranger à l'honneur.

Mais parmi les chefs, ses égaux, il en était qui n'avaient autre chose dans la poitrine que la soif de l'or.

Et pendant qu'ils répondaient à Pizarre, la nuit venait, profonde, obscure, noire !

En ce moment, bercé par la douce espérance du lendemain,

Atahnalpa se livrait au sommeil et rêvait. Et dans son rêve il était couronné de fleurs, vêtu de la robe d'argent des fêtes de la Lune, et ses femmes formaient autour de lui des chœurs et des danses, qui appelaient le sourire sur ses lèvres.

En ce moment aussi, épuisées par la fatigue, les jeunes Péruviennes, couchées sur des nattes, dans la prison même de l'Inca, se retournaient, brûlées par les étreintes d'une fièvre de labeur et de sollicitude.

Soudain il se fit un bruit dans la prison. C'était la porte qui s'ouvrait avec précaution. Et, par cette porte ouverte entraient un, deux, trois fantômes, couverts de longs manteaux noirs, le visage noirci, la tête chargée d'un large sombrero.

— Liberté! murmurait alors Atahnalpa dans son rêve...

— Gilla! sois nous propice! balbutièrent les femmes, pantelantes de terreur, blanches d'effroi, et n'osant remuer sur leurs couches humides de sueur...

Alors je voyais ces trois fantômes, s'approchant cauteleusement de l'Inca. L'un lui passait au cou quelque chose qui me semblait être un *lasso* de soie; l'autre tenait un poignard nu, fixé sur sa poitrine; le troisième veillait sur les femmes, armé d'un mousquet prêt à faire feu.

— Soleil, divin soleil, mon père, que tu tardes à venir! dit encore Atahnalpa, rêvant toujours.

Il n'acheva pas la phrase... Hélas! je vis les deux bras nerveux du fantôme s'écarter du cou de l'Inca... L'infortuné fit un bon sur sa natte... mais il retomba tout aussitôt... Son corps n'était plus qu'un cadavre... Atahnalpa était étranglé...

Les fantômes sortirent...

Bientôt le soleil se leva radieux comme toujours dans ces contrées brûlantes. Mais l'Inca ne le vit plus. Et, lorsqu'on pénétra dans sa prison., tout autour de lui gisaient des femmes, mortes de douleur, étouffées par l'angoisse, éteintes par le désespoir.

Dans une pièce voisine, on creusa le sol, sous une pierre qui servait de siége au captif défunt... Quand la fosse fut assez large pour contenir plusieurs cadavres, je vis que l'on y jetait l'Inca et ses femmes.

Alors Pizarre fut averti que le Pérou désormais n'avait plus d'empereur, et appartenait au roi d'Espagne, Charles-Quint...

— Oubliez-vous donc que Quito a son Inca, et que Huescar succède à son frère!... répondit-il.

Cette parole, inspirée par l'honneur, fut fatale à son auteur.

Le lendemain, Huescar mourait sous le poignard.

Tel était le sort que les hommes de la civilisation, les Européens, faisaient, à leur arrivée dans l'Amérique, à ces peuples déjà grands! Que réservaient-ils donc aux Sauvages de cette même Amérique?

Quelques jours après, Pizarre succombait sous un coup de feu tiré par un traître.

— Mais Dieu trompe toujours les hommes dans leur ambition et leurs cruelles entreprises... fit Stella. Le Mexique ni le Pérou ne restèrent à l'Espagne. Ils devinrent république. Leur immense territoire se couvrit de ruines. Et si de ces ruines sortirent d'autres grandes et belles villes, la pierre du tombeau de l'Inca Atahnalpa, la chambre où son doigt avait tracé la ligne jusqu'à laquelle devait monter l'or, sont toujours là, debout, pour attester à la postérité l'aveuglement des hommes, qui n'ont d'autres divinités que leurs passions et leurs appétits désordonnés.

— Comme aussi la pierre sanglante du sacrifice des Théocallis, de Tchochtitlan ou Mexico, est adossée à cette heure au chevet de la cathédrale de cette ville, comme pour attester que toutes les fausses divinités du monde ont dû céder la place aux seuls autels du vrai Dieu... fit Mikaël.

— Ajoutez donc que Cortez, l'un des héros de ces drames, mourut chœurs se forment, et des danses s'exécutent avec les guirlandes et les fleurs. Les jeunes vierges chantent ; les tambourins et les flûtes retentissent; les caciques lèvent les bras au ciel; l'Inca, suivi de tout son royal cortége, monte à l'autel de la déesse, et, tout autour de lui, les prêtres égorgent des victimes...

Hélas! je l'avoue... ce sont encore des victimes humaines. A Cuzco, comme à Tchochtitlan ou Mexico, dans les deux empires, au soleil comme à la lune, ce sont des hommes, ce sont des femmes, ce sont des jeunes hommes et des jeunes filles que l'on égorge sans pitié, par dix mille, par vingt mille, à l'astre bienfaisant, qui pourtant ne demande à éclairer de ses rayons bienfaisants que des scènes de paix et de bonheur.

C'est que vers le XIIe siècle, cela n'est pas vieux, puisque l'époque de ce qui se passe sous nos yeux est du XVIe, sous le règne de Charles-Quint; vers le XIIe siècle donc, deux individus, au teint blanc, *Manco-Capac*, et *Mama-Oello*, sa femme, vinrent s'établir parmi les tribus du Pérou. Ils se disaient aussi enfants du soleil et de la lune. Aussi reçut-on volontiers les lois qu'ils donnèrent, le culte qu'ils réglèrent, l'agriculture qu'ils enseignèrent, et l'art de filer et de tisser qu'ils apportaient. Ils instituèrent les sacrifices humains, dont nous voyions l'affreux specimen.

— On ne connaît pas bien votre belle lune, dis-je à Mikaël et à Stella. Certes! elle est parfaitement insensible aux honneurs qu'on veut lui rendre...

— Pas autant que vous le pensez, me répond Stella. Tenez, la voici qui se voile la face d'un crêpe de deuil!

En effet, d'épais nuages rougeâtres, sanglants, chose rare en ces contrées, viennent se placer entre la lune, tout-à-l'heure si radieuse, et les regards de l'immense multitude des Péruviens effrayés.

Les chants cessent, les danses sont suspendues, l'immolation des captifs s'arrête...

L'Album merveilleux.

Il se fait un grand mouvement dans la foule.

On semble demander où se trouve l'Inca...

Les prêtres, les vierges, les caciques, l'Inca lui-même, stupéfaits de voir la lune cacher ses rayons, et surpris de l'agitation qui se fait dans la multitude, s'avancent...

Ce sont des étrangers, cinq caciques aztèques, qui se présentent.

Mikaël prend la parole pour m'expliquer ce qu'ils viennent dire, car, avant de parler, ils présentent à l'Inca ce que mon guide nomme des *quippos* ; ce sont des cordelettes nouées, tressées, disposées de manière à composer un langage et à remplacer une lettre.

— Invention heureuse qui prouve le progrès de ces peuples... dis-je à Mikaël.

Voici donc ce qu'ils disent, d'après le Lunien.

— Les jours sont devenus mauvais, car souvent le soleil se voile la face pour ne pas voir nos calamités.

» Mais les nuits sont peut-être plus mauvaises encore, car voici la lune qui dérobe sa lumière.

» Inca Athahnalpa, qui régnez à Cuzco, tandis que votre frère, l'Inca Huascar, règne à Quito, c'est un grand malheur que vous soyiez en guerre, car de terribles évènements nous menacent.

» Nous, Caciques aztèques, nous appartenons au vaste empire du Mexique, sur lequel régnait Montézuma, notre souverain.

» Tout récemment, vers le point de la mer où se lève le soleil, dans une enceinte formée par le rivage, un matin, nous voyons des châteaux ailés, gracieusement portés par les flots, qui arrivaient d'au-delà l'Océan, de pays inconnus. Mais ils ne venaient pas seuls. Ils avaient sur leur vaste construction, des machines d'où partaient des explosions retentissantes comme celles du tonnerre, et qui lançaient des éclairs chargés de mort... Car, chaque fois que ces machines jouent, des cadavres de nos Aztèques tombent, sanglants et inanimés.

dans la misère, en Espagne, et heureusement dans les remords... ajoutai-je moi aussi.

— Ah! c'est que la terre est bien la vallée de misères et de larmes, continua Stella. Et quand sonne la dernière heure des dernières orgies et des folles saturnales d'un peuple, Dieu, si long-temps patient, remue du fond de leur barbarie de nouveaux Huns, de nouveaux Vandales ou de nouveaux Franks, et faisant passer sur les nations ce terrible fléau du ciel, qui purge l'ivraie du bon grain... il dit à ces barbares :

— Allez vous enivrer d'or, de vin et de sang; car ces peuples ont accaparé tout l'or, tout le vin et tout le sang de l'univers!

— Ou bien, acheva Mikaël, il réveille dans leur misère et leur assujettissement quelques pauvres pêcheurs de Jérusalem, et dit à ces nouveaux Apôtres :

— Allez là-bas, et dites à ceux que vous trouverez couchés sous le double joug de l'esclavage et de l'ivresse :

— Levez-vous, vous êtes libres!

— Mane, Tecel, Pharès, dis-je comme dernier mot!

Puis nous quittâmes la sphéroïde, pour nous occuper de la lune et de ses magnificences dont nos hôtes voulaient me faire les honneurs, ainsi qu'on le verra dans les Aventures d'un Aéronaute.

FIN.

LIMOGES, IMPRIMERIE DE BARBOU FRÈRES.

www.ingramcontent.com/pod-product-compliance
Lightning Source LLC
Chambersburg PA
CBHW071342150426
43191CB00007B/824